中華文化思想叢書

中西古代歷史、史學與理論比較研究

中冊

劉家和　著

目次

中冊

下冊

第二編
古代中國與西方史學的比較研究

引言

在第一篇裡，我們所說的歷史，是指作為以往人類活動過程的歷史，即在客觀上已經實現了的歷史。若果用德文來表示，那就是作為其本意的 Die Geschichte，而這個詞來源於動詞「發生」（或完成）geschehen（源於條頓語詞根），因而通常用來表示作為過程而發生過或完成了的歷史，儘管這個詞後來也被用來表示書寫成文的歷史。在以下的第二篇裡，我們所要討論的是「史學」或者呈現在歷史著作裡的歷史。在德文裡，這就是 die Historie（源於希臘語詞根）。在英文裡，兩者一概皆以 history 來表示。在此所以要區分「歷史」與「史學」的詞義概念，這是因為在二者之間既有密不可分的聯繫又有重要的區分。就其聯繫方面而言，史學即建立在歷史的基礎上，無歷史便無史學，或者說歷史是史學的基本內核；同時，歷史又在極大程度上（尤其是文明時代史）賴史學以得保存與流傳，非史學則歷史實在難以存在，或者說史學是歷史保存的基本方式。就其區分方面而言，在歷史與史學之間還有著認知階段的重要不同。人類自從打制石器開始便有了自覺，因而進化成人。有人類便有人類歷史的產生。可是，在文明曙光初現以前，這種歷史的產生的過程只能通過遺物、遺跡等保存其某些一枝一節，實在難以窺其全豹。後來人們把這一類的歷史稱之為史前史。只有當人們對已經發生了的事情有了回憶、記憶與反

思，並且用文字把這些記錄下來，這才有了作為書寫的歷史，才有了史學的研究物件。這是從事情發生的角度來說看歷史與史學的區別與聯繫。如果從研究的角度來看，我們在第一篇裡研究歷史，是以歷史發生的過程為物件來作的反思和研究，而在第二篇裡，我們的所要反思和研究的物件就是史學著作的本身了。所以，在這一篇裡，我們所要作的事是對於前代史學家著作的反思，亦即對於前代史學家對於歷史的反思的史學的反思。

西元前十一世紀，在西方的希臘，荷馬時代取代了邁錫尼文明，接著就是前代的文明被遺忘，《荷馬史詩》十口相傳，其中雖不乏前代史影，究其實終不能成為史書；在中國，則出現了周之代商，《書》、《詩》與禮樂勃興，難怪孔子會說「郁郁乎文哉，吾從周。」《尚書》（尤其其中的周初諸誥）作為原始史料是基本無問題的。《詩經》中有神話、有民歌、但也有史實之含蘊，作為原始史料也基本是無問題的。《書》、《詩》皆不能作為嚴格意義上的史書，不過其中卻有寶貴的史識存在。如強調「殷鑒不遠，在夏后之世」，這就涉及三代歷史傳統以及得民心者得天下、失民心者失天下這樣的對與歷史發展的某種規律性的認識。在古代世界，這既是難能可貴的重大創見，也為以後中國史學的連續性的發展奠定了深厚的基礎。

西元前八世紀以後至西元三世紀，在西方，希臘、羅馬迭興，由城邦逐漸向羅馬大帝國的方向進展。在中國，由東周之衰而「五霸」、「七雄」，而秦、漢一統帝國。中國之諸侯國與西方之城邦，皆為小邦，而體制不同。中國之秦、漢帝國與羅馬帝國，皆為跨地區的泱泱大國，而體制殊異。希臘與羅馬文明之間有斷裂，而三代與秦、漢之間既有明顯時代質變而又有歷史之緊密相連。凡此前篇已有論述，此處略微提示，是為了說明雙方史學之所以不同之歷史背景。

古希臘希羅多德與修昔底德開創了西方史學之傳統，相對於《荷

馬史詩》而言，他們的著作可謂鑿空性的呈現。《歷史》（其核心實為希臘波斯戰爭史）、《伯羅奔尼薩斯戰爭史》皆為當時人寫當時事的斷代史，幾乎「前無古人」。其體例為按年敘事，而年月標誌並不突出，總體而言仍屬編年之體。此等史書極富時代精神，而缺乏歷史反省。故黑格爾稱之為「原始的歷史」。與古希臘史學發生大體同時，中國有「孔子作《春秋》」之說。《春秋》原為魯國之編年史記，明確以日繫月，以月繫時（四時即四季），以時繫年（魯某公某年），故在敘述之體上為編年史。《春秋》僅記魯十二公二四二年之事，故在劃分時段上為斷代史。孔子對於《春秋》是作、是述抑或是講習傳授，至今聚訟紛紜，姑且不論。據近世出土簡帛文書，謂孔子曾以《春秋》授弟子，大抵近是。孟子言孔子作《春秋》之說，似難謂之空穴來風。繼孔子言《春秋》者，今所能見厥為三傳，而《左傳》以及《國語》敘事綦詳。此二書，論形式與希羅多德及修昔底德之書相近，而論性質卻大異其趣。《左傳》、《國語》二書在時段劃分上均為斷代史，前者所敘述之時間略長於《春秋》，延續到孔子去世之後一些年；後者則分國敘述，表現為國別史體裁，而在時間劃分上前展至周厲王時期，後拓至吳、越霸業之興衰。又前者以記事為主、記言為輔，後者則以記言為主、記事為輔。此二書皆以記春秋時期之事為主，敘事者所反映出的基本是春秋時期的時代精神（如《左傳》中的多種外交與軍事文書體現的尤為鮮明），顯然與《尚書》（尤其《周書》）有別。不過，十分值得注意的是，此二書並非純粹的斷代史，其中大量記載前言往行以及其與當時之事的歷史淵源關係，從而顯示了古今之變中的內在連續性。這就說明其中原來是有著通史精神的，與古希臘的兩部歷史開山之作大不相同。這也不足為怪，當時人是把當代歷史看作三代的自然延續的，不管是以正面的眼光看，還是以反面的眼光看。

　　在西方，色諾芬繼修昔底德而撰《希臘史》，體例一如修氏，且

等而下之。到希臘化時代晚期、希臘行將為羅馬政征服的時候,波利比烏斯作為希臘人質寓居羅馬,作 Historie。不少學者將其譯為「通史」,看來不妥。因為此書主題所記僅為西元前二二〇至一四五年間之事,歷時區區七十餘年,恐難冠以「通史」之號。那麼它是否具有某種通史精神呢?此書前二卷為引言,略述此前地中海世界分散紛爭之大局,然後以七十餘年之史實說明羅馬必將統治整個地中海世界。藉敘述羅馬征服之歷史趨勢,以論證地中海世界必將歸於羅馬統治之下的結局。故其時代特色鮮明,羅馬之所賴以戰勝他邦之政治體制的優勢背景亦鮮明,而於西方文明傳統之淵源則似乎不在其視域之內。它與修昔底德之書一樣,是一部出色的編年體的史書,但不是一部通史,也不能算具有通史精神的斷代史。

羅馬帝國前期(西元前27年至西元192年)是經濟文化繁榮時期,也是史學的繁榮時期。此時曾有若干以拉丁文、希臘文撰述的史書,其中最為重要而著名者當推李維所著之《羅馬史》(本名《建城以來》),與塔西佗所著之《歷史》(Histories)和《編年史》(Annals)。李維之《羅馬史》述羅馬建城以來之傳說與歷史,歷時七百餘年。就其時間跨度而言,此書不妨稱為通史;但就其著史的價值取向而言,卻似乎不具備作為「通史」的內在支柱的「通史精神」。從此書的簡短前言中就可以看出,李維認為,歷史是可以給予今人以教訓的,羅馬過去之所以能夠從小到大、從弱到強,完全憑著道德與紀律的力量,而到了他的時代,這些風紀卻在衰落之中。他的希望就在於羅馬人能以史為鑑,重返往日的盛世。(參見《建城以來》卷一,穆啟樂等譯,吉林文史出版社,頁3-7。)有見於當時風紀衰落,而將過去籠統的看作一份純粹的、無發展的道德風紀的典範,這種觀念是缺乏歷史意識的。黑格爾曾將此書置入「反省的歷史」之列,這是不無道理的。塔西佗先寫了《歷史》,此書所記為西元六十八至九十六年

（即弗拉維王朝）間的歷史，皆為與作者同時近三十年之事，亦即道地的現代史。其書按年記事，於體例為斷代編年史。他又寫了《編年史》，此書所記為西元十四至六十八年（即奧古斯都去世後的四個羅馬元首或皇帝時期）五十餘年之事，恰好與隨後的《歷史》相銜接，因此從時段上看，為近代史。此書亦按年記事，故於體例為斷代編年史。既然這兩部書體例相同，那麼此二書的名稱又何以不同？關於這個問題，我們看不到塔西佗本人的答案。看來他是把自己的「所見世」（當代）之歷史稱為「歷史」，而把此前自己的「所聞世」以上之歷史稱為「編年史」的。那麼這種區分有其理由呢？應該說是有其理由的。其理由似乎可以通過詞源的分析得出解釋。按「歷史」（Historie）一詞本於希羅多德之著作，其希臘文詞根之本義為「追問」或「考核」。希羅多德用這個詞來最為其著作之名稱，目的在於表明他所記載之事都是經過向事件目擊者作「追問」或「考核」而落實的。而事件目擊者只能是當代人，因此這樣寫作的歷史只能是當代史。至於「編年史」（Annals）一詞，其拉丁文詞根為 An，意思是「年」。因此，將此詞與中國固有史學名詞「編年史」相對譯是很自然的事。不過，塔西佗的「編年史」概念與中國傳統中的編年史概念又有頗不相同的方面。因為中國的編年體是與紀傳體、紀事本末體等並列而存在的，所要表達的歷史編寫體例之一種。而塔西佗的「編年史」所強調的不是史書寫作體例的特點（寫法也與中國編年體史書對年、時〔季〕、月、日標注的那樣鮮明頗有差別），而是與當代史相對應的既往歷史，僅僅是根據前人口述或記載（已經無法向事件目擊者追問或核實了）將往事按年記錄下來而已。

李維（B.C.59-A.D.17）的《羅馬史》記七百餘年之事，司馬遷（B.C.145/135-90）的《史記》自黃帝始至漢武帝太初止，即使從夏代開始所記也有約二千年之事。如果就時間長度而言，這兩部書都可

以稱為「通史」，不過如上文所言，李維的書是缺乏通史精神的形式上的「通史」，而司馬遷的書則是兼具形式與精神的通史。塔西佗（A.D.55-120）的兩部書一共記載了八十餘年的事，班固（A.D.32-92）的《漢書》記載了西漢一代二百二十年的事。塔西佗與班固的書，就其所記時間長度而言，都可以稱為「斷代史」而毫無疑義。不過，班固的《漢書》雖為斷代史，那只是從王朝政治史的角度專書西漢一代之事，如果從此書的「表」、「志」所展現出來的文明史角度而言，那麼它又是一本文明通史；因為在班固看來，只有把西漢一代的政治史放在整個中國文明史的長河中才能使它成為可以理解的。不斷的文明史長河本身是「常」，其中的每一階段又有其自身之「變」，所謂「通史精神」就是這種常與變統一。班固之斷代史書具有通史精神，這就是它與塔西佗斷代史書不同之所在。

就生存時間而言，司馬遷早於李維兩個世代有餘，班固與塔西佗同時而年長一個世代，不過他們都生活於大帝國（漢與羅馬）時期，總體時代背景大體是相當的。因此，對於這兩對史家進行適當的比較研究，我們將能在古代中國與西方的史學傳統異同上獲得更深更好的認識與理解。

古代中國在文明史層面上未曾發生斷裂，在史學史的層面上同樣未曾發生斷裂。其原因就在於通史精神傳統的確立。《史記》是一部究天人之際、通古今之變的形神兼具的通史，為以後紀傳體史書開了先河。《漢書》繼《史記》為以後歷朝斷代紀傳體史書奠定了初基。由此人們可能產生疑惑，《漢書》以下的所謂歷代正史，都不過是不同線段之間的先後接龍（或按亞里斯多德所言為「順聯」，請參考本書導論）而已，豈能謂之為連續？其實，《漢書》作為斷代史，僅僅是就其政治史層面的王朝興亡來劃分的，而《漢書》本身就是一部西漢時期的文明史，就這一層面而言，則是中國古代文明史中的一個不

可分離的一部分（按亞里斯多德的說法，《漢書》是「順接」於《史記》的，亦請參閱本書導論）。因此，正是《漢書》開了這樣一個史學傳統，這就是歷代正史只是朝代史的分段，而不是中國文明史的斷裂。分段而不斷裂，這就是中國古代史學連續性（或變與常統一）的存在的具體方式。

以上作為第二篇的引言，只能略表大意。至於具體論述，則請有興趣的讀者諸君閱覽以下的綜述和專論。

第一節　中西古代史學概論

一　古代中國史學概論

（一）先秦時期的史學概論

1　先秦時期史學的發展概況

先秦時期是中國史學的初步形成時期。

中國史學的源頭可追尋到遠古時期的傳說。在文字沒有產生之前，古人對歷史的記憶和傳播是通過口耳相傳的方式來實現的。這些口耳相傳的故事，後來成為人們追述早期歷史的重要資料。先秦典籍保留了大量遠古時期的傳說。例如，《淮南子・覽冥訓》記載，女媧煉五色石補天，除盡凶鳥惡獸，使民得以安居；《韓非子・五蠹》記載有巢氏教人們「構木為巢」，等等。這些口頭傳說，或多或少都摻有一些虛構的成份，但它們也在一定程度上反映了遠古時期人們社會生活的情況。

中國現存最早的文字記載，是殷商時期的甲骨文。甲骨文是刻在龜甲獸骨上為殷王室活動而貞卜的卜辭。甲骨卜辭一般只有十餘字或

數十字，有時間、地點、人物活動等歷史記載因素，但尚未表現出自覺的歷史意識。殷商晚期和西周時期出現的金文，尤其是西周金文，開始有了自覺的歷史意識。金文是刻在青銅器上的銘辭。西周金文主要記載周王室和貴族慶賞、征伐、俘獲、錫土田等活動。金文字數較甲骨文多，記事更為詳細。在金文銘辭中，有的刻了「子子孫孫永寶用」之類的話，表現出銘刻者欲將現世功業傳之於後世的歷史意識[1]。

上古時期的文獻，除了甲骨文和金文，還有流傳下來的官方文書和王朝頌詩，如《尚書》、《詩經》的《雅》和《頌》等。這些文獻，有的是後人據舊說編輯而成的，如《尚書》之《虞書》和《夏書》四篇，成書於春秋戰國時期；有的是當時的文獻，但在流傳過程中後人對文字作了改動，如《商書》的《甘誓》、《盤庚》等。這些文獻在不同程度上反映了上古時期人們的歷史思想，其中以《尚書》的內容最為豐富。《尚書》記載了虞、夏、商、周時代的文告和王公大臣的言行，其記事記言的方法和所表述的思想，較之金文有了很大的進步。

春秋戰國時期，中國歷史發生了巨大的變革。歷史的變革對史學發展產生了重大影響，史學出現了空前繁榮的局面：首先，文獻和史書數量大大增加。諸侯國重視修纂國史。《孟子・離婁下》說：「晉之乘，楚之檮杌，魯之春秋，其實一也。」其名不同，皆為國史。《墨子・明鬼》亦引用了周、齊、宋、燕等國之《春秋》。《左傳》、《國語》、《戰國策》等一大批史著和文獻也先後湧現。其次，出現官修與私修史書並存的局面。春秋以前的文獻，皆出自官府，故有「學在官府」之說。春秋戰國時期，私人修史之風逐漸興起，《左傳》、《國語》、《戰國策》等皆為私人所修，與官修史書並駕齊驅。其三，史書

1　白壽彝：《中國史學史》，第一冊，上海人民出版社1986年版，第202頁。

編纂體例有了重大進步。以現存魯國《春秋》為代表的史著，反映了編年體體例的初步形成。《左傳》將編年體大大加以發展，其編年體中又蘊含紀傳體的雛形，對後世正史體例的形成產生了重大影響。戰國後期魏人編有《紀年》（《竹書紀年》，南宋後亡佚）。據此書之佚文及有關史籍所載，其記事起於夏代，迄於魏襄王二十年（西元前299年），並稱魏襄王為「今王」。《紀年》雖不可謂通史，然已有涉獵古今的意識。據《漢書・藝文志》所載，「古史官」還編有《世本》一書（亦亡於南宋時）。根據清代學者的輯佚本，《世本》有「帝系」、「紀」、「王侯譜」、「世家」、「傳」、「世篇」、「居篇」等，表現出綜合多種體裁而敘述歷史的特點。後世學者研究司馬遷《史記》的五體，多有從《世本》中尋繹其源流者。其四，歷史觀念的不斷豐富。金文和《尚書》等文獻表現出的歷史觀念，至春秋戰國時期大為發展，官修與私修史書的不斷問世，眾家敘史與議史的爭鳴，大大深化了人們對歷史的認識。

　　先秦史學的發展大體沿著三條主要線索：一是史書記載的內容不斷豐富；二是史書編纂方法不斷進步；三是史家的歷史觀念不斷深化。史書內容和編纂方法的變化，源自於史家表述歷史思想的需要。所以，此三者是密切相聯繫的。先秦史學的這一發展特點，從流傳至今的《尚書》、《春秋》和《左傳》三部作品的內容及其前後的繼承與發展中，可以得到較為清楚的了解。

2《尚書》

　　《尚書》是我國現存最早的政事史料彙編，記載虞、夏、商、周時代的文告和王公大臣的言行。《尚書》流傳至漢代，有了今古文之分。今文《尚書》用漢代隸書書寫。古文《尚書》，據《漢書・藝文志》所載，是漢武帝末年魯恭王劉餘毀孔子宅時發現的，用先秦古文

字書寫。西晉「永嘉之亂」後，今文《尚書》散佚，僅存古文《尚書》。東晉元帝時，豫章內史梅賾向朝廷獻上一部《孔傳古文尚書》。之後，這部《尚書》逐漸取代漢代的古文《尚書》。在唐代，《孔傳古文尚書》被官方正式立為《尚書》定本，一直流傳至今。《孔傳古文尚書》經學者們的考證，並非漢代的古文《尚書》，而是一部偽書。不過，此書五十八篇中存有漢代今文《尚書》二十八篇。此二十八篇今文《尚書》中，有《虞書》和《夏書》四篇，《商書》五篇，《周書》十九篇。這些篇章，大體反映了《尚書》敘事的特點及其思想。

　　《尚書》記載史事，較之金文有很大的進步。《尚書》載事，不像金文那樣僅有少數文字，而一般都有較長的篇幅。有的篇章敘事首尾相銜，內容相當詳細。例如《周書》之名篇《金縢》，記周初金縢藏書、周公輔政、平定管蔡之亂、周公遭讒、成王啟書而悔悟等事，全篇有始有終，盡顯周初的動盪政局以及周公襟懷坦蕩、忠於社稷而力挽狂瀾的形象。關於《尚書》記事特點，自古以來就有不同的議論。《荀子・勸學》說：「《書》者，政事之紀也。」《史記・太史公自序》說：「《書》記先王之事，故長於政……《書》以道事。」劉知幾《史通・載言》則認為：「古者言為《尚書》，事為《春秋》，左右二史，分屍其職……此則言、事有別，斷可知矣。」可是考察現存今文《尚書》，其內容既有以記事為主之篇（如《金縢》等），也有以記言為主之篇（如《大誥》等）。《尚書》並存記事、記言的方法，與金文一脈相承。章學誠指出：「古人事見於言，言以為事，未嘗分事言為二物也。」[2] 據此，章氏認為《尚書》記事「因事命篇，本無成法」[3]，其抉擇去取「例不拘常」[4]。章氏的說法，比較符合早期歷史文獻的

<hr>

2　《文史通義・書教上》。
3　《文史通義・書校上》。
4　《文史通義・書校下》。

記載特點。

　　《尚書》記事方法的變化，與其歷史觀念的進步是有聯繫的。殷商晚期和周初的金文，雖有傳功業於後世的歷史意識，然其文字簡短的銘刻方式，難以盡述人們的歷史思想。《尚書》等傳世文獻，則在一定程度上克服了金文載事的局限性。儘管這些文獻有的篇章是後人寫定的，然其內容在不同程度上反映了上古時期人們的歷史意識。據《尚書》記載，上古時期的人們相當重視歷史的變化，尤其特別重視統治權力的變化。《堯典》等篇記載了堯、舜、禹時代的禪讓傳位制度，也記載了部落之間的征服戰爭。如舜「流共工於幽洲，放驩兜於崇山，竄三苗於三危，殛鯀於羽山，四罪而天下咸服。」《夏書》、《商書》和《周書》諸篇所述之事，大多數都與統治權力的變更有關係。《湯誓》載有商湯滅夏前的誓言：「夏王率遏眾力，率割夏邑，有眾率怠弗協。」夏王耗盡民力，剝削夏國人民。民眾怠慢不恭，與他很不協調，所以商湯奉天命而滅之。《西伯戡黎》記載了殷紂王與臣下祖伊對周邦興起的看法。殷代後期，周邦的勢力不斷發展。周人攻占離殷都不遠的黎國後，祖伊深感有亡國的危機，而力諫紂王。可是，殷紂王卻稱「我生不有命在天」，認為其王位來源於天授，是不會喪失的。可是祖伊的看法則不同，他說「惟王淫戲用自絕，故天棄我」。這說是說，紂王淫樂嬉戲，自絕於天，是要被天拋棄的。祖伊的話，果然得到了應驗，殷被周邦滅亡了。

　　在現存《尚書》中，《周書》的篇章最多。根據《周書》的內容，可以看出，上古的歷史思想至周初已經發生了重大變化，主要表現在三個方面：一是，周人形成了「三代相承」的觀念；二是，周人對王權與天命的關係有了新的思考。三是，周人提出了以史為鑑的思想。

　　在《夏書》和《商書》中，人們對歷史變化的認識一般還限於前後兩個王朝之間（如上引《湯誓》、《西伯戡黎》所述）。當然，夏人

和殷人對遙遠的過去並非全然沒有認識。《盤庚》載盤庚語:「肆上帝
將複我高祖之德,亂越我家,朕及篤敬恭承民命,用永地於新邑。」
盤庚指出,他遷居新都,復興殷人高祖之德,治理殷國,體現了上帝
的意志。所以,他恭敬地延續殷人的生命,使他們永久地居住在新
都。不過,此類思想大體還是表現為對某些具體事情的認識上,而周
人則從政權的更替中表述了對歷史變化的認識,「遂構成了三代相承
的系統」[5]。

周人的「三代相承」說,指出周代與夏、殷兩代是先後相承而來
的。《召誥》說:「相古先民有夏,天迪從子保;面稽天若,今時既墜
厥命。今相有殷,天迪格保;面稽天若,今時既墜厥命。今沖子嗣
(案,沖子指成王)則無遺壽耇,曰:『其稽我古人之德,矧曰其有
能稽謀自天。』」周人認為,古代先民夏族,受到天的保佑,努力考
求天道,可是已經失去了天命。殷人也曾受到天的保佑,可是也喪失
了天命。現在年輕的成王繼位,不要遺棄老人。老人不僅能認識古人
之德(此所謂德之涵義,詳下文),而且還能尋求天道。這段話有一
點尤為值得重視,即周人不僅指出了三代是先後相承的,而且還指出
了三代得以相承的原因,即天命之得失。在周人看來,要得到天命,
就要識古人之德,行德乃尋得天道之途徑。從夏、殷、周三代天命之
得失與德的關係,周人認識到過去和現在的聯繫。

周人的「三代相承」說,不僅指出了現在和過去的聯繫,而且還
蘊含了對現在和未來的認識。周人對三代興亡與天命關係作出認識,
目的是為了穩定周代的王權,並使之長久地延續下去。這是《尚書》
周初諸誥中反反覆覆強調的內容。可是,對於周代未來的命運,周人
並沒有肯定的答案。《君奭》說:「天降喪於殷。殷既墜厥命,我有周

5　許綽云:《西周史》,生活‧讀書‧新知三聯書店2001年版,第98-99頁。

既受，我不敢知曰厥基永孚於休。若天棐忱，我亦不敢知曰其終出於不祥。」天將喪亡之禍降給了殷人，殷人於是失去了天命。但是，周邦接受了天命後不能說會永久地美好下去，也不能說周邦未來的命運是不美好的，因為天命是會變化的。《召誥》說：「惟王受命，無疆惟休，亦無疆惟恤。」周王接受了天命，美好無窮無盡，憂患也是無窮無盡的。這就是說，未來是不可以完全確定的。那麼，如何認識現在和可能變化的未來的關係呢？周人同樣從天命中作了解釋：「惟天不畀不明厥德」。[6]上天不把天命給予不行德之人。可見，從對三代政權更替的分析中，周人意識到天命的作用；從對三代政權更替原因的分析中，周人意識到德的重要性。周人的「三代相承」說，不僅有三代乃至未來先後相續的思想，而且還有說明三代乃至未來為什麼能夠相續的思想。這就是通過行德而得到的天命。天命存在於過去、現在和未來之中。過去、現在和未來是通過天命而連結起來的。在現存的文獻中，《尚書》之《周書》最早表露出對歷史發展連續性的認識。

人間王權來源於天授的思想，並不是周人創造的。殷紂王說「我生不有命在天」，就是將王權歸於天之所授。在紂王看來，源於天授的王權是不會變化的，所以在國難將臨之時，他會說出生來就「有命在天」的話。殷紂王的話，反映了殷人重鬼神的特點。《禮記·表記》說：「殷人尊神，率民以事神。」不過，殷代也出現從人的行為來解釋歷史事件原因的思想。《尚書·西伯戡黎》等都表述了將天命與統治者的行為聯繫起來的認識，認識到天命是會變化的。至周代，這一思想有了重大發展。

首先，周人從天命、君主與民三者之間的聯繫說明了天命與君主的關係。周人認為，君主是天的元子，受天之命而治民。《召誥》

6　《尚書·多士》。

曰：「皇天上帝改厥元子，茲大國殷之命，惟王受命。」周之所以能代殷而立，乃皇天改其元子。然而皇天上帝改其元子是有依據的，皇天依據的是民心！「天視自我民視。天聽自我民聽。」[7]「民之所欲，天必從之。」[8]天之所視所聽皆來自於民，民之所欲，天必從之。「皇天無親，唯德是輔。」[9]在周人看來，天意就在民心之中。君主是否行德實際上是對民而言的，君主只有行德，才能得到天命。民心成為連結天命與君主的關鍵點。

其次，君主行德出於自己的意志。《康誥》說：「惟乃丕顯考文王克明德慎罰，不敢侮鰥寡，庸庸祗祗威威顯民，用肇造我區夏，越我一二邦，以修我西土。惟時怙冒聞於上帝，帝休。」周文王能明德慎罰，不敢欺侮無依無靠的小民，而且敬畏他們，更敬畏那些有聲望的人，所以文王能締造華夏地區，還擴展了原來的西邊的領土。文王的努力被上帝知道了，上帝很高興，「乃大命文王殪戎殷，誕受厥命越厥邦厥民。」[10]《左傳・成公二年》也說：「明德慎罰，文王所以造周也。」可見，文王行德是出於自己的意志，而不是出於上帝的意志。據文獻記載，周武王繼承文王之大業滅了殷後，夜不敢寐。周武王說：「未定天保，何敢寐。」[11]在周武王看來，得了天命之後還要考慮如何保有天命。這就是君主如何行德政的問題。《召誥》也記載了周公對成王說的一段話，他告訴成王：不要以為小民可用就儘量用他們，不要因小民有過失就用刑法處罰他們，王行德將會使自己偉大。君臣上下應該互相勤勞和憂慮。最後周公希望「王以小民受天永

---

7 《孟子・萬章》引《尚書・泰誓》。
8 《左傳・襄公三十一年》引《尚書・泰誓》。
9 《左傳・僖公五年》引《尚書・泰誓》。
10 《尚書・康誥》。
11 《史記・周本紀》。

命」，即王用小民的力量而保有天所授之命。在周人看來，君主是否行德出於他自己的意志，出於他對天命、民心與自己行為關係的認識。

再次，君主是否行德有選擇的自由。周人認識到，君主行德得民心就可以得到天命。不過，周人的思想中似乎還存在一個矛盾：他們既然知道獲得天命的途徑，為什麼對自己未來的命運卻沒有肯定的答案呢（如上文所述）？這是因為周人從夏、殷、周三代政權的更替中，意識到君主是否行德有選擇的自由。《酒誥》說：「在昔殷先哲王，迪畏天顯小民，經德秉哲。自成湯咸至於帝乙（紂之父），成王畏相。」殷之先聖王懼怕上天和小民的力量，長久地保持他們的德行，執守恭敬。從成湯一直到帝乙，沒有不達成王功而又嚴肅省察的。可是殷紂王卻以權威壓迫人民，而招致人民怨恨，「故天降喪於殷，罔愛於殷，惟逸。天非虐，惟民自速辜。」上天將喪亡的苦果降給殷，並不是有意虐待殷，而是殷人自己招來的罪過。殷之先祖敬民敬天是出於自己的選擇，殷紂王棄祖上之德而被天所棄同樣也是出於自己的選擇。夏代的情況也是如此。「相古先民有夏，天迪從子保。」[12]夏之祖先，得到天的撫順和慈保。可是夏桀卻大肆淫樂，不肯恤問百姓，不循天之道，所以「天惟時求民主，乃大降顯休命於成湯」[13]。夏桀王不行德被天所棄，同樣也是出於他自己的選擇。由此可知，周人的思想中看似矛盾的地方，實際上是不矛盾的。這就是君主是否行德有選擇的自由。所以，君主需要自我的約束，不可隨意行事，否則將失去天命。據此，我們就可以理解為什麼周人從天命、君主與民的關係中已經認識到並尋得天命的途徑，然而還要反覆地強調施行德政以得民心從而得天命。在他們看來，周之現世之王乃至後世

12　《尚書·召誥》。

13　《尚書·多方》。

之王，並非沒有做出失民心之舉的可能，並非沒有隨意而為政的可能，因為他們有選擇自己行為的自由。

周人的天命說與三代相承說是有內在聯繫的。天命是三代乃至未來所具有的共同性，這種共同性使過去、現在和未來之間的聯繫成為可能。周人的天命說，表現出明顯的人文思想。[14]周人相信天對人的主宰作用，但他們認為，人與天命聯繫的起點是在人，人信仰天是為了人而不是為了天。天命的意義最終也要落實在人的身上，落實在君主的行為及其可自由選擇的意志之上。

周人提出三代相承說和天命說，是源自於現實的需要。殷周之際歷史的巨變，對周人產生了極大的震憾。如何穩定周王朝的政權並保持長久的統治，是周初統治者苦苦思索的問題。周人從夏、殷、周的歷史變化中總結了王朝之興替的經驗教訓。三代相承說與天命說，就是來源這種對歷史的思考，用周人的話來說，「我不可不監於有夏，亦不可不監於有殷。我不敢知曰有夏服天命惟有歷年，我不敢知曰不其延，惟不敬厥德乃早墜厥命。我不敢知曰有殷受天命惟有歷年，我不敢知曰不其延。惟不敬厥德乃早墜厥命。今王嗣受厥命，我亦惟茲二國命，嗣若功。」[15]從夏、殷、周三代政權的更替，周人認識到夏、殷君主「不敬厥德」從而失去了天命，所以周王繼承天命後，要

---

14 在西文中有humanism一詞，中譯作人文主義或人道主義或人性論。Humanism源自於拉丁文homo（人），其本義是關心或致力於人的利益（而非神的利益的）思想體系。這種思想的基本要求是，把人看作人而非神或任何其他非人之物，同時力求從人事來解人的行為。（引自劉家和：《史學、經學與思想》，北京師範大學出版社2005年版，第357頁。）周人的天命說已具有humanism的特點，但尚未形成思想體系，故謂之人文思想。中西古代史學的人文思想在將人看作人，解釋歷史事件立足於人事這點是一致的。但兩者也有不同之處，西方史學家如修昔底德等人已自覺地將神意視為無法從人事中尋求歷史事件原因時的一種托詞，神意對歷史的發展沒有實質性意義的。

15 《尚書・召誥》。

以此為鑑，要「敬德」，才能繼續夏、殷兩代的功業。這裡需要指出
的是，《尚書》屢屢提及的德，與後世所謂之德是不盡相同的。周人
所謂之德常與罰並舉，《康誥》說「克明德慎罰」，「告汝德之說於罰
之行」。《左傳·成公二年》引《周書》說「明德慎罰，文王所以造周
也」，「顯然『德』是施以恩惠使人柔服」，也就是說以施惠來改進統
治方法。[16]此種意思，也見於《左傳》等文獻。《左傳·成公十六年》
說：「德以施惠，刑以正邪。」周人施惠之說，是對三代政權更替的
思考，也涉及對更長時間段歷史變化的思考。《無逸》說：「古之人猶
胥訓告，胥保惠，胥教誨，民無或胥譸張為幻。」這句話的意思是
說，古代的君主和臣民常互相告誡，互相安順，互相教誨，所以老百
姓就不互相欺騙、互相詐惑。《無逸》還指出：「厥亦惟我周，太王、
王季克自抑畏。文王卑服，即康功田功；徽柔懿恭，懷保小民，惠鮮
於鰥寡；自朝至於日中昃，不遑暇食，用咸和萬民……文王受命惟中
身，厥享國五十年。」周之太王、王季謙讓抑畏。文王承先之德行而
奉行、管理平治道路和農業之事。文王仁愛敬恭，想著怎樣安保小
民、怎樣把恩惠施予鰥寡。他從早晨到日中更到日斜，常不得有閒置
時間吃飯，故能使萬民和睦。所以文王中年受命，在位五十年之久。
可見，周代殷而興是周之先王積善累德的結果。

　　周人出於現實的需要，從歷史中尋求有價值的東西，追求的是史
中之善。然而他們在追求史中之善時卻又追求了史事之真。他們對歷
史經驗的認識，是建立在追求史事之真的基礎之上的。周原是殷的臣
屬國，至少從「武丁征伐之後周一直臣屬於殷，甚至為殷的侯國，這
與文獻上周文王稱西伯是一致的」[17]。不過，大約從王季時起，周人

---

16 顧頡剛、劉起釪：《尚書校釋譯論》，中華書局2005年版，第1303頁。

17 劉家和：《史學、經學與思想》，第296頁。

就有與殷爭奪天下的意圖。古本《竹書紀年》載：「文丁（案，殷紂之祖父）殺季曆（案，周武王之祖父）。」《左傳・襄公三十一年》載：「紂囚文王七年，諸侯從之囚，紂於是乎懼而歸之。」《論語・泰伯》說，周文王時已經「三分天下而有其二」。在殷代後期，周與殷已是兩個敵對的邦。周武王和周公等人對殷人有殺祖囚父之仇，可是在滅殷後，這種仇恨的情緒卻沒有左右殷人對歷史的認識。他們指出殷紂王乃無德之暴君，同時也肯定殷代多有明君賢臣。《酒誥》說，從成湯一直到帝乙，殷之先王長久地保持他們的德行。《多士》指出：「自成湯至於帝乙，罔不明德恤祀。」《康誥》載有周公告誡康叔之語：「往敷求於殷先哲王，用保乂民；汝丕遠惟商耉成人，宅心知訓；別求聞由古先哲王，用康保民。」周公要求康叔到殷地赴任後，尋求殷代先聖王的治國之道，安定和治理殷民；要尊重殷人的長者，尋求他們教導，同時還要尋求殷代先聖哲王的遺聞舊政。由此可見，周人十分尊重殷代的明君賢臣。周人對夏代歷史的認識也是如此，這點在《立政》等篇中多有記載。周人總結夏、殷歷史的經驗，追求史中之善是自覺的，然而他們追求史中之善時卻不自覺地追求了史中之真，[18]同時也以不自覺的方式顯示出史之真與善的關係，顯示出真與善之相合。周人提出的「夏鑒」、「殷鑒」說中所蘊含的這種思想，對後世史學產生了極為重要的影響。後世之《春秋》、《左傳》、《史記》和《漢書》等著作，以不同的形式不斷地深化了對歷史之真與善關係的認識。

　　現存二十八篇今文《尚書》所表述的歷史思想是十分豐富的，其中三代相承說、天命說和「夏鑒」和「殷鑒」說是最重要的內容。三代相承說表述了對歷史變化連續性的認識，天命說表述了對歷史變化

---

18 劉家和：《古代中國與世界：一個古史研究者的思考》，第258頁。

原因的認識，「夏鑒」和「殷鑒」說則表述了對歷史之真與善（致用）關係的認識。儘管周人沒有自覺地從理論上對這些認識作出闡述，然而他們在敘史之中已含有這些認識是有充分證據的。殷周之際是中國歷史發生重大變革的時期。在思想文化方面，最為深刻的變革就是周人歷史觀念的形成。周人的歷史觀念，實際上奠定了中國古代歷史觀念的基礎。在後世不斷豐富的歷史觀念中，所貫穿的主線也就是對歷史變化過程、原因以及對史學的求真與致用關係等方面的認識。後世史家對歷史思考所提出的種種問題，也都可以直接或間接地從《尚書》中尋繹其源頭。

3 《春秋》

從《尚書》到《春秋》，先秦史學經歷了很長時間的發展。由於資料的缺乏，此時期史學發展的情況還不是十分清楚。但是，據《春秋》可知《尚書》之後史學發展是連續的，《春秋》繼承和發展了周人的歷史觀念。

《春秋》是我國現存的第一部編年體史書。

西周後期以降，周天子勢力逐漸衰落，諸侯國力量興起。與此歷史大勢相伴隨，諸侯國先後修纂國史。「春秋」就是當時不少諸侯國國史所採用之名。《墨子‧明鬼》載墨子語：「吾見百國春秋」。現存的《春秋》，乃魯國之《春秋》，記事起於魯隱西元年（西元前722年），終於魯哀公十四年（西元前481年）。魯國《春秋》經過了孔子的編修。《史記‧十二諸侯年表》載：「（孔子）西觀周室，論史記舊聞，興於魯而次《春秋》。」《三代世表》也說：「孔子因史文次《春秋》，紀元年，正時日月，蓋其詳哉。」

從彙編文獻的《尚書》到編年體《春秋》，中國古代史書編纂方法取得了巨大的進步。史書編纂方法有一個逐步發展的過程。《周

禮·春官·宗伯》曾記載周之太史「正年歲以序事」的情況，這種將「正年歲」與「序人事」相結合的記載方法，柳詒徵認為是「編年史之淵源」，可為一說。[19]周太史記事，與金文和《尚書》等文獻載史，都反映出人們保存歷史資料的意識。周太史記事及諸侯國修史的方法，起初是不可能完備的。如在秦國，秦文公十三年（西元前753年）時才「初有史以紀事」[20]，但「不載日月」[21]。據《史記·十二諸侯年表》及《史記》諸篇世家，魯在諸侯國中記事較早，但魯《春秋》初創之時記事方法也是不完備的。現存的魯《春秋》，如司馬遷所言，是經過孔子編修的。

關於《春秋》編年記事的特點。晉杜預說：「（《春秋》）以事繫日，以日繫月，以月繫時，以時繫年，所以紀遠近、別同異也。故史之所記，必表年以首事，年有四時，故錯舉以為所記之名也。」[22]以《春秋·魯隱西元年》所載為例，此年載：「元年春王正月。三月，公及邾儀父盟於蔑。夏五月，鄭伯克段於鄢。秋七月，天王使宰咺來歸惠公、仲子之賵。九月，及宋人盟於宿。冬十有二月，祭伯來。公子益師卒。」此段文字按年、四時、月、日載魯隱西元年之大事：魯隱公與邾國結盟、鄭莊公平定公叔段叛亂、周天子派宰咺饋送喪儀、魯隱公與宋國結盟、祭伯來魯等等，記事以魯國史為主線，兼及他國史事，史事排列井然有序。

「屬詞比事而不亂」，是《春秋》記事的另一特點。《禮記·經解》曰「屬辭比事而不亂，則深於《春秋》者」。所謂「屬詞」，乃指造句遣詞。如上引《魯隱西元年》稱邾儀父者，因其身為國君而未受

---

19 柳詒徵：《國史要義》，上海世紀出版集團2007年版，第12頁。

20 《史記·秦本紀》。

21 《史記·六國年表》。

22 杜預：《春秋經傳集解序》，阮元校刻：《十三經注疏》，中華書局1980年版影印本。

周王室正式封冊之故；稱鄭莊公為鄭伯，乃諷其於公叔段失之教誨。在《春秋》中，同記戰爭，有伐、侵、戰、圍、入、滅、救、取、敗等書法；同記殺人，有殺、誅、弒之區別，等等。所謂「比事」，則指按時間順序排比歷史事件。《春秋》梳理排比紛亂複雜的史實，頗為得體。據其記載，大體可知春秋時期歷史發展之大勢。《春秋》「屬詞比事」的編纂方法，反映了作者寓褒貶於記事之中的編撰思想。不過，《春秋》記事文辭相當簡短，最少一字，多亦不過數十字，不載史實詳情。這也反映出編年體史書初創時是不完備的。

　　《春秋》編年記事的特點，與孔子時代歷史觀念的變化有密切相聯繫。孔子所處的春秋時代，周王室權力衰落，諸侯爭霸，孔子視之為亂世。司馬遷《史記・太史公自序》說：「《春秋》以道義。撥亂世反之正，莫近於《春秋》。」又說：「《春秋》采善貶惡，推三代之德，褒周室。」《春秋》編年記事，可能與古之太史「正年歲以序事」的記事方法有關，然其編年與「屬詞比事」等合為一體，則與孔子的思想有聯繫。上引《魯隱西元年》所載諸事，可以證實司馬遷的說法。孔子對春秋歷史，是有自己的認識的。以對歷史變化的認識而言，《春秋》雖大體僅及春秋一代之事，然而孔子對歷史的認識則不限於此段歷史。《論語・為政》載孔子語：「殷因於夏禮，所損益可知也；周因於殷禮，所損益可知也；其或繼周者，雖百世可知也。」孔子認為，三代之禮有相因與損益的關係，若繼承周禮，以後百代之禮也是可知的。在這段話中，「禮」成為過去、現在和未來所具有的某種共同性。孔子思考三代與百世之間的聯繫，實際上繼承了《尚書》的思想。孔子對《尚書》的思想，也有發展。《孟子・滕文公下》說：「世衰道微，邪說暴行有作，臣弒君者有之，子弒父者有之。孔子懼，作《春秋》。」在孟子看來，孔子將春秋時期視為世道衰微的時代。孔子的認識，是與春秋之前的時代相比較而得出的。《論語・

季氏》載孔子語:「天下有道,則禮樂征伐自天子出;天下無道,則禮樂征伐自諸侯出,自諸侯出,蓋十世希不失矣;自大夫出,五世希不失矣;陪臣執國命,三世希不失矣。」孔子將禮樂征伐是否自天子出,作為區分春秋和此前時代的標準。他認為,春秋之前為有道的時代,春秋則為無道的時代。對於無道的時代,孔子又分為禮樂征伐自諸侯出、自大夫出、自陪臣出三個階段。孔子的說法,在《春秋》所載之事中有充分體現。對此,宋代大儒朱熹有一段評議:《春秋》記載當時之事,初期王政不行,天下無統屬;及五侯出來扶持,方有統屬,禮樂征伐自諸侯出。到後來,五霸又衰,政自大夫出。[23]孔子從具有不同特點的時代(或階段)的變化來認識歷史的變化,其中也貫穿了「禮」之得失的內容。孔子將歷史變化劃分為兩個時期,又將春秋時代劃分三個階段,提出了歷史變化階段性及其特點。在中國古代思想史上,對歷史變化的認識有兩種最重要的形式,或以朝代更替為序,或以歷史階段相繼為序,前者出自於《尚書》,後者則可從《春秋》及孔子的有關說法中尋繹其淵源。

　　《春秋》不僅對歷史變化有新的認識,而且對歷史變化的原因也有新的認識。與《尚書》不同,《春秋》載史幾乎沒有談及天命。《春秋》記載了不少天災異象之事,如日食、月食、星異、地震、雷電、山崩、隕石、火災,以及風、霜、雨、雪、蟲災等。《春秋・僖公三年》:「春王正月,不雨。」「夏四月,不雨。」《春秋・昭公七年》:「夏四月甲辰朔,日有食之。」不過,《春秋》此類記載皆不涉及人事,此乃《春秋》之常見筆法。《春秋》也有天象與人事並存之記載。如《春秋・僖公十五年》:「己卯晦,震夷伯之廟。」不過,此類

---

23 朱熹著,〔宋〕黎靖德編,王星賢點校:《朱子語類》,中華書局1986年版,2144-2145頁。

記載也只是「記異而說不書」[24]。關於這點，與《左傳》和《公羊傳》的相關內容相比較，就可以很清楚地看出。《左傳》對此條經文的解釋是：「震夷伯之廟，罪之也。於是展氏有隱慝焉。」《左傳》認為，展氏隱藏自己的罪過，故天起雷電擊其祖先夷伯之廟，以示懲罰。《公羊傳》說：「震之者何？雷電擊夷伯之廟者也。夷伯者，曷為者也？季氏之孚也。季氏之孚，則微者。其稱夷伯何？大之也。曷之大之？天戒之。故大之。何以書？記異也。」《公羊傳》認為，夷伯本季氏家臣，地位低下，稱之夷伯，是重視他。為什麼重視他？因為天通過雷擊而懲戒他，天懲戒他也就是重視他。[25]《左傳》和《公羊傳》的說法雖有不同，然其皆以雷擊為天戒，此天當是有意志的。《春秋》的記載，其實並沒有這方面的意思。

　　《春秋》不言天命，並不意味孔子完全不相信天命。《論語·八佾》記載孔子與王孫賈的問答，王氏曰：「與其媚於奧，寧媚於灶，何謂也？子曰：『不然。獲罪於天，無所禱也。』」孔子的得意弟子顏淵死後，孔子大為悲傷，曰：「天喪予！天喪予！」[26]可是，為什麼孔子修《春秋》「記異而說不書」，不將人事與天命相聯繫？這大概與孔子編修《春秋》的目的有關。上引《孟子·滕文公下》談到春秋時期「世衰道微」之局面，說「孔子懼而作《春秋》」，接著又說：「《春秋》，天子之事也。是故孔子曰：『知我者惟《春秋》乎，罪我者惟《春秋》乎。』」孔子面對「世衰道微」之世，修《春秋》的目的是彰顯「天子之事」，故有知之者，亦有罪之者。對於「天子之事」，司馬遷《史記·太史公自序》有一番解釋：「夫《春秋》，上明三王之道，下辨人事之紀，別嫌疑，明是非，定猶豫，善善惡惡，賢賢賤不

24　《史記·天官書》。

25　劉家和：《古代中國與世界：一個古史研究者的思考》，第412頁。

26　《論語·先進》。

肖，存亡國，繼絕世，補敝起廢，王道之大者也。」司馬遷認為，明三王（禹、湯、文王）之道，辨人事之綱紀，判別嫌疑，明定是非云云，就是「天子之事」、「王道之大者」。司馬遷的解釋，是符合孔子思想的。孔子認為，春秋亂世出現的原因就在於王綱解紐，名分失常，「禮樂征伐自諸侯出、自大夫出、自陪臣出」，所以救此亂世，就要彰顯禮之大義。所以，司馬遷接著說：「《春秋》者，禮義之大宗也。」如果《春秋》將人事原因歸於天災異象，而天災異象又有不少是偶然出現的，這樣對就難以對很多史事的原因作出解釋，這就與孔修《春秋》的目的相違背了。在文獻中，也偶然見有孔子將天命與禮義聯繫起來作說者。《禮記‧禮運》載孔子語：「夫禮，先王承天之道，以治民之情。」實際上，此類說法更能表明孔子對天命的看法：天之道就是禮，禮是先王所製作，所以天道與先王所作之禮就等同了，天道也就沒有實際意義了。孔子的說法，反映了春秋時期人們對天命認識的變化。《左傳‧昭公二十五年》載有鄭子產語：「夫禮，天之經，地之義，民之行也。」較之孔子更早的子產，也清楚地表達了與孔子類似的意思。以《春秋》對天命的認識而言，孔子繼承《尚書》以人為起點認識天人關係的思想，並且加以了發展。就後者而言，即孔子言史不及天命，強調從人事方面分析歷史變化及歷史史事的原因。那層披在人文思想之上的外衣——天意，在孔子看來已經沒有什麼實質性的意義了。

　　《春秋》對歷史變化及其原因的認識，是出於現實的需要。上引孟子和司馬遷的話，已經指出這點。漢代大儒董仲舒說：「《春秋》之為學也，道往而明來者也。」[27]清儒皮錫瑞亦言：「孔子所作者，是為

---

27 《春秋繁露‧精華》。

萬世作常經。」[28]孔子修《春秋》，明「萬世之常經」，有其特殊的體例。唐儒趙匡說：「（春秋）故褒貶之指在乎例（諸凡是例），綴述之意在乎體。」[29]《春秋》之體，即其選材和立意的一般標準；《春秋》之例，即其所用不同的書法之具體標準。[30]此兩者即「屬詞比事」。以《春秋》之例而言，《左傳・宣公十八年》：「凡自內虐其君曰弒。」《左傳・宣公四年》：「凡弒君：稱君，君無道也；稱臣，臣之罪也。」此所謂「弒君」者，屢見於史事敘述之中。《春秋・襄公三十一年》：「十有一月，呂人弒其君密州。」同年《左傳》詳載此事：「莒犂比（杜注：犂比，莒子密州之號）公生去疾及展輿，既立展輿，又廢之。犂比公虐，國人患之。十一月，展輿因國人以攻莒子，弒之，乃立。……書曰：『莒人弒其君買朱鉏』，言罪之在也。」莒國國君無道，其子依靠國人殺之曰弒。《春秋・成公十八年》：「庚申，晉弒其君州蒲。」《左傳・成公十七年》說：「晉厲公侈，多外嬖。反自鄢陵，欲盡去群大夫，而立其左右。」《左傳・成公十八年》：「春王正月庚申，晉欒書、中行偃使程滑弒厲公，葬之於翼東門之外。」晉厲公奢侈亂政，晉臣使人殺其君，曰弒。隱諱，也是《春秋》常見書法之一。《公羊傳》說：「《春秋》為尊者諱，為親者諱，為賢者諱。」《春秋・隱公十一年》：「冬十有一月壬辰，公薨。」《左傳》說：「十一月，公祭鐘巫，齊於社圃，館於寪氏。壬辰，羽父使賊弒公於寪氏，立桓公，而討寪氏，有死者。不書葬，不成喪也。」羽父使賊殺隱公，曰弒。《春秋》隱諱隱公葬事，因桓公未按國君之規格為隱公舉行葬禮。《春秋》的體例，反映了孔子對歷史的認識。孔子

---

28 見皮錫瑞《經學通論四・春秋》，「論春秋是作不是抄錄是作經不是作史杜預以為周公作凡例陸淳駁之甚明」條。

29 見陸淳《春秋啖趙集傳纂例》，卷一，「趙氏損益義」條。

30 劉家和：《古代中國與世界：一個古史研究者的思考》，第265頁。

存褒貶於史，明史之大義引之為鑑。司馬遷《太史公自序》對此給予了高度評價：「故有國者不可以不知《春秋》，前有讒而弗見，後有賊而不知。為人臣者，不可以不知《春秋》，守經事而不知其宜，遭變事而不知其權。為人君父，而不通於《春秋》之義者，必蒙首惡之名。為人臣子，而不通於《春秋》者，必陷篡弒之誅，死罪之名……故《春秋》者，禮義之大宗也。」

　　孔子修史明義，引史中之鑒為治世之策。這點與《尚書》以史為鑑的思想是相同的。不過，兩者也有不同之處。孔子所謂史之大義，不是來源於對具體史實的思考，而是來源於前代已有的歷史經驗（「禮義」）。孔子不是從具體事實中總結歷史的經驗，而是將已有的歷史經驗為他所敘述的史事定性。《春秋》與《尚書》以史為鑑之同異，還表現在對歷史之真與善關係的認識上。與《尚書》相同，孔子修《春秋》也是為由追求史中之善而認識歷史。可是，《尚書》的歷史之真與善的相合，是以不自覺方式表述出來的；《春秋》的史中之真與善有合亦有分，而且是以自覺的方式表述出來。以其合者而言，上引『莒人弒其君買朱鉏』即是；以其分者而言，有「趙盾弒君」等例。《春秋·宣公二年》：「趙盾弒其君夷皋。」據《左傳》的記載，殺死晉君夷皋不是趙盾而是趙穿。《左傳·宣公二年》：「趙穿殺靈公於桃園，宣子未出山而復。大史書曰：『趙盾弒其君』，以示於朝。宣子曰：『不然』。對曰：『子為正卿，亡不越竟，反不討賊，非子而誰？』宣子曰：『嗚呼！《詩》曰：我之懷矣，自始伊慼，其我之謂矣！』孔子曰：『董狐，古之良史也，書法不隱；趙宣子，古之良大夫也，為法受惡。惜也！越竟乃免。』」董狐身為太史，見證趙穿弒君之事，然而卻依古之書法，記趙盾弒君。孔子知此事之詳情，卻從董狐記載，隱藏事實的真相，以明其大義（善）。又，《春秋·僖公二十八年》：「天王狩於河陽。」同年《左傳》也載此事：「是會也。晉

侯召王，以諸侯見，且使王狩。仲尼曰：『以臣召君，不可以訓。』故書曰：『天王狩於河陽』，言其非地也，且明德也。」此事真實的情況是：晉文公在城濮之戰大敗楚國，確立霸主地位。晉文公召襄王會諸侯於溫。孔子知道此事之實情，卻以為晉文公以臣召君，不合禮義，從古之書法，說：「天王狩於河陽」。此類棄史實之真而追求史中之善的記載，亦見於《春秋・襄公二十五年》記「崔杼弒其君光」等等。

　　不過，《春秋》既然是一部史書，也就不可能盡棄史實之真。實際上，在對文獻的認識方面，《春秋》較之《尚書》要深刻的多。司馬遷於《史記・孔子世家》說：「（孔子）西觀周室，論史記舊聞，興於魯而次春秋，上記隱，下至哀之獲麟，約其辭文，去其煩重，以制義法，王道備，人事浹。」孔子修《春秋》，已經自覺地對文獻進行整理，而不是像《尚書》那樣直敘史事。《論語・八佾》載孔子語：「夏禮，吾能言之，杞不足徵也；殷禮，吾能言之，宋不足徵也。文獻不足故也。足，則吾能徵之矣。」宋儒朱熹釋此段文字：「徵，征也。文，典籍也；獻，賢也。言兩代之禮我能言之，而兩國不足以取為證，文獻不足故也。文獻若足，則我能取之證吾言矣。」[31]依朱熹所釋，文獻為書面檔和賢者之說，皆為史家所取證據之來源。若文獻不足，則不可證夏、殷之禮；若文獻足，以證夏、殷之禮，也有賴於孔子所取之為證。這就是說，言史須有證據，無證據之說，絕不可為史。這一思想，在孔子修《春秋》中有充分體現。孔子修史，有所謂「闕疑」之說。《論語・為政》說：「多聞闕疑，慎言其餘，則寡尤；多見闕殆，慎言其餘，則寡悔。」此語雖為孔子答子張如何求官祿之問，然此處事之態度，也反映在孔子治史上。孔子修史「闕疑」說，頗受後人的重視。《春秋穀梁傳》說：「春秋之義，信以傳信，疑以傳

---

31 見朱熹：《論語集注・八佾》。

疑。」[32]司馬遷亦云「（孔子）序《尚書》則略，無年月；或頗有，然多闕，不可錄。故疑則傳疑，蓋其慎也。」[33]清人顧炎武對《春秋》載史之「闕文」，有一段精彩的分析：「孔子曰：『吾猶及史之闕文也。』史之闕文，聖人不敢益也。《春秋・桓公十七年》：『冬十月朔，日有食之。』傳曰：『不書日，官失之也。』《僖公十五年》：『夏五月，日有食之。』傳曰：『不書朔與日，官失之也。』以聖人之明，千歲之日至可坐而致，豈難考曆布算以補其闕，而夫子不敢也，況於史文之誤而無從取正者乎；況於列國之事得之傳聞，不登於史策者乎。左氏之書，成之者非一人，錄之者非一世，可謂富矣，而夫子當時未必見也。史之所不書，則雖聖人有所不知焉者。」[34]顧氏對《春秋》「闕文」之說，論之有據，其說頗為得當。孔子「闕疑」說，反映其自覺意識到史家不可窮盡史實，亦不可盡定史實之真，史事之真須建立在史家所認可的證據之上。孔子對文獻的認識，表述了對史實之真的自覺認識。孔子所言，已經涉及到史料（文獻）、史實（事件之真）與史家認識（選取）的關係。這一認識，不僅《尚書》未涉及到，而且據目前所見《春秋》以前文獻，亦未見有涉及者。孔子的這一思想，無疑是十分深刻的。

考察《春秋》一書，其所及史實之真與善關係者，大體可歸為三類：直書其事，不言史義，如書天災異象之例。此其一。直書其事，並存史義，事與禮不違，如書莒人弒君之例。此其二。隱事（真）從禮，以義為實，以事為虛，不言真相，如趙盾弒君之例等。此其三。前兩類，史實的客觀性與史家對史實的定性尚未發生背離，這與《尚書》是一脈相承的。第三類，則強調史實的定性而棄史實的客觀性。

---

32 《春秋穀梁傳注疏・桓公五年》。
33 《史記・三代世表序》。
34 見顧炎武：《日知錄・卷四》，「《春秋》闕疑之書」條。

對《春秋》棄史實之真的記載，學者們多有評議。例如，清儒皮錫瑞說：「孔子所作者，是為萬世作常經，不是為一代作史。經史體例所以異者：史是據事直書，不立褒貶，是非自見；經是必借褒貶是非，以定制立法，為百王不易之常經。」[35] 皮氏所謂「史據以直書」，確有道理。不過，他對經、史之定義，則有些過於僵硬。先秦時期，經史尚未分離。史家直書史事，亦存議論之處，記史與議史，絕不可斷然分離。若史家不辨善惡，不存褒貶，《尚書》何以有「夏殷之鑒」說，董狐何以有「良大夫」之美稱，齊太史何能以「太史簡」名揚青史。據上引趙盾弒君等例，亦可知《春秋》以史明義，以禮義褒貶史事，此乃承《尚書》以後中國古代史官之「書法」，而非孔子之獨創。另一方面，皮氏僅從《春秋》隱事（真）明義一類記載，而忽略其直書和直書與褒貶不異的記載，就斷然為此書定性，也就有以偏概全之嫌了。上文所述《春秋》史與義關係者，從表面上看似乎存在矛盾，然而此三者實際上有一個並不矛盾的基點，即它們均不離孔子彰顯「王道之大者」的宗旨。所以司馬遷說：「故吳、楚之君自稱王，而《春秋》貶之曰『子』；踐土之會實召周天子，而《春秋》諱之曰『天王狩於河陽』。推此類以繩當世。貶損之義，後有王者舉而開之，《春秋》之義行，則天下亂臣賊子懼焉。」[36] 司馬遷所言，確可謂深諳孔子修史之深意。

從《春秋》一書中，可以看出《尚書》之後中國古代歷史觀念的發展。《尚書》的三代相承說，《春秋》繼承之且以歷史階段性變化的方式表述對歷史連續性的認識。《尚書》敘史必言之天命，在《春秋》中已經淡化，那層披在人文思想之上的外衣——天命已經沒有實

---

35 見皮錫瑞：《經學通論四・春秋》，「論春秋是作不是抄錄是作經不是作史杜預以為周公作凡例陸淳駁之甚明」條。

36 《史記・孔子世家》。

際意義了，禮義成為過去、現在和未來所具有的共同性，成為人們認識過去、現在和未來之所以能發生聯繫的基點。《尚書》引史鑑所蘊含的對歷史之真與善的認識，在《春秋》中已經完全展現出來，歷史之真與善不僅可以相合而且亦可以相分。《春秋》對歷史之真與善的認識，實開中國古代史學與經學對歷史之真與善關係認識之先河，對中國古代歷史觀念的發展產生了極為重要的影響。

4《左傳》

《左傳》是繼《春秋》之後出現的另一部編年體史書。《左傳》記事起於魯隱西元年（西元前772年），終於魯哀公四年（西元前464年），比《春秋》多出十七年，其中還有一條史料（即記智伯亡事）晚至魯悼公四年（西元前454年）。此部史書，司馬遷謂之《左氏春秋》，班固則稱《左氏傳》。《左傳》之名，是後出之簡稱。

《左傳》的記事範圍大體也在春秋一代。關於《左傳》與《春秋》的關係，學術史上一直存在爭議。《漢書・藝文志》「《春秋古經》十二篇，經十卷」條下，錄「《左氏傳》三十卷」。王先謙《漢書補注》引錢大昕說：「漢儒傳《春秋》者，以《左氏》為古文，《公羊》、《穀梁》為今文。」[37]這就是說，《左傳》是傳經之作。不過，早在漢代，對於《左傳》是否傳《春秋》，就有不同的看法。西漢哀帝時，今文學家極力反對劉歆立《左傳》為官學的建議，其理由之一就是「左氏不傳春秋」。後世學者，亦多有從此說者。

關於《左傳》的作者，也是有爭議的問題。司馬遷認為，《左傳》的作者是魯君子左丘明：「魯君子左丘明懼弟子人人異端，各安其意，失其真，故因孔子史記具論其語，成《左氏春秋》。」[38]可是，

---

37 王先謙：《漢書補注》，中華書局1983年版，第872頁。

38 《史記・十二諸侯年表》。

也有學者不同意司馬遷的說法。王先謙《漢書補注・藝文志》「左氏傳三十卷」條下引段玉裁說：「《春秋古經》及《左氏傳》，班《志》不言出誰氏。據《說文・敘》云：『北平侯張蒼獻《春秋左氏傳》，意經傳皆其獻也。』」[39]顧炎武則直言：「左氏之書，成之者非一人，錄之者非一世。」[40]關於《左傳》作者及《左傳》是否傳經，是一個仍需要討論的問題。但《左傳》一書，對於了解《春秋》所載之事具有重要意義。《左傳》多詳《春秋》所載之事，而且其所記載的事要遠多於《春秋》。《左傳》更為詳細地描寫了春秋一代歷史之大勢。從史學史的角度來看，《左傳》深刻地反映了《春秋》之後中國古代史學發展的特點。

　　與《春秋》相比較，《左傳》的編年體已表現出較為成熟的特點。《左傳》記事，同於《春秋》，以事繫日、以日繫月、以月繫時、以時繫年，然其記事遠比《春秋》詳細。以《春秋・魯隱西元年》載：「元年春王正月。三月公及邾儀父盟於蔑。夏五月，鄭伯克段於鄢。秋七月，天王使宰咺來歸惠公、仲子之賵。九月，及宋人盟於宿。冬十有二月，祭伯來。公子益師卒。」《左傳》記此年事，內容遠較《春秋》豐富，其或釋《春秋》書法，如「元年春，王周正月，不書即位，攝也」，「公及邾儀父盟於蔑——邾子克也。未王命，故不書爵」；或詳《春秋》之事，如「惠公之季年，敗宋於黃。（隱）公立而求成焉。九月及宋盟於宿，始通也」；或補《春秋》之闕，如「夏四月，費伯帥師城郎。不書，非公命也」；「八月，紀人伐夷。夷不告，故不書」，等等。《左傳》記事，並載魯、周、邾、鄭、紀、夷、宋、衛等國事。這些國家的交往，表現出春秋時期周王室及眾諸侯國之間或戰或和或盟的關係。

---

39 王先謙：《漢書補注》，第872頁。
40 見顧炎武：《日知錄・卷四》，「《春秋》闕疑之書」條。

作為一部史書，《左傳》記事重視事情發生的原因及其發展過程。如《春秋》載「鄭伯克段於鄢」，僅寥寥幾字，《左傳》則有長篇敘述，從最初姜氏惡莊公、為公叔段請邑，公叔段圖謀叛亂、莊公平叛，最後以莊公與姜氏和好結束，中間插以莊公與臣下對話，說明事件原因且示褒貶之意，整個事件首尾連貫。對於《左傳》的記事特點，梁啟超有一段分析。他說：「其（《左傳》）敘事有系統，有別裁，確成為一種『組織體的』著述。彼『帳簿式』之《春秋》，『文選式』之《尚書》，雖極莊嚴且典重，而讀者寡味矣。左氏之書，其斷片的敘事雖亦不少，然對於重大問題，時復溯源竟委，前後照應，能使讀者相悅以解。」[41]梁啟超的分析，頗為精闢。上述《左傳》「鄭伯克段於鄢」之類的記載，學者們就謂之紀事本末體的雛形，這是有道理的。《左傳》的記事，還有在一年下專記某人事蹟者，如記晉文公重耳事，亦被視為後世紀傳體的雛形。古代中國史書的撰述，有以某種體裁為主兼及他種體裁而加以補充的特點，《左傳》實開此撰述特點之先河。[42]

在歷史思想方面，《左傳》發展了《春秋》的思想。對於古今歷史之變及其連續性的認識，《左傳》與《春秋》一樣都是在敘史中表現出來的。《左傳・昭公三十二年》載史墨語：「社稷無常奉，君位無常位，自古以然。故《詩》曰：『高岸為谷，深谷為陵。』三後之姓於今為庶，主所知也。」杜預注：「三後，虞、夏、商。」虞、夏、商三王之子孫尚在，且身為平民。《左傳・襄公二十四年》載范宣子語：「昔匄之祖，自虞以上為陶唐氏，在夏為御龍氏，在商豕韋氏，在周為唐杜氏，晉主夏盟為范氏，其是之謂乎！」此段話舉范氏家族

---

41 梁啟超：《中國歷史研究法》，上海古籍出版社2004年版，第14頁。

42 白壽彝：《中國史學史》，第一冊，第232頁。

之世系，自虞、夏、商、周以來相繼而承，其中當有自虞以來歷史具
有連續性的思想。對於歷史變化的認識，《左傳》較之《春秋》不同
的是，更為重視從具體史事中展現歷史之巨變。梁啟超對此也有一段
分析。他說：「第一，（《左傳》）不以一國為中心點，而將當時數個主
要文化國平均敘述。蓋自春秋以降，我族已漸為地方發展，非從各方
面綜合研究，不能得其全相。當時史官之作大抵皆偏重王室，或偏重
於本國。《左傳》反是，能平均注意全部……第二，其敘述不局於政
治，常涉及全社會之各方面。左氏對於一時之典章與大事固多詳敘，
而所謂『瑣語』之一類，亦採擇不遺。故能寫出社會之活態，予吾儕
以明瞭之印象。」[43] 此兩者與上引《左傳》乃有「組織體的著述」，梁
氏並稱為「皆以前史家所無」。梁氏的說法，是有史實依據的。如果
說《春秋》以魯國為主兼及他國，勾勒出春秋時期禮樂征伐自諸侯
出、自大夫出、自陪臣出之大勢。《左傳》則以春秋大國為主兼及其
他小國，以豐富的史事從政治經濟及文化等方面展現出春秋歷史變化
之大勢。例如，《左傳・桓公五年》記載周鄭繻葛之戰，王師大敗，
祝聃「射王中肩」。之後，鄭國多有內亂，而齊國勢力漸興，齊桓公
「九合諸侯」、「一匡天下」[44]。此時南方的楚國亦興起，桓公十六年
楚舉兵伐鄭。同時，西方的晉國自曲沃滅翼後結束了分裂局面，等
等。這些事實，充分展現了春秋時期王室衰微，諸侯國興起的歷史局
面。《左傳》載魯之「初稅畝」、晉「作爰田」、楚「書土田，度山
林」等事[45]，描寫了諸侯國經濟變革及其與政治變革的聯繫；《左傳》
還記載了中原文化發展以及中原諸國與周邊少數民族的交往，描寫了
文化發展對政治和社會生活的影響，等等。《左傳》以豐富的史料，

---

43 梁啟超：《中國歷史研究法》，第13-14頁。

44 《論語・憲問》。

45 分別見於《左傳》宣公十五年、僖公十五年、襄公二十五年。

從橫向空間展現了歷史變化的具體內容，是《尚書》、《春秋》以來歷史觀念的一大變化。梁啟超氏謂之「以前史家所無」，確為卓見。

在天人關係方面，《左傳》與《春秋》也有不同之處。《左傳》未循《春秋》「紀異而說不書」[46]筆法，而是記載了較多的天命鬼神之事，清人汪中概括為五點：「曰天道，曰鬼神、曰災祥、曰卜筮、曰夢」。[47]為什麼《左傳》在天人關係上的認識與《春秋》有如此大的變化？徐復觀先生認為，春秋時期「正是原始宗教與人文精神互相交錯乃至並替的時代。左氏是把此一段歷史中交錯並替的現象，隨其在歷史上所發生的影響，而判別輕重，如實記載下來。」[48]這就是說，《左傳》是一部史書，所以它要選擇有影響的史實加以記載，以反映春秋時期的歷史。另一方面，《左傳》多載天命鬼神一類的東西，也與中國古代史學傳統有關。上古時期巫史不分，記載瑞祥災異本就是史官的職責。《周易・巽》卦九二爻辭說：「用史巫紛若。」史官乃履行巫師之職，溝通天人之際。劉師培指出：「三代之時，稱天而治，天事人事，相為表裡，天人之學，史實司之。」[49]史官記天人之事的傳統，後世一直承續。司馬遷自稱：「僕之先人，非有剖符丹書之功，文史星曆近乎卜祝之間。」[50]《續漢書・百官志二》謂：「太史令一人，六百石。」本注曰：「掌天時星曆。凡歲將終，奏新年曆，凡國祭祀喪娶之事，掌奏良日及時節禁忌。凡國有瑞應災異，掌記之。」可見，《春秋》雖為一部史書，但經過孔子的編修，其史學傳統中的某些內容已經發生了變化，而《左傳》則承續了史官兼記天人之事的傳統。

---

46 《史記・天官書》。

47 汪中：《述學・內篇二》，參見《清經解》第五冊，上海書店1988年版，第240-241頁。

48 徐復觀：《兩漢思想史》，第三卷，華東師範大學出版社2001年版，第165頁。

49 劉師培：《劉師培史學論著選集》，上海古籍出版社2006年版，第13頁。

50 《漢書・司馬遷傳》。

　　《左傳》雖然記載了許多天命鬼神和災詳之事，但其重人事的特點也是非常突出的。《左傳》敘史，有並舉從天從人之說者。《襄公十八年》記載：楚國軍隊攻打鄭國，遇到大雨。楚軍受凍，很多人死去。晉人議楚軍發兵之事。師曠說：「不害，吾驟歌北風，又歌南風，南風不競，多死聲，楚必無功。」董叔說：「天道多在西北，南師不時，必無功。」叔向則指出：「在其君之德也。」師曠以為其所唱之歌北曲強於南曲，董叔以為歲星在西北，斷定楚軍不勝。叔向則指出，決定戰爭勝負在於君主之德。《左傳》此類記載，當有其深意。在《左傳》中，人事與災祥相附之事，大體上都是得到了驗證的。《左傳》敘天人之事，顯示出一條重要原則即「無證不信」。《僖公十六年》：「周內史叔興聘於宋，宋襄公問焉，曰：『是何祥也？凶吉焉在？』（按：指在宋國發生隕石落，六鶂退飛事）對曰：『今茲魯多大喪，明年齊有亂，君將得諸侯而不終。』」又《昭公七年》記晉國國君與士文伯關於日食的對話。士文伯告訴晉君，日食之災為凶，它先降衛國，衛國將死國君；餘災降魯國，死一個大臣。《左傳》並舉從天從人之說，亦有其深意。叔興和士文伯所言之事，都是發生了的。《左傳》也有直言人較鬼神更為重要者。《莊公三十二年》：「國將興，聽於民；將亡，聽於神。神聰明正直而一者，依人而行。」可見，《左傳》雖然不否認天命鬼神的存在，然而其對天人關係的認識仍是以人為起點的，對歷史事件的解釋立足於人事。這點與《尚書》和《春秋》的思想是一脈相承的。

　　在天人關係方面，《左傳》也有新的認識。《尚書》的天命說，表述了對歷史變化原因的認識。周人認為，三代政權之更替乃天懲惡揚善之舉，上天將王權授給有德之君主，即有德者得天下。這就是說「善」在歷史的變化中起了重要作用。孔子看到春秋亂世形成的原因，他強調以「禮義」來拯救亂世。孔子所謂「禮義」，是建立在

「德」的基礎之上的。《左傳》也十分重視德的作用，上引叔向、宮之奇等人的話，就表明了這一點。不過，《左傳》關注「善」在歷史中的作用時，也意識到「惡」在歷史中也能起作用。例如《襄公三十年》記載，蔡景侯與其太子般的妻子私通。太子般殺其父，篡位稱蔡靈侯。又據《昭公十一年》記載，楚王誘殺蔡靈侯，並大舉出兵攻蔡。叔向對此事有一段議論。他說：「蔡侯獲罪於其君，而不能其民，天將假手於楚以斃之，何故不克？然肸聞之，不信以幸，不可再也。楚王奉孫吳以討於陳，曰：『將定而國。』陳人聽命，而遂縣之。今又誘蔡而殺其君，以圍其國，雖幸而克，必受其咎，弗能久矣。桀克有緡，以喪其國。紂伐東夷，而損其身。楚小、位下，而亟暴於二王，能無咎乎？天之假助不善，非祚之也，厚其兇惡而降之罰也。』」叔向認為，天借楚之手誅殺弑父之蔡靈侯。可是楚王自己也是一個無德者，他誘殺蔡侯出於私欲，而他誘滅蔡國更為無義之舉。在叔向看來，這樣的人也是不能善終的。叔向還並舉桀滅有緡、紂伐東夷等事，說明一條道理，即「天之假助不善，非祚之也，厚其凶而降之罰也」。叔向的話是很值得重視的。上面談到，周人認為君主有德就能得天命，這就是說君主可以通過自己自覺的行為把握天命，人的意志可以與天意保持一致。可是在叔向看來，楚靈王、夏桀王和殷紂王的行為是為了謀求私欲，所為乃「惡」之行，其目的與天的意志並不是一致的，然而他們最終還是成為天的工具，實現了天懲惡揚善的目的。叔向的話，儘管只是對某些具體事件分析，然而他所表述的思想較之《尚書》更為深刻。這種對歷史事件解釋並存「善」與「惡」的思想，對後世史學產生了很大的影響。在司馬遷的史學中，可以看到這一思想已經運用到對歷史發展趨勢的思考之中。

《左傳》作為一部史書，特別重視歷史的鑒誡作用。《左傳》引用的歷史經驗，有承之於前人者。例如，《尚書》以來極為重視的

「德」和「禮」，在《左傳》中屢屢被提及。《左傳·定公四年》說：「以先王觀之，則尚德也。昔武王克商，成王定之，選建明德，以蕃屏周。故周公相王室，以尹天下，與周為睦。」《左傳·成公二年》：「明德慎罰」。《僖公二十五年》：「德以柔中國，刑以威四夷。」《僖公二十七年》：「禮樂，德之則也。」《襄公二十一年》：「禮，政之輿也。」《襄公三十年》：「禮，國之幹也。」這裡指出了德與禮樂、治政的關係。《左傳》對德、禮的重視，在敘史中有充分的反映。例如《閔西元年》載，齊桓公在位時，曾有取魯之意，仲孫湫勸之說：「（魯）猶秉周禮，周禮，所以本也。」「魯不棄周禮，未可動也。」在以前人歷史經驗作為歷史之鑒方面，《左傳》與《春秋》是一致的。不過，兩者也有不同的地方。《春秋》以前人的歷史經驗為「鑒」，從禮義名分出發，其「鑒」是不變的，乃「萬世之常經」。而《左傳》則認為，前人的歷史經驗在運用時，隨著時代的不同而有所變化。例如，孔子認為春秋亂世之起，乃「名份」失常，「禮樂征伐自諸侯出、自大夫出、自陪臣出。」可是《左傳》對諸侯稱霸並不一概持否定的態度。晉文公是一代霸主，城濮一戰，威振天下。之後，他召周襄王會諸侯於溫。對於晉文公的行為，孔子多有貶義，指出其以臣召君，不合禮義，故《春秋》有「天王狩於河陽」之語。《左傳》對晉文公則多為襃揚，不僅記載了他在外流浪十九年，飽受磨難，終於鍛煉出堅韌的性格；而且還詳述了他執政後，虛心納諫，善於用人，甚得民心。《左傳·僖公二十八年》說：「晉侯在外，十九年矣，而果得晉國。險阻艱難，倍嘗之矣；民之情偽，盡之知矣。天假之年，而除其害，天之所置，其可廢乎。《軍志》曰：『允當則歸。』又曰：『知難而退。』又曰：『有德不可敵。』此三志者，晉之謂矣。」這段話是與晉爭霸的楚王所說的，《左傳》載錄此段話，其對晉文公的讚譽是顯而易見的。不僅如此，既使是周天子，若有不合禮

義的行為，《左傳》也進行了指責。《春秋・桓公十五年》：「天王使家
父來求車。」同年《左傳》載此事，並言：「非禮也。諸侯不貢車、
服，天子不私求財。」周天子求車事，是不合禮義的，《春秋》對此
置之不議，《左傳》則明其非是。

對於歷史中可借鑑的經驗，《左傳》還提出了新的解釋。《尚書》
以來所強調的德，表現出人文思想的特點，即不否定天命的存在，但
認識天人關係以人為起點。君主只要對民施德行，就可以得到天命，
而君主能否得天命，則取決於他自己的行為。《春秋》較之《尚書》
思想的發展，是進一步淡化了天命對人事的影響。《左傳》不僅繼承
了《尚書》以來重人事的傳統，而且也發展了前人的思想。在《尚
書》的人文思想中，君主的行為雖然直接對民，然而其行為還是對天
負責而不是對民負責。《左傳》則表現出一種新的認識，即君主行為
是對民負責而不是對天負責，君主權力之本是民而不是天。[51]這種以
民為本的思想，主要表現在以下三個方面：

首先，君權的基礎在民。《左傳・哀西元年》記載，吳王夫差舉
兵攻打陳國。楚國的大夫知道此事後很害怕，說：「闔廬惟能用其
民，以敗我於柏舉。今聞其嗣（案，指夫差）又甚焉，將若之何？」
子西則持不同的看法。他說，吳王夫差與闔廬是不同的。闔廬勤於政
事，體恤民情、與民同甘共苦，所以吳人「不罷勞，死知不曠」。吳
人不怕疲勞地為國效力，他們就是死了也知道不是白白地死去。而夫
差則不然，他貪圖享樂，濫用民力，視百姓如同仇人，所以他看似強
大，實際上失去了人民的支持，「夫先自敗也」[52]。在子西看來，君王
權力的基礎是在民而不是在天。

---

51 關於《左傳》的民本思想，參見劉家和：《史學、經學與思想》，第362-364頁。
52 《左傳・哀西元年》。

其次，民有議政的權力。既然君主的權力在民，民也就有議政的權力。鄭國子產執政時，「鄭人游於鄉校，以論執政。」[53]然明向子產建議，毀掉鄉校。子產則指出，民議論政事是好事。他們認為好的，就推行；他們認為不好的，就改掉。他說：「我聞忠善以損怨，不聞作威以防怨。豈不遽止？然猶防川，大決所犯，傷人必多，吾不克救也。不如小決使道，不如吾聞而藥之也。」[54]民議政，是不能用權威來制止的，他們的議論只能疏導，而且可以作為治政之良「藥」。子產充分肯定民議政的重要性。

再次，對於無德之君主，民甚至可以棄之。魯昭公在國外流亡多年後死去。趙簡子問史墨，魯國季氏趕走國君，為什麼魯人還順服他，諸侯還親附他。趙簡子說：「魯君世從其失，季氏世修其勤，民忘君矣。雖死於外，其誰矜之？」[55]在趙簡子看來，魯昭公失其政，對於他的死，魯人是不會憐惜的。季氏世代勤於民事，這是魯人服從他的原因。季氏趕走國君的行為，實際上得到了魯人的支持。

《左傳》對於歷史的經驗提出新的認識，與其所秉持的無證不信的原則是有聯繫的。《左傳》敘史，所收集的史料十分廣博，除魯《春秋》之外，亦見其他諸侯國史記以及各種傳聞舊說。顧炎武說：「左氏之書，成之非一人，錄之者非一世，可謂富矣，而夫子當時未必見也。史之所不書，則雖聖人有所不知焉者。且《春秋》，魯國之史也。即使歷聘之餘，必聞其政，遂可以百二十國之寶書，增入本國之記注乎。」[56]對於《左傳》引用史料，前人有一些質疑。晉人范寧說：「《左氏》豔而富」[57]。唐人韓愈也說：「《春秋》謹嚴，《左氏》浮

---

53 《左傳・襄公三十一年》。

54 《左傳・襄公三十一年》。

55 《左傳・昭公三十二年》。

56 見顧炎武：《日知錄・卷四》，「《春秋》闕疑之書」條。

57 楊士勳：《春秋穀梁傳注疏》，阮元校刻：《十三經注疏》。

誇」[58]。但也有學者持不同的看法，以為《左傳》載錄奇聞異事，是
反映社會的某種現象。而其載史有語句誇飾之處，則表明史書記載出
現了文學的因素，這恰恰表明史書撰寫的進步。這種看法有一定的道
理。以《左傳》所述史事來看，其對史事的真實性是相當重視的。這
點，從兩方面可以看出：一是《左傳》處理史事之真與善的矛盾，堅
持實錄史事。上引《左傳》敘「趙盾弒其君夷皋」、「天王狩於河陽」
等事，已經表明這點。二是《左傳》對情況尚不明了之史事，亦採用
「闕疑」之筆法。例如，《春秋‧昭公十九年》載：「許世子止弒其君
買。」同年《左傳》載：「夏，許悼公瘧。五月戊辰，飲大子止之藥
卒。大子奔晉。書曰：『弒其君。』君子曰：『盡心力以事君，舍藥物
可也。』」漢儒服虔釋此事說：「禮，醫不三世不使。君有疾，飲藥，
臣先嘗之；親有疾，飲藥，子先嘗之。公疾未瘳，而止進藥，雖嘗而
不由醫而卒，故國史書『弒』告於諸侯。」[59]清人萬斯大《春秋隨
筆》則持不同的看法：「夫瘧非必死之疾，治疾無立斃之劑。今藥出自
止，飲之即卒，是有心毒殺之也。」[60]依服虔之釋，許世子雖進藥違
禮，然並無毒死父君之意。萬斯大則以為許悼公被其子毒殺。此兩說
皆無確鑿證據。《左傳》謂「盡心力以事君，舍藥物可也」有同情許世
子之意，但無定性之意，其闕之以疑，大概是由於證據不足的原因。
《左傳》敘史「闕疑」之手法，也是其敘史「無證不信」原則表現。

　　《左傳》不僅重視史事之真，而且也強調史實之真與善的結合。
《春秋‧莊公三十一年》：「齊侯來獻戎捷。」《春秋》直敘此事，不
存褒貶之義。《左傳》不僅詳述事情的經過，而且以史明義，云：「齊
侯來獻戎捷，非禮也。凡贈諸侯有四夷之功，則獻於王，王以警於

---

58 韓愈：《韓昌黎全集》，中國書店1991年版，第187頁。
59 轉引自楊伯峻：《春秋左傳注》，第三冊，第1402頁。
60 轉引自楊伯峻：《春秋左傳注》，第三冊，第1402頁。

夷。中國則否。諸侯不相遺俘。」[61]諸侯討伐四方夷狄，將俘虜獻給
周天子，周天子用來警誡四方夷狄。諸侯在中原作戰互贈俘虜，則是
非禮之舉。此所謂禮，乃補《春秋》之缺。上文指出，《左傳》並不
像《春秋》那樣以「名份」來定是非，他對禮義有自己的認識。據
《春秋·襄公二十五年》載：「崔杼弒其君光。」同年《左傳》亦
載，齊太史冒死書崔杼以臣弒君。可是據《左傳》的記載，《春秋》
與齊太史所記沒有反映齊莊公被殺的原因。齊莊公乃荒淫之徒，他與
棠姜私通，（按：棠姜原是棠公之妻，棠公死後，崔杼娶之。）終為
崔杼所殺。《左傳》還特意記了晏嬰的一段話：「故君為社稷死，則死
之；為社稷亡，則亡之。若為己死，而為己亡，非其私暱，誰敢任
之？且人有君而弒之，吾焉得死之？而焉得亡之？」晏嬰認為，齊莊
公為己之私欲而死，不值得為他的效忠（或死或逃亡）。可見《左
傳》對崔杼之舉並無貶義。比較《春秋》與《左傳》所載同一史事，
如「崔杼弒君」、「天王狩於河陽」等等，可知《左傳》對史中之善的
追求是以史事之真為基礎的，它追求的是歷史之真與善的相合。《春
秋》「直書其事，並存史義，事與禮不相違」的原則為《左傳》所繼
承，而其「隱事（真）從禮，以義為實，以事為虛，不言真相」的原
則《左傳》則不予取之。《左傳》對歷史之真與善的認識，經過後世
史家的發展，成為中國古代史學求真精神的重要內容。

　　在中國古代史學發展史上，《左傳》的地位是十分重要的。《左
傳》的編年史體例、對歷史變化及其原因的認識，反映了自孔子時代
以來中國古代史學的進步。尤其值得重視的是，《左傳》對歷史之真
與善的認識，使源自於《尚書》並在《春秋》部分思想中呈現出來的
求真與求善相合的思想得以發展，史學的致用最終要建立在史事求真

---

61 《左傳·昭公三十二年》。

的基礎之上。這種思想對後世史學的影響是很大的。對歷史的經驗的認識，《左傳》與《春秋》也有不同之處。《左傳》敘史，已經呈現出歷史經驗的相對不變性。這種相對不變性所要表達的思想是，前代流傳下來的歷史經驗因歷史的變化需要作出重新的理解，不同時期的歷史學家對歷史的經驗會有新的認識。這種對變易的歷史與相對不變的歷史經驗的認識，已經表現出辯證的因素。司馬遷《史記》提出的「成一家之言」說，與《左傳》的思想是有著密切聯繫的。《左傳》對《春秋》思想的繼承，表現出揚棄的方式。《左傳》繼承並且發展了《春秋》中的史學原則，對後世史學形成與經學不同的學術特點，也產生了極為重要的影響。

（二）秦漢時期的史學

1 秦漢時期史學發展的概況

秦漢時期，是中國古代史學正式形成的時期。秦漢時期的史學繼承和發展了先秦史學的優良傳統，另一方面也頗有創新，表現出自己的特點，其中最重要的就是史學與政治發生了更為緊密的聯繫。

秦滅六國，結束了戰國時期的分裂局面，建立了我國歷史上第一個中央集權制的王朝。秦王朝雖然二世而亡，但西漢、東漢接續而起。兩漢四百餘年的統治，進一步發展大一統的政治制度，並且形成了大一統的意識形態。政治制度與意識形態的變化，對史學的發展產生了深遠的影響。

秦滅六國及秦漢之際的歷史巨變，使得秦漢統治者非常重視總結歷史的經驗教訓。秦王朝建立之後，秦始皇吸取了「天下共苦戰鬥不休，以有侯王」[62]的歷史教訓，建立了中央集權制。西漢初年，漢代

---

62 《史記‧秦始皇本紀》。

統治者圍繞「秦所以失天下，吾所以得之者何」[63]這一問題，對歷史進行了深刻的思考。陸賈於《新語》中提出「逆取而以順守之，文武並用」以及「行仁義，法先聖」的統治之術。[64]賈誼《過秦論》也認識到「仁義不施而攻守之勢異也」[65]的歷史教訓。總結歷史經驗教訓，是秦漢史學的重要特點之一。史學的致用，受到空前的重視。

　　秦漢時期史學的另一個特點，是史書編纂體例出現多樣化的發展趨勢。這一時期不僅出現了紀傳體通史《史記》，紀傳體皇朝史《漢書》、《東觀漢記》，編年體皇朝史《漢紀》；而且還出現了地方史《吳越春秋》，風俗史《風俗通義》，記載楚漢史事的當代史《楚漢春秋》，以及歷史文獻類著作《別錄》和《七略》。此外，秦漢時期還湧現出了許多史論性著作，諸如陸賈的《新語》、賈誼的《過秦論》等，歷史評論性著作如《鹽鐵論》，以及記載奏章、石刻的《奏事》，起居注類著作《漢著記》，等等。與先秦時期的史學相比，秦漢史學的撰述形式更具有多樣化的發展趨勢。

　　秦漢時期的歷史著作，最具有代表性的是《史記》與《漢書》。司馬遷的《史記》承先秦諸子之風骨，融通「百家」之說，繼承並大大地發展了先秦史學的優良傳統，成其史學之「一家之言」，代表了先秦以來中國史學的最高成就。之後，班固斷代為史而著《漢書》，開創了紀傳體斷代史的著史體例。《漢書》的體例和撰述思想，標誌著中國正統史學的形成，對後世史學產生了深遠的影響。自《漢書》始，中國史學進入一個新的發展時期，下面，以《史記》和《漢書》為代表，概述漢代史學的重要特點。

63　《史記・酈生陸賈列傳》。
64　《史記・酈生陸賈列傳》。
65　《史記・秦始皇本紀》。

2《史記》

司馬遷（西元前145或西元前135年-約西元前90年），字子長，左
馮翊夏陽（今陝西韓城）人。他出生於史官世家，有著良好的家學淵
源。其父司馬談是漢初太史令，曾「學天官於唐都，受易於楊何，習
道於黃子」，所著《論六家要旨》一文以道家思想為主綜合「百家」
之說，在我國學術史上有重要的影響。

司馬遷從童年開始便受到了良好的家學啟蒙。他「年十歲誦古
文」，後來隨父親到長安向著名經學家孔安國學習古文《尚書》，又隨
董仲舒學習《春秋》公羊學。從二十歲開始，司馬遷廣泛遊歷、考察
了各地風土人情、歷史遺跡，這大大地增長了他的人生閱歷，開闊了
眼界。元封元年（西元前110年），司馬談因未能隨武帝封泰山而「發
憤且卒」，臨終前囑託兒子完成他未竟的修史夙願。司馬遷「俯首流
涕」答應了父親的重托。此後，他經歷了十餘年的艱辛著述，最終創
制出中國史學之名作——《史記》。

《史記》採紀傳體通史體例，記述了上自傳說中的黃帝下迄漢武
帝太初年間三千餘年的歷史。它共分為五個部分，即十二本紀，十
表，八書，三十世家，七十列傳，共一百三十篇，約五十二萬多字。
《史記》，原名《太史公書》，又名《太史公》、《太史公記》、《太史
記》，東漢末年荀悅《漢紀》始稱《太史公記》為《史記》，此後這一
名稱便延續了下來。

關於《史記》的體例，前人有很多探討。早在南北朝時期，劉勰
《文心雕龍・史傳篇》就已指出《史記》的體例「取式《呂覽》」，而
北朝人魏澹則認為史遷著《史記》，其「紀傳之體出自《尚書》」[66]。
清人邵晉涵、章學誠均贊同劉勰的觀點，邵氏認為《史記》在體例

---

66 《隋書・魏澹傳》。

上「參諸《呂氏春秋》，而稍為變通」[67]，而章氏更明確指出「《呂氏春秋》十二紀，似本紀所宗。八覽，似八書所宗。六論，似列傳所宗」[68]。與此不同，清人秦嘉謨則認為紀傳體史著始於《世本》，太史公述《世本》以成《史記》，他於《世本輯補・諸書論述》曰：「按《太史公書》，其創立篇目，如本紀，如世家，如列傳，皆因《世本》。」實際上，《史記》的紀傳體體例並非單純地來源於某一家一書，而是先秦歷史記事日漸成熟的必然產物。

　　具體而言，《史記》的本紀、表、世家、書、列傳等五種體例在司馬遷之前也都已出現了。關於本紀，劉知幾認為它取於《春秋》。《史通・本紀》曰：「蓋紀之為體，猶《春秋》之經，系日月以成歲時，書君上以顯國統。」這一觀點大體符合十二本紀的記事情況，因而為歷代學者普遍贊同。關於十表，趙翼曰：「《史記》作十表，昉於周之譜牒，與紀、傳相為出入。」[69]而梁啟超則認為「十表稽諜作譜，印范於《世本》」[70]。關於八書，司馬貞《史記索隱》曰：「書者，五經六籍總名也。此之八書，記國家大體。」[71]趙翼認為「八書乃史遷所創，以紀朝章國典」[72]，而梁啟超卻認為八書詳記政制，蛻形於《尚書》。關於世家與列傳，梁啟超認為世家、列傳既宗雅記，又采瑣語，則《國語》之遺規[73]。范文瀾則指出「汲塚得《穆天子傳》一卷，是戰國史官固有專為一人作傳之例矣。《伯夷叔齊列傳》

67　見邵晉涵：《史記輯評・卷十二》。

68　見章學誠：《文史通義・和州志列傳總論》。

69　見趙翼：《廿二史札記・卷一》，「各史例目異同」條。

70　梁啟超：《中國歷史研究法》，第15頁。

71　《史記索隱・禮書索隱》。

72　見趙翼：《廿二史札記・卷一》，「各史例目異同」條。

73　梁啟超：《中國歷史研究法》，第15頁。

有其傳曰：是古有伯夷叔齊傳。」[74]顯然，《史記》五體，俱有所本，均非史遷首創。

在司馬遷著《史記》之前，本紀、世家、年表、列傳等五種體例（或體例的因素）雖然都已出現了，但此五種體例互不聯屬。司馬遷著《史記》，將五種體例編寫方法加以完善，並且使其相輔相成，從而集「五體」之大成，創作出一種新的綜合體史著。不僅如此，《史記》突出以人物為中心記述三千餘年的歷史，將紀傳體與通史結合起來，無疑是對先秦以來史書體例的重大創新。

司馬遷著《史記》，有明確的撰述目的，即《太史公自序》所說：「究天人之際，通古今之變，成一家之言」。司馬遷撰史欲探究天人之際，明通古今歷史之變化，以成其一家之言，其歷史觀念與先秦史學是一脈相承的。

在天人關係方面，先秦史學重視天命、人事及其兩者之間關係。究其根源，這是由於記述天命、人事是太史固有的職責。作為太史令的司馬遷對於這一點是非常清楚的。他在《報任安書》中說：「文史星曆，近乎卜祝之間。」[75]太史令的職責兼具「文史」、「星曆」以及「卜祝」三種身分，而此三者的職責既關係到人事（文史），同時又與自然之天（星曆）、神性之天（卜祝）緊密相關。所以，司馬遷「究天人之際」所謂天，不僅指神性之天，而且還有自然之天的意思。

對自然之天的認識，雖然不是先秦史家著力思考的問題，但在史書中還是有不少記載的。其中最有代表性的是《國語・周語》中伯陽父論地震的一段話，他說：「夫天地之氣，不失其序；若過其序，民亂之也。陽伏而不能出，陰迫而不能烝，於是有地震。」他既分析了

---

74 范文瀾：《正史考略》，《范文瀾全集》，第二卷，河北教育出版社2002年版，第20頁。
75 《漢書・司馬遷傳》。

地震產生的原因，同時又認為地震的發生與人事（民亂之也）具有一定的關係。司馬遷繼承了這一點，他既描述了天變、星曆等自然現象，同時也承認某些自然現象與人事之間存在著一定的感應關係。《五帝本紀》記述帝堯「敬順昊天，數法日月星辰，敬授民時」，這裡的「天」與農業生產所必須的節氣時令相聯繫，顯然屬於自然之天的範圍。《天官書》則指出月食的發生、五大行星的運動都存在著一定的規律，比如歲星的運行規律是「東行十二度，百日而止，反逆行；逆行八度，百日，復東行」，這說明司馬遷從天文學的角度非常客觀地描述了自然現象的變化。不過，身兼天文學家的司馬遷仍然相信天人之間是存在著一定的感應的。《天官書》記述日食、月食、行星、恆星的出現，有與饑饉、戰爭、兵力強弱等人事的因素聯繫起來者。不僅如此，司馬遷甚至認為天人之間存在著一定的法則，他說：「夫天運，三十歲一小變，百年中變，五百載大變……為國者必貴三五。上下各千歲，然後天人之際續備。」[76]在「天人感應」思想作為官方意識形態的漢武帝時代，司馬遷有這樣的認識也是可以理解的。

　　關於神性之天，《史記》既繼承了從《尚書》就已開始的「天命人事化」傳統，同時也繼承了《左傳》「言天道未嘗廢人事」的做法。司馬遷敘史，尤其是在記述夏、商、周三代的演變的時候，他常常提到天命的作用。《殷本紀》記述夏桀「虐政淫荒」，從而導致天令殷革夏命。商湯曰：「予畏上帝，不敢不正。有夏多罪，天命殛之。」同時，《殷本紀》又記述了周革殷命的原因，殷紂王大臣祖伊說：「非先王不相我後人，維王淫虐用自絕，故天棄我。」《周本紀》更是詳細地記述了殷王迷信、昏暴而失天命，文王、武王等修德行義從而得天命的情況：殷紂王「維婦人言是用，自棄其先祖肆祀不答，

76　《史記‧天官書》。

昏棄其家國」，而周之文王等人「積善累德」，諸侯皆認為「西伯蓋受
命之君」。從這些記述可知，三代時期人們深信天意對人類社會的影
響和支配作用，同時也意識到天命與人自身的行為密切相關。司馬遷
敘史，反映了三代時期人們的天命觀，同時也明確地表述了自己的認
識：《太史公自序》論夏、商、周三代的興替曰「夏桀淫驕，乃放鳴
條」，曰「帝辛湛湎，諸侯不享」，等等。這些論述都沒有涉及天命。
在司馬遷看來，三代之興亡完全取決於帝王是否行善政、得民心，所
謂的「天命」其實就是民心。不過，司馬遷並沒有否認天命鬼神的存
在，他在分析某些具體的事情時還會提到這類東西的影響，例如《傅
靳蒯成列傳》指出，傅寬多年的兵戈生涯「未嘗困辱」乃是「天授」
的結果。

　　司馬遷「究天人之際」，也發展了《左傳》的天人關係思想。上
文談到《左傳》記述楚靈王滅弒君者蔡侯，叔向認為這是「天將假手
於楚以斃之」，但楚靈王本人也是弒君者，叔向又曰：「天之假助不
善，非祚之也，厚其兇惡而將之罰也。」[77]這裡的「天」表現為惡。
司馬遷也意識到這種「天」的存在。在分析秦一統天下時，司馬遷
說：秦得天下「蓋若天助」。他所稱之「天助」當不可謂得民心。因
為司馬遷說「論秦之德義不如魯衛之暴戾者」[78]。那麼司馬遷所謂
「天助」指的是什麼呢？他分析戰國形勢時對此已有說明。他指出，
山東六國之間「誓盟不信，雖置質剖符猶不能約束也」[79]。司馬遷認
為，六國為謀求自身的利益相互爭鬥，削弱了自己的力量，為秦各個
擊破提供了條件。秦滅六國「乃六國自相滅也」[80]司馬遷分析秦亡漢

77 《左傳‧昭公十一年》。

78 《史記‧國年表序》。

79 《史記‧六國年表序》。

80 汪越：《讀史記十表》，中華書局1982年版，第27頁。

興，提出了同樣的認識。秦始皇統一後，患兵革不休，於是墮壞名城、銷兵器、打擊豪強，以圖維萬世之安。然而這些措施恰恰為劉邦從民間興起提供了條件。在司馬遷看來，秦始皇的措施「適足以資賢者為驅除難耳」[81]。秦維萬世之安的措施卻為自身的滅亡創造了條件，這當然不是秦的目的，也不是劉邦的意志所能左右的。所以司馬遷大為感歎地說：「豈非天哉！豈非天哉！」[82]可見，司馬遷對秦、漢歷史變化的分析，認識到「惡」的作用。與《左傳》相同的是，司馬遷分析歷史事件的原因，並存「善」、「惡」兩說。然而，他將《左傳》的思想大大地推進了，他所謂「惡」已經不限於對具體歷史事件的解釋，而是對歷史發展趨勢的解釋。司馬遷對歷史發展趨勢原因的解釋並存「善」、「惡」兩說，確可謂一家之言。

在認識歷史變化方面，《史記》繼承先秦史家的歷史思想，注意到歷史的階段性變化及其特點。《史記》十二《本紀》敘事，前後相蟬聯。各《本紀》分別觀之，可見一朝一代盛衰之變；十二《本紀》合而觀之，則從各王朝興替更迭之中見出歷史發展的進程。《史記》的《十表》則據歷史發展之大勢劃分出前後相聯的五個階段。十《表》的前四《表》，即《三代世表》、《十二諸侯年表》、《六國年表》、《秦楚之際月表》，劃分黃帝至漢代的歷史為五帝三代、春秋時期、戰國時期和秦楚之際四個歷史階段。後六《表》，即《漢興以來諸侯王年表》等專記漢代史事，把漢代作為一個特定的歷史階段。司馬遷在各《表》的序言與相關的列傳中，指出了五個歷史階段的特點。五帝三代是帝王君臨天下的時期，得天下者皆積善累德之聖明帝王。春秋時期，王權衰微，力征取代德政，春秋五伯先後稱霸。戰國

81　《史記・秦楚之際月表》。

82　《史記・秦楚之際月表》。

時期，諸侯勢衰，陪臣執國命，大夫世祿，七雄並立，兼併戰爭愈演愈烈，最終秦滅六國、一統天下。秦楚之際，戰亂再起，從秦亡到漢興，發號施令者陳涉、劉邦皆係布衣平民。漢代六《表》著重記載了漢中央王朝與諸侯分裂割據勢力的鬥爭，以及中央集權制日益鞏固的過程。縱觀《史記》十《表》，可見歷史連續性以階段性變化的形式表現出來的。從五帝時期至漢代，執政者自帝王而諸侯、自諸侯而卿大夫、自卿大夫而布衣平民。司馬遷認識歷史的階段性變化，從「變」中見「通」，又從「通」中見「變」。

司馬遷敘史，不僅注意到歷史發展的階段性特點，而且注意到具體歷史人物活動與歷史階段性變化的聯繫。對歷史階段性變化的認識，在《春秋》中已經出現，注意歷史時間上的變化與橫向空間內容的聯繫，是《左傳》歷史思想的特點之一。司馬遷繼承了《春秋》和《左傳》的思想並加以發展，他對歷史在時間上的縱向發展與空間內容聯繫的認識，不是局限於某一歷史階段，而是貫穿於自黃帝至漢帝時代的歷史；他敘述歷史空間具體的內容，明顯有從具體人物的活動中反映歷史階段特點的思想。《史記》敘五帝三代歷史，寫了堯、舜、禹、商湯、周文王、周武王以及周公、召公等有德之人的活動，也寫了夏桀王、殷紂王的暴行。這些人物的活動，反映了有德者得天下的時代特點。西周末年政治腐敗，導致春秋時期天下分裂、政出五伯局面的形成。這一特點，是從齊桓公、晉文公、楚莊王、吳王闔廬、越王勾踐等眾多歷史人物的活動及其聯繫表現出來。司馬遷寫戰國史，增設韓、趙、魏、田敬仲完《世家》，以示七雄並立局面的形成。《列傳》記載眾多的士大夫事蹟，反映了士大夫縱橫捭闔於政治舞臺、陪臣執國命的時代特點，同時亦呈現小國不斷被大國兼併、分裂之中已孕育著統一的歷史發展趨勢。秦統一後為維萬世之安，打擊六國舊貴族勢力，這又為平民布衣登上歷史舞臺提供了條件。司馬遷

記述秦楚之際的歷史，為項羽作《本紀》、將陳涉列入《世家》，表明政治權力轉移到這些草莽英雄之手。與之相呼應的是，一大批布衣平民登上歷史舞臺。司馬遷寫秦漢史，還從政治、經濟、文化等方面記述了郡縣制確立、中央集權制建立和鞏固的情況，顯示出秦漢的統一與三代帝王君臨天下之不同特點。司馬遷「通古今之變」，從具體歷史人物活動及其聯繫表現出歷史階段的特點；又從不同歷史階段的先後相續，表現出歷史變化之通。在認識歷史的變化方面，司馬遷大大地超越了先秦史家，成其一家之言。

司馬遷對歷史的認識，是出於現實需要。他力圖從歷史中尋求經驗，「稽其成敗興壞之理」[83]。這也是漢代的歷史背景所決定的。司馬遷對歷史經驗的總結繼承和發展了先秦史家的思想。這點不僅表現在對天人之際，古今之變化的認識上，而且還表現在他關注歷史經驗的致用之上。司馬遷重視禮義倫常維繫社會秩序的作用。他推崇《春秋》，以《春秋》為「王者之大道」。他說：「四維（案：指禮、義、廉、恥）不張，國乃滅亡。」[84]另一方面，司馬遷肯定了人們求富的欲望。他認為，「富者，人之情性，所不學而俱欲者也。」[85]人們追求財富的欲望「若水之趨下，日夜無休時」，「天下熙熙，皆為利來，天下攘攘，皆為利往。」司馬遷反對統治者與民爭利，主張對民之欲望加以引導：「故善者因之，其次利道之，其次教誨之，其次整齊之，最下者與之爭。」[86]

在以史為鑑方面，司馬遷還從更深的層次提出了自己的看法。《太史公自序》指出，對歷史的考察要「原始察終，見盛觀衰」，要

---

83 《漢書‧司馬遷傳》。
84 《史記‧管晏列傳》。
85 《史記‧貨殖列傳》。
86 《史記‧貨殖列傳》。

從古今歷史之變中考察歷史事件之原委。所以，司馬遷對秦的評價與漢儒多有不同，指出「秦取天下多暴」，然其「世異變，成功大」[87]。漢代分封同姓異姓諸侯，是關係到中央集權制是否能鞏固的大問題。司馬遷從歷史變化中對此作出考察，指出了三代諸侯與漢代諸侯有所不同，三代諸侯人數眾多而且存在的時間很長，漢代諸侯則不過百餘人而且多數存在的時間不長。這是因為漢代與三代情況是不同的。所以他說：「居今之世，志古之道，所以自鏡也，未必盡同。帝王者各殊禮而異務，要以成功為統紀，豈可緄乎？」[88]以史為鑑，要從歷史的變化的大勢來看，要以「成功為統紀」，今事並不可盡仿古事。司馬遷還提出「承弊通變」的思想。《太史公自序說》說：「禮樂損益，律曆改易，兵權山川鬼神，天人之際，承弊通變，作八書」。《史記》之「八書」主要記載典章制度的變化。司馬遷認為，朝代之更替，後起之朝代要吸取歷史經驗，典章制度也要採取相應的變更措施。對此，他舉周、秦、漢等例子來說明。他說：「周秦之間，可謂文敝矣。秦政不改，反酷刑法，豈不繆乎？故漢興，承敝易變，使人不倦，得天統矣。」[89]秦繼周，不易周統治之弊，故二世而亡。漢承敝易變，易秦之嚴刑酷法，使民不倦，故得「天統」。司馬遷「稽其成敗興壞之理」，就是總結歷史的經驗，從變易的歷史中看到歷史經驗所具有的相對不變性。這種不變的相對性，是由於歷史的變化以及史家的認識所決定的。這種思想是對《左傳》思想的繼承，同時也將《左傳》的思想大大地推進了。司馬遷的「成一家之言」說，已經自覺地提出史家對歷史及歷史經驗的認識是有其自主性的[90]。這種思想是十分深刻的。

---

87 《史記・六國年表》。

88 《史記・高祖功臣侯者年表序》。

89 《史記・高祖本紀》。

90 關於史家思想的自主性問題，在下面的專題研究中有進一步的論述。

　　司馬遷對歷史的認識，是建立在求真基礎之上的。古人對司馬遷
追求史事之真多有褒義，譽之為「實錄」。如班固《漢書・司馬遷傳
贊》說：「然自劉向、揚雄博極群書，皆稱遷有良史之才，服其善序
事理，辨而不華，質而不俚，其文直，其事核，不虛美，不隱惡，故
謂之實錄。」班固所稱之「實錄」，在司馬遷選擇史料入史上有充分
的反映。《史記》敘述黃帝至漢武帝時代的歷史，所涉及的史料是十
分廣博的。《史記》的史料來源有皇室所藏圖書檔案，「天下遺文古事
靡不畢集太史公」[91]。此外，遊歷和實地考察所得，也是司馬遷撰史
的史料來源之一。《孔子世家》說：「適魯，觀仲尼廟堂車服禮器，諸
生以時習禮其家，余祗回留之不能去云。」《蒙恬列傳》說：「吾適北
邊，自直道歸，行觀蒙恬所為秦築長城亭障。」司馬遷還注意當事人
或他人口述材料的價值。《太史公自序》說：「余聞董生曰：周道衰
廢，孔子為魯司寇。」《刺客列傳》說：「公孫季功、董生與夏無且
遊，具知其事，為余道之如是。」顯然，司馬遷撰史所涉及材料的範
圍較之《左傳》更為廣泛。

　　對於選取史料的方法，《史記》較之《左傳》也有更深刻的認
識。司馬遷秉承了《左傳》「無證不信」的原則，同時也對這種原則
作出了自己的理解。這主要表現在兩個方面，一是根據具體史料所存
情況，提出選取史料的原則。《五帝本紀》贊曰：「然《尚書》獨載堯
以來，而百家言黃帝，其文不雅訓，薦紳先生難言之。」對於這種情
況，司馬遷寫此篇「本紀」，提出了「不離古文者近是」、「擇其言尤
雅者」[92]的選取史料原則。《大宛列傳》說：「至《禹本紀》、《山海
經》所有怪物，余不敢言之也。」此兩書所載之怪物，於史無證，故

91　《史記・太史公自序》。
92　《史記・五帝本紀》。

棄之不錄。二是提出有總體性意義的原則。《伯夷列傳》說:「夫學者載籍極博,猶考信於六藝。」《太史公自序》說:「以拾遺補藝,成一家之言,厥協六經異傳、整齊百家雜語。」《孔子世家》說:「孔子布衣,傳十餘世,學者宗之。自天子王侯,中國言六藝者皆折中於夫子,可謂至聖矣!」這些話表明,經孔子整理的儒家「六藝」是司馬遷考訂史料的標準。不過,六經異傳和百家雜語,作為史料選擇入史則又是出於司馬遷自己對經文的理解[93]。

司馬遷提出選取史料的原則,自覺追求的是史事之真。班固肯定司馬遷撰史乃實錄,亦責備其「是非頗繆於聖人,論大道則先黃老而後六經,序遊俠則退處士而進奸雄,述貨殖則崇勢利而羞賤貧,此其所蔽也。」[94]其實,司馬遷追求史事之真,也十分重視史中之善。他的求真精神,包括了對歷史之真和與善關係的認識。對孔子和「六藝」,司馬遷是十分尊重的。他稱《春秋》為「禮義之大宗」、「王者之大道」。他選擇史料「考信於六藝」。他撰寫三代史和漢代史,貫穿了德治的思想。不過,司馬遷的思想也確有與儒家不相符之處。例如《春秋》貶「吳、楚之君」為「子」,以正名分,司馬遷稱其為王。漢代大儒董仲舒貶抑秦代,將秦踢出其「三統」循環圈。司馬遷則充分肯定秦統一中國的功績。從表面上看,這些表述是存在矛盾的。然而在這表面看似矛盾的深外,是存在不矛盾的認識的。這就是對前人歷史經驗的態度。司馬遷尊重儒家的思想,然而他對歷史也有自己的認識。這就是,中國歷史發展是連續的,歷史的主流是進步的。司馬遷盛讚漢代大一統局面的形成,「漢興,海內為一,開關梁,弛山澤之禁,是以富商大賈周流天下,交易之物莫不通。」[95]然而漢代的局

---

93 關於司馬遷「考信於六藝」與「一家之言」說的聯繫,本章第二節有專題進行討論。
94 《漢書‧司馬遷傳》。
95 《史記‧貨殖列傳》。

面是由前代發展而來的。秦始皇的統一為漢代大一統局面的形成奠定
了基礎。《史記・六國年表序》等篇章，讚揚秦國興起及其完成的統
一大業，《史記・南越列傳》等篇，把春秋戰國時期吳越、荊楚等地
的國家和民族都視為黃帝的子孫，表述了對多民族統一國家形成歷史
淵源的認識。司馬遷敘述歷史，「稽其成敗興壞之理」，追求的是史中
之真與善的相合。他對史中之善的追求，是建立在史實之真的基礎之
上。他對史中之真與善的認識，是建立在對前人歷史經驗揚棄的基礎
之上的。在司馬遷看來，前人總結的歷史經驗需要加以重新的理解，
史家對歷史的經驗有自己的認識。司馬遷撰史「欲究天人之際，通古
今之變，成一家之言」，其所表述的「一家言」，深刻地反映出史中之
真與善之間的關係。這點，也可以看出司馬遷的「一家言」與《左
傳》思想的聯繫。當然司馬遷提出史家之「一家言」說，並將之自覺
地貫穿於歷史的敘述之中，顯然是對《左傳》思想的發展。

　　司馬遷的《史記》，是中國古代史學史上具有里程碑式的巨著。
《史記》繼承並發展了先秦史學的傳統，創制紀傳體通史體例，從歷
史人物的活動及其聯繫中生動地表述歷史的過程。司馬遷自覺地認識
到歷史在時間上的縱向發展與橫向空間變化的聯繫，並將之貫穿於歷
史的敘述之中。司馬遷分析歷史變化的原因，並存「善」、「惡」兩
說，大大地深化了先秦的人文思想。對於歷史鑒誡作用，司馬遷重視
歷史之真與善的結合，提出自己的「一家之言」。司馬遷的「一家之
言」反映了史家撰史的自主性，這種自主性來源於先秦史家的自由之
精神，然而自覺地從理論上提出這一思想，則是司馬遷的巨大創獲。
司馬遷之後，隨著中央集權統治的不斷加強，史學也發生了重大的變
化，封建皇朝對史學的控制進一步加強，史學與政治的聯繫更為緊
密。班固的史學，雖然對前代史學多有繼承，然而也多有變化，史家
的獨立之精神明顯地削弱了。

3 《漢書》

班固（西元32年-西元92年），字孟堅，扶風安陵（今陝西咸陽）人。班固有著顯赫的家世背景，其祖先世代為邊地富豪，曾祖班況始移居長安。班況的女兒班婕妤為成帝所寵幸，班氏家族是當時著名的外戚，「家有賜書，內足於財」[96]。班固之父班彪自幼受到良好的教育，成年後為著名的學者。他年青時曾作《王命論》，分析西漢末年的時局並指出劉氏政權是承天命而立。班彪「才高而好述作，遂專心史籍之間」[97]。他廣采前史遺跡，為《史記》作《後傳》六十餘篇，取得了很高的史學成就。班固著《漢書》與其深厚的家學傳統是有聯繫的。

班固童年時就聰穎好學，「年九歲，能屬文，誦詩賦」，年十六入太學，「遂博貫載籍，九流百家之言，無不窮究，所學無常師。」[98]二十二歲，其父班彪卒，班固遂繼承其父的著史志向，開始修撰《漢書》。永平五年（西元62年），班固為人告發私修國史，被捕入獄。其弟班超上書漢明帝，力陳父兄著史之志向，明帝見其書而惜其才，遂召班固為蘭臺令史，參與修撰《東觀漢紀》。不久，明帝又詔令班固完成此前所未成之著書，《漢書》於是從私撰轉為官修。此後，班固乃「專篤志於博學，以著述為業」[99]，積二十餘年，至章帝建初年間草成《漢書》。永元四年（西元92年），班固著《漢書》未竟，卻因竇憲事下獄而死。此後，其妹班昭和馬續接踵而繼續修史，先後撰成八表與《天文志》。至此，《漢書》的修撰工作最終完成。《漢書》以西漢皇朝的興衰為斷限，以高帝、惠帝、高後、文帝、景帝、武帝、昭

---

96 《漢書・敘傳上》。
97 《後漢書・班彪列傳》。
98 《後漢書・班彪列傳》。
99 《漢書・敘傳上》。

帝、宣帝、元帝、成帝、哀帝、平帝等十二紀為主線，記述了西漢皇
朝二百三十年的歷史。全書分為四部分，即十二紀、八表、十志、七
十列傳，共一百篇。由於有些篇章分量過大，唐顏師古注《漢書》時
將有些篇章析為上、下卷或上、中、下卷，《漢書》一百二十卷的篇
秩自此形成。

　　在編撰體例上，《漢書》在繼承《史記》的基礎上亦有所發展。
與《史記》一樣，《漢書》也是紀傳體史書，所不同的是，《史記》是
通史，《漢書》是斷代史。班固著《漢書》，集中記述了西漢一代的歷
史，開創了紀傳體斷代史的著述體例，成為歷代「正史」的典範。劉
知幾大為稱讚《漢書》斷代為史，《史通・六家》曰：「究西都之首
末，窮劉氏之廢興，包舉一代，撰成一書。言皆精練，事甚該密，故
學者尋討，易為其功。自爾迄今，無改斯道。」在內部體例上，《漢
書》大體依據《史記》但也有改動：《史記》有本紀、世家、表、
書、列傳「五體」，《漢書》則改為紀、表、志、傳「四體」。《漢書》
廢世家，將諸侯入列傳。在班固看來，漢代中央集權體制之下的諸
侯，與春秋戰國時期的諸侯已有著本質的不同，故因時損益而廢世家
一體。《漢書》既以「書」為名，故改「書」為「志」。更重要的是，
在繼承《史記》八書的基礎上，《漢書》的十志更為系統而豐富，尤
其是《漢書》的食貨、刑法、地理與藝文四志，系統記述了自古以來
的典章制度，從而開拓了法制史、經濟史、歷史地理學、學術史等各
種專門史的著述範例，對後世的歷史編纂學產生了重要的影響。

　　與前代史學相同，天人關係是班固歷史思想的重要組成部分。班
固的天人思想，既綜合繼承了前人對天人關係的認識，亦呈現出自己
的特點。《漢書》的天人思想的來源是多種途徑的，但歸納起來不外
乎神意與人事兩個方面。與《史記》一樣，《漢書》所記述的「天」
的內容亦可以概括為自然之天與神性之天。與《史記》不同的是，

《漢書》在處理自然之天與人事的關係時候，其無證不信的思想削弱
了；在處理神性之天與人事的關係的時候，班固雖然也認識到人事對
天命的影響，但也大談天命決定人事而非人事影響天命。班固的天人
思想受到漢代正統意識形態的影響。

在漢代，董仲舒的思想影響是很大的。《漢書》的天人思想，首
要來源於董仲舒的「天人感應」學說，當然也蘊含了《尚書》之「皇
天無親，唯德是輔」的思想。另一方面，劉向、劉歆等人的陰陽五行
理論與災異學說，以及流行於東漢初年的圖讖、神學迷信思想也對
《漢書》產生了一定的影響。再者，班固在一定程度上繼承了司馬遷
的天人思想。但從總體來看，班固的天人思想不外乎神意與人事兩方
面，而且，在《漢書》中這兩方面也存在著一定的矛盾。這是因為，
在皇朝意識與正宗思想的影響下，班固格外關注天人感應與宣漢思想
的聯繫。吳懷祺先生指出，班固的天人相關理論僅僅糅合各家學說，
並非真正建立在融匯各家的思想基礎上而形成自己的觀點，它不僅不
能貫串到全書的每一個地方，而且在理論上也表現出兩重性、折衷性
的特點。[100]

關於自然之天，在《漢書》十二帝紀、《天文志》以及《五行
志》等篇章中多有記述。總的來說，班固對於自然之天的記述可分為
兩部分，一部分是描述天變、災異等自然現象，而更多的一部分則是
將這些天變、災異與某些人事加以附會、牽強解說。在十二帝紀中，
班固比較客觀地描述了許多天變、災異現象，他並沒有隨便地將天變
與人事相附會，顯示出無證不信的精神。例如，景帝三年（西元前
154年）：「春正月，淮陽王宮正殿災。」與此同時，這個月也恰恰發
生了吳楚七國之亂；緊接著，「二月壬子晦，日有食之」，同樣在這個

---

100 吳懷祺：《中國史學思想史》，安徽人民出版社1996年版，第109頁。

月裡「諸將破七國，斬首十餘萬級。」[101]不過，在《天文志》與《五行志》中，班固則多將天變異象與人事相附會。例如，《天文志》說：「漢元年十月，五星聚於東井，以曆推之，從歲星也。此高皇帝受命之符也。」《五行志》又說：「惠帝二年，天雨血於宜陽。」在此，班固引用劉向之言加以解釋：「劉向以為赤眚也。時又冬雷，桃李華，常奧之罰也。是時政舒緩，諸呂用事，讒口妄行，殺三皇子……呂太后崩，大臣共誅滅諸呂，僵屍流血。」同時，他還引用京房《易傳》曰：「佞人祿，功臣僇，天雨血。」

　　班固認識天人關係，傾向於神性之天命主導人事。在《漢書》中，天經常處於主動的地位，它可以根據人的行為安排人間的秩序，相對於主動的天而言，人只是被動的接受者。這就是說天是有意志的，具有懲惡勸善的職能，人的行為如果符合天的意志，就會得到它的佑助，反之則受到它的懲罰。例如，《高帝紀》認為劉邦得天命在於：「漢承堯運，德祚已盛，斷蛇著符，旗幟上赤，協於火德，自然之應。」這就是說，劉邦建漢是上天的安排，人們應該接受「漢紹堯運，以建帝業」的事實。相反，人如果不守本分，僭越了君臣的名分，必然受到天的懲罰。例如，班固認為王莽建新是「炕龍絕氣，非命之運，紫色䵷聲，餘分閏位」[102]，這顯然是以天人感應之說批評王莽「餘分閏位元」，目的在於宣揚漢代的天命不可僭越。《漢書》將天人感應思想與漢代的歷史緊密結合起來，從而實現了宣漢的著史宗旨。

　　班固的天人思想雖然強調了天的主動性，但他並不否認人的行為對天具有一定的能動作用。《漢書・五行志》引《左傳》論妖異的產生，曰：「妖由人興也，人亡釁焉，妖不自作。人棄常，故有妖。」

101　《漢書・景帝紀》。
102　《漢書・王莽傳》。

《刑法志》引《詩》、《書》，強調人的重要：「《詩》云：『宜民宜人，受祿於天。』《書》曰：『立功立事，可以永年。』言為政而宜於民者，功成事立，則受天祿而永年命，所謂『一人有慶，萬民賴之』者也。」在班固看來，天意與人心是統一的，當政者如果秉常尊禮、為政而宜民，國家不僅不出現妖異之事，而且還將「受天祿而永年命」。在記述具體人物事件的時候，班固既突出人事的決定性，同時又深信天意的決定作用，呈現出兩重性的特點。例如，《淮南衡山濟北王傳》記述淮南、衡山、濟北三王，主要詳述了他們「不務遵蕃臣職，以丞輔天子，而剚懷邪辟之計，謀為畔逆，仍父子再亡國，各不終其身」，並指出這與「荊楚剽輕，好作亂」的民風息息相關，這是從人事的角度來闡述的。但是，《五行志》綜合董仲舒、劉向、劉歆、眭孟、夏侯勝、京房、谷永等人的天人之說，將漢代人事與天變災異聯繫起來，這又承認了天命對人事的影響。要之，班固的天人思想存在著兩重性的矛盾，這在其著史的實踐與理論上都有一定的反映，即班固沒有也不可能明確地回答人事與天意在歷史的發展過程中究竟誰起決定性的作用。

在漢代大一統的政治與意識形態的影響下，《漢書》的天人思想也呈現出自己的特點。首先，班固的天人思想表現出極強的目的性，即服務於宣漢的政治目的。班固筆下的漢代歷史呈現出統一的發展趨向，這就是天命「將授漢劉」。如《天文志》、《五行志》等篇章不僅運用各種天變、災異來證明劉氏政權的合法性與永久性，而且運用天變、災異來證明項羽建楚、吳楚七國之亂、王莽篡漢等事件都是天命的安排。這就是說，天命在一定程度上祛除了人的主觀能動性在歷史發展中的作用，即人的力量只能屈從於天命。其次，在宣漢思想與天人感應學說的影響下，班固天人思想的神秘性增加了，而其批判精神則大為減弱了。《漢書》十二帝紀、《天文志》、《五行志》等篇章不僅

詳述西漢一代的日食、月食、地震等天變災異現象，並將這些現象與人事不同程度地結合起來，而且還收錄了董仲舒、劉向、劉歆、京房等人對這些天變災異的附會與解說，這無疑增加了班固天人思想的神秘性，同時也就削弱了它的批判性。最後，班固的天人思想深受天人感應學說的影響，他認為天是外在於人的，具有獨立的意志，而非寓於人的欲望之中。在天人感應學說中，天與人是兩種彼此分離卻又互相影響的因素，天雖然能夠影響甚至決定人事的成敗，但它畢竟外在於人；人雖然對天也具有一定的能動作用，但它只能從外部作用於天，而非天的本質內容。所以，班固沒有也不可能像司馬遷那樣從人本身即人的欲望出發來揭示天人關係的內容及其內在的矛盾。

通古今之變，是班固歷史思想另一重要內容。《漢書・敘傳》曰：「起元高祖，終於孝平、王莽之誅，十有二世，二百三十年，綜其行事，旁貫《五經》，上下洽通，為春秋考紀、表、志、傳，凡百篇。」這幾句話，既概括了《漢書》的體例、思想與內容，也反映出班固的通變思想。班固斷代為史（起元高祖，終於孝平），詳述西漢一代的歷史之變（綜其行事）。重要的是，《漢書》將通史的精神與斷代為史的體例結合起來，既做到了縱向上的貫通又實現了橫向上的博洽，從而形成了「上下洽通」的特點。

班固著《漢書》，雖然沒有採用《史記》的通史體例，但在一定程度上繼承了司馬遷著史的通史精神。在班固看來，《史記》將西漢的歷史「編於百王之末，廁於秦、項之列」[103]，這損害了西漢王朝的歷史地位。所以，班固斷代為史，即通過著《漢書》宣揚漢代獨立的歷史地位，使其「揚名於後世，冠德於百王」[104]。為此，班固以五德

---

103 《漢書・敘傳下》。

104 《漢書・敘傳下》。

終始說為依據，反覆申言「唐據火德，而漢紹之」[105]，「漢承堯運，德祚已盛」[106]。班固的這種思想在凸顯西漢王朝歷史地位的同時，又將劉氏與帝堯聯繫起來，從而蘊含了一定的通史觀念。不僅如此，《漢書》的十志尤其是刑法、地理、食貨、溝洫、藝文等五志都是貫穿古今、「通於上下」的，《古今人表》更是「窮極經傳，繼世相次，總備古今之略要」。可見，《漢書》記述歷史並不局限於西漢一代，表現出「通古今之變」的通史精神。

《漢書》的通變精神，還表現在西漢一代的橫向之「通」上，亦即班固所言的「洽通」。《漢書》的博洽，歷來為人稱道。宋人範曄稱讚《漢書》「文贍而事詳」[107]，顏師古亦稱其「宏贍」，這從《漢書》豐贍而翔實的取材即可以看得出來。與《史記》相比，《漢書》不僅增加了一些事蹟與人物的傳記，而且它還多載有用的文章與奏議：《漢書》於《韓信傳》、《楚元王傳》、《蕭何傳》、《王陵傳》等篇章中都增加了《史記》所未記載的事蹟，而且《漢書》又為吳芮、趙王如意、李陵、蘇武等人單獨立傳。[108]不僅如此，《漢書》還於《晁錯傳》載錄《教太子疏》、《言兵事疏》、《賢良策》，於《路溫舒傳》載錄《尚德緩刑疏》等。《漢書》通過增事蹟、增人物與多載有用之文，大大豐富了漢代歷史的面貌。其中，最足以顯示《漢書》之洽通的還是它的十志，即律曆、禮樂、刑罰、食貨、郊祀、天文、五行、地理、溝洫、藝文等，將自古以來的典章制度全部囊括了進來。其中，尤其是班固首創的刑法、五行、地理、藝文四志更是如此：《刑罰志》不僅概述了秦漢時期刑罰制度的演變，更重要的是它揭露了西

---

105 《漢書・敘傳上》。

106 《漢書・高帝紀》。

107 《後漢書・班彪列傳》。

108 見趙翼：《廿二史札記・卷二》，「漢書增傳」、「漢書增事蹟」條。

漢一代刑罰的苛濫、法律的嚴酷以及酷吏的殘忍；《五行志》不僅記述了天變、災異等自然現象，而且也詳細載述了劉向、劉歆與京房等人對陰陽、五行的闡述；《地理志》則記述了全國的地理概況，以及各地區的建置沿革、戶口賦稅、地理物產、歷史民俗等；《藝文志》則詳細載錄了九流百家的歷代著作及其思想的演變。顯然，《漢書》的十志不僅詳述了各種規章制度的具體內容，而且也記述了它們發生演變的具體過程，從而呈現出「洽通」的特點。

　　《漢書》於橫向上綜合記述了西漢社會方方面面的發展變化，又從縱向上貫通西漢一代，表現出「變中見通」的特點。不過，班固的「通變」思想與司馬遷的「通古今之變」還是有所不同的。《漢書》寫的只是一個朝代，所以不可能像《史記》那樣從歷史發展之大勢來認識歷史的連續性與歷史空間具體人物的關係，而且《漢書》認識歷史的變化，宗經與宣漢的思想是十分明顯的。班固記述了劉邦興起於風起雲湧的秦楚之際，經歷了無數的征戰廝殺最終建立漢朝，這是歷史之變。但他又認為，這是「漢承堯運，德祚已盛，斷蛇著符，旗幟上赤，協於火德，自然之應，得天統矣。」[109]《王莽傳》指出王莽「遭漢中微，國統三絕，而太后壽考為之宗主，故得肆其奸慝，以成篡盜之禍。推是言之，亦天時，非人力之致矣」，而王莽的滅亡亦取決於天命，即「炕龍絕氣，非命之運，紫色鼃聲，餘分閏位，聖王之驅除云爾」。同時，班固又「依《五經》之法言，同聖人之是非」，其記述西漢的歷史常常運用《五經》來評述人物，發表對歷史的看法。例如，《武五子傳》認為車千秋指明巫蠱之禍的實情而為太子申冤，故能得天人佑助而成就一番事業，班固引用《易》曰：「天之所助者順也，人之所助者信也。君子履信思順，自天佑之，吉無不利也。」班

109　《漢書‧高帝紀》。

固將宣漢和宗經思想融入到撰史之中，《史記》敘述歷史的變化所表現出歷史經驗的相對不變性的思想，在《漢書》中顯然大大地淡化了。

　　《漢書》敘史，在文獻的取捨方面也是有其特點的。班固「探纂前記，綴輯所聞，以述《漢書》」[110]，這說明《漢書》有著豐富的文獻史料來源。《漢書》的史料來源，以武帝時期為界線分為前後兩個階段。武帝以前部分，《漢書》多移置《史記》原文，但同時也增補一些文獻史料。朱東潤先生曾指出班固既見到司馬遷所未見的史料，還見到了司馬遷所用的史料以外之別本；同時，班固既能補司馬遷所略的史料，又能補司馬遷所諱的史料[111]。武帝以後，班固則主要取材班彪《史記後傳》，馮商、揚雄等各家所續《史記》，以及漢人的詩賦、奏議、各家經說、天文曆法之書等。重要的是，班固對於豐富的文獻史料並非全盤照錄，而是以自己的標準進行謹慎的揀擇。

　　班固記述漢武帝以前的歷史，在很多地方原封不動地移置了《史記》原文。這歷來為人詬病，宋人鄭樵更是認為班固乃「浮華之士，全無學術，專事剽竊」[112]。實際上，《漢書》移置《史記》原文是經過了一番剪裁的。趙翼《廿二史札記》比勘了兩書相同的部分，認為《漢書》引《史記》原文，「惟移換之法，別見翦裁」。[113]例如，《漢書》把項羽降為列傳的同時，又將與其有關的大事移置到《高帝紀》中，這是因為項羽作為秦楚之際的核心人物，他所經歷的大事往往就是這一時期的歷史主線。班固將這些大事置入《高帝紀》，就是為了凸顯秦楚之際的歷史主線。與《史記》相比，《漢書》還增加了一些人物事蹟與文章奏議。《漢書》往往將《史記》附入別人傳中的人物

110　《漢書・敘傳下》。

111　朱東潤：《漢書考索》，華東師範大學出版社1996年版，第287頁。

112　《通志・總序》。

113　見趙翼：《廿二史札記・卷二》，「漢書移置史記文」條。

單獨抽出、另立新傳，如《董仲舒傳》、《蒯通傳》、《伍備傳》等就是
抽取《史記》中與各傳傳主相關的史料重新編排而成，而《蕭何
傳》、《韓信傳》、《楚元王傳》等篇章又增益了《史記》所未記載的史
實，《司馬相如傳》、《賈誼傳》、《晁錯傳》、《韓安國傳》等篇章則載
述了司馬遷沒有載錄的詩賦與奏章。由此可見，班固移置《史記》
文，並非鄭樵所言的「全事剽竊」，而是自有其取捨、剪裁的主張。

班固對《史記》文字有所取決捨，取捨之中也見其求史事之真的
態度。這從《漢書》對《史記》的刪改就可以看出。如《儒林傳》
「仲尼既沒，弟子散游諸侯，子張居陳，子羽居楚」一段皆用《史
記》原文，但刪去了《史記》本有的「子路居衛」一句，因為此時子
路已死，班固覺其非，故將其刪去。《匈奴傳》刪去《史記》原文
「貳師聞其家以巫蠱滅族，因並眾降匈奴，得來還千人一兩人耳」，
因為貳師將軍降匈奴係征和三年事，此與《史記》訖於天漢的斷限不
符。[114]徐朔方先生通過詳細比勘《史記》與《漢書》，得出「二書相
同部分有關年代或數位等需要計算查對才辨別正誤之處，《漢書》往
往以《史記》之訛而傳訛，但是《史記》所缺部分則《漢書》的真實
性往往提高」，這說明「《漢書》曾對《史記》作出有益的校正與補
充」。[115]班固取捨史料追求史事真實性與上述他記載天變異象表現出
的無證不信態度，都是求史事之真的表現。

但是，班固在撰史宣漢目的影響下，其求真精神打了一些折扣。
在有些篇章中班固為了達到宣漢的目的而掩蓋甚至竄改歷史的真實。
例如，《高帝紀》述鴻門宴，班固只是簡單節錄《史記・項羽本紀》
的相關內容，他不但把其中的座次（項王、項伯東鄉坐，亞父南鄉

---

114 王鳴盛：《十七史商榷》，上海書店出版社2005年版，第188、193頁。
115 徐朔方：《史漢論稿・自序》，江蘇古籍出版社1984年版。

坐，沛公北鄉坐，張良西鄉侍）全部刪去，而且還刪去了司馬遷記述的那些扣人心弦的具體情節。班固如此取捨《史記》，在一定程度上掩蓋了劉邦當時屈居人臣的卑下窘態，保全了劉邦的尊者形象，實現了尊漢的目的。再如，班固為了尊崇漢王朝的中心地位，《漢書・異姓諸侯王年表》居然將《史記・秦楚之際月表》中的「義帝元年」（西元前206年）改為「漢元年」，這顯然竄改了歷史的真相。徐復觀先生認為班固實在是「尊漢太過，以致汨沒了歷史的真實」。[116]這一見解，是有充分史料依據的。

《漢書》所表現出的史實之真與觀念之真的矛盾，也表現在對歷史經驗的認識方面。班固重視引史為鑑，《漢書》「多載有用之文」[117]，所謂「有用之文」就是對漢代社會、政治大有裨益的奏議、策論。這些奏議、策論多從歷史上尋找經驗教訓，並從中得出有關於治道、切於時勢政局的認識。例如，賈誼的《過秦論》就是以秦始皇統一天下及其二世而亡的具體人事為鑑，得出「仁義不施而攻守之勢異也」的結論。他的《陳政事疏》也是以漢初劉邦分封異姓王及其謀反的具體事件為鑑，提出解決諸侯國尾大不掉的難題應採用「欲天下之治安，莫若眾建諸侯而少其力」的策略。[118]再如，晁錯的《言兵事疏》與《募民徙塞下疏》指出秦朝為了解決匈奴之患，從內地募民戍邊，士兵不服水土，加上運糧困難，同時嚴酷的秦法規定誤期不到則判死罪，終於激起陳勝吳廣起義，秦朝由此而滅亡。晁錯於是指出漢代應「以史為鑑」，汲取了秦朝的歷史教訓，採取切實可行的戍邊政策。《漢書》此類對秦及漢初歷史的記述與分析，史中之真與善是不矛盾的。

---

116 徐復觀：《兩漢思想史》，第三卷，第300頁。
117 見趙翼：《廿二史札記・卷二》，「漢書多載有用之文」條。
118 《漢書・賈誼傳》。

　　但是，班固論證劉氏政權的合法性與永久性，則用天人感應的神秘的學說。他精心製作了劉氏家族的世系表，即從唐堯，經劉累、范宣子，到劉邦的父親豐公的序列，「漢帝本系，出自唐帝。降及於周，在秦作劉。涉魏而東，遂為豐公」，「由是推之，漢承堯運，德祚已盛，斷蛇著符，旗幟上赤，協於火德，自然之應，得天統矣」[119]。在班固看來，漢代的劉氏皇朝「得天統」是必然的，因為他既符合帝王世系的傳承又符合五德的相生相剋。同樣，《漢書·律曆志》又以五德終始說的理論神話劉秀政權，它把從傳說中的太昊到東漢開創者劉秀的歷代帝王按順序排列出來，逐一注明他們所乘的德運，並以此證明漢火德乘堯之火德，代周之木德。這就是說，不僅劉邦建立的西漢是承續堯之火德的正統，而且劉秀開基的東漢政權也是如此。與此同時，班固為了凸顯漢代封建統治的合法性，他又以五德終始的歷史循環理論把秦朝和王莽政權擯除於歷史的統緒之外。班固視漢火德為周木德所生，周亡之後海內無主三十餘年，秦朝雖一統天下但不在五德之列。王莽則是「炕龍絕氣，非命之運，紫色鼃聲，餘分閏位」[120]，他建立的新莽政權當然不能看作繼漢而立的新政權。不僅如此，班固取法《春秋》十二公之義，設立十二「紀」，其目的也正是為了體現了漢王朝得天之正統。班固為了解釋與突出漢光武帝的歷史地位，他又宣稱一年十二個月，到了光武帝劉秀又是一個「春王正月」。在此嚴格的歷史統緒之下，秦朝雖然一統天下，王莽雖然代漢做了十多年皇帝，但都是「餘分閏位」，被踢出了歷史的統緒。顯然，班固在極力神化漢王朝的同時，還竭力利用「正閏說」以貶低那些與西漢王朝前後相接的政權，將他們一概擯除於正統之外，這從而確立了漢朝封

119　《漢書·高帝紀》。
120　《漢書·王莽傳》。

建統治的合法性。由此可見,班固記述西漢一代歷史的過程,也是以五德終始說、正閏說等理論宣揚漢代、為漢王朝服務的過程。《漢書》引史為鑑,史中之真與善又存在著一定的矛盾。在宣漢思想的影響下,班固的史學思想明顯地呈現了兩重性的特徵。

總之,在漢代大一統的政治與意識形態的影響下,史學與政治的關係更加密切了。班固在這種背景下撰寫《漢書》,特別強調史學要為政治服務,從而促使《漢書》無論在體例上還是在思想上都呈現出自己的特點:一是,《漢書》開創的紀傳體斷代史的著史體例,標誌著正史體例的確立,成為歷代正史的典範。二是,《漢書》的史學思想表現出史之真善的相合與相分的兩重性,極大地影響後世正史的史學思想。《漢書》問世,標誌著中國封建史學的形成。中國古代史學進入下一個發展的時期。

二 古代西方史學概論

(一)古希臘的史詩

1 荷馬史詩

荷馬史詩是現存古希臘人最早的文學作品,由《伊利亞特》(Iliad)與《奧德修記》(Odyssey)兩部史詩組成,相傳作者是盲詩人荷馬(Homer)。這兩部作品不僅在古代地中海世界廣為流行,而且在現代西方也屬於暢銷書之列。[121]為何近三千年前的作品在今天仍

---

121 現代西方人雖然已經極少有人懂得古希臘文,但僅以《奧德修記》的英語散文譯本為例,上個世紀五〇年代至八〇年代,就銷售了二百三十多萬本;《伊利亞特》也售出一百五十多萬本。參見T. James Luce, Ancient writers, Vol. I, New York, 1982(詹姆士・魯斯:《古代作家》),第1頁。

然具有巨大的生命力？顯然因為它們仍能滿足當代人的精神需求，值
得人們去反覆玩味、模仿、複製、思考、研究和總結。我們對荷馬史
詩的探討，則是從史學史的角度，把史詩視為蘊含著史學胚胎和史學
思想萌芽的最早的文學作品。至於史詩的作者、創作年代和地點、內
容所反映的史實等問題，並不在本文的考察範圍之內，因為以現有證
據，這些問題不可能得到解決，我們只是沿用自啟蒙時代以來形成的
一些基本推測，即兩部史詩最初以口頭詩歌的形式產生於小亞細亞的
希臘殖民地，後來經民間遊吟詩人不斷加工傳誦，約在西元前六世紀
於雅典畢士特拉妥僭主政治期間整理成文字，基本定型。[122]

　　史詩雖然是文學作品，但也在一定程度上反映出希臘人最初的、
自發的歷史意識，具有一定的歷史基礎。這一點已被十九世紀七〇年
代以來的考古發現所初步證實。尤其是它們折射甚至直射出史詩創作
年代（約西元前11-前8世紀）古希臘人的所思所想，為我們判斷古希
臘史學產生的過程提供了寶貴的證據。

　　從史詩中可以看出，在荷馬時代，古希臘人還不是自主的人，而
是以宙斯為首的一組希臘神靈的奴僕，因為詩中希臘人和他們的敵人
特洛伊人的絕大多數行動都是鬼使神差的結果。這種神本思想顯然與
史學誕生所必需的人本思想是不相容的。

　　《伊利亞特》開始便特別說明整個史詩的情節完全是人神之父宙
斯的一場預謀，是「宙斯意願」的實現：

　　　　女神啊，請歌唱佩琉斯之子阿基琉斯的致命的忿怒，那一怒給
　　　　阿開奧斯人帶來無數的苦難，把戰士的許多健壯英魂送往冥
　　　　府，使他們的屍體成為野狗和各種飛禽的肉食，從阿特柔斯之

122　參見T. James Luce, Ancient writers, Vol. I（詹姆士・魯斯：《古代作家》），第1-3頁。

子、人民的國王同神樣的阿基琉斯最初在爭吵中分離時開始
吧，就這樣實現了宙斯的意願。[123]

在《伊利亞特》中，「人民的國王」阿伽門農與「神樣的阿基琉
斯」的衝突是第一情節，也是全詩的主題。為什麼兩位英雄之間會產
生劇烈衝突？《伊利亞特》對此展開了追問，並且將造因者直接鎖定
在神靈身上，完全忽略了衝突事件的內在原因：

> 是哪位天神使他們兩人爭吵起來？
> 是勒托和宙斯的兒子，他對國王生氣，
> 使軍中發生兇惡的瘟疫，將士死亡，
> 只因阿伽門農侮辱了他的祭司克律塞斯。[124]

這段描述與先前的描述並不一致，表明荷馬的情節設計並不是深
思熟慮的。因為《伊利亞特》開頭所述阿伽門農與阿基琉斯的衝突源
於宙斯的意願，但很快又變成了阿波羅，而作者並沒有事先交待宙斯
是否授意阿波羅或者在整個詩中說明其他奧林波斯神靈的行為完全出
自宙斯的旨意。這樣便出現了同一事件有兩個並行的造因者的矛盾，
而且兩者在陳述中的距離又十分接近，顯然這是史詩作者以及後來整
理者的疏忽。同時也說明是人創造了神明並反過來對自己的創造物頂
禮膜拜。由於神是人的創造物，人是有局限的，所以人的造物也是有
缺陷的，在《伊利亞特》的某些段落中，奧林波斯諸神並非無所不

---

123 Homer, Ili. I, 1-6；譯文引自〔古希臘〕荷馬：《伊利亞特》，羅念生、王奐生譯，人
　　民文學出版社1994年版，第1頁。
124 Homer, Ili. I, 7-11；譯文引自〔古希臘〕荷馬：《伊利亞特》，羅念生、王奐生譯，
　　第1頁。

在，人的行為舉止也並不都是超自然的力量干預的產物。作者認為阿波羅之所以製造了希臘聯軍將領間的內鬥，是因為阿伽門農「侮辱了他的祭司」。換句話說，是希臘人自行其是，而且這種自行其是冒犯了神的利益，才引起太陽神的反向舉動，降災難予希臘人。在這裡，神靈似乎採取了一種人不犯我，我不犯人的處事方式。

希臘人對神的冒犯體現在希臘聯軍統帥阿伽門農侮辱了阿波羅神廟的祭司克律塞斯一事上。克律塞斯的女兒被希臘人虜獲，阿伽門農將她留在自己帳內，並準備帶她回自己的國家，收她為妾。克律塞斯按照希臘人的慣例，攜帶大量贖禮，試圖贖女兒回家。其他希臘人都發出同意的呼聲，表示尊敬祭司，接受豐厚的贖禮。[125]但阿伽門農出於個人私欲，不僅逆眾人之願，且威脅克律塞斯再不識相，就要奪他性命。克律塞斯無奈，在返回的路上向阿波羅神祈禱，請求神對希臘人的懲罰：

> 銀弓之神，克律塞與神聖的基拉的保衛者，
> 通知著特涅多斯，滅鼠神，請聽我祈禱，
> 如果我曾經蓋廟頂，討得你的歡心，
> 或是為你焚燒牛羊的肥美大腿，
> 請聽我祈禱，使我的願望成為現實，
> 讓達那奧斯人在你的箭下償還我的眼淚。[126]

阿波羅神「聽見了」克律塞斯的求告，「心裡發怒」，遂降瘟疫於希臘人，導致希臘人「焚化屍首的柴薪燒了一層又一層」。

---

125 Homer, Ili. I, 22-23；見〔古希臘〕荷馬：《伊利亞特》，羅念生、王奐生譯，第2頁。
126 Homer, Ili. I, 36-43；見〔古希臘〕荷馬：《伊利亞特》，羅念生、王奐生譯，第3頁。

　　在這裡，引起神怒火的惡行包括：違背習慣法，拒收贖禮放人；違背多數人意願；待人蠻橫無禮。但阿波羅並不因這些惡行主動施加懲罰，他在沒有聽到來自人間的請求之前，看來並不知道發生了什麼，為什麼發生什麼。如果沒有克律塞斯的祈禱，阿波羅是否會震怒？荷馬沒有交待。還有克律塞斯如果不是阿波羅神廟的祭司，沒有慷慨地獻祭和虔誠地禮拜，阿波羅是否還會懲罰冒犯他的希臘人？這些問題是無法解答的，因為史詩沒有給以解答的條件。從詩行中能看出的只是，在荷馬時代希臘人眼裡，神靈並非統治著人們的所有活動，人多少有一些自己的活動空間，倘若不冒犯神，人與神可以相安無事。這一點也許是古希臘人後來擺脫神統、走向精神解放、創立知識學科——歷史學的種子。

　　神的統治表現在對人的所有活動可以隨心所欲地進行干預上，也表現在對人的重大事件或行動的指示上，有時甚至是直接出面進行面對面的交待。例如，《伊利亞特》的主題是阿伽門農與阿基琉斯的矛盾，正是雅典娜女神一手炮製了兩人為兩個女人的爭吵：為了希臘人的利益，阿伽門農不得不送還克律塞斯的女兒，但作為補償，希臘英雄阿基琉斯需獻出自己最喜愛的奴妾布里塞伊斯給阿伽門農。阿基琉斯因此怒不可遏，在即將拔劍而起，殺死阿伽門農的關頭，他的保護神雅典娜「按住他的金髮，只對他顯聖，別人看不見。」[127]並發令說：

> 你要停止爭吵，不要伸手拔劍。
> 你儘管拿話罵他，咒罵自會應驗。
> 我想告訴你，這樣的事情會成為事實：

---

127 Homer, Ili. I, 196-197；見〔古希臘〕荷馬：《伊利亞特》，羅念生、王煥生譯，第9頁。

　　　　正由於他傲慢無禮，今後你會有三倍的

　　　　光榮禮物。你要聽話，控制自己。[128]

　　雅典娜制止了可能發生的流血衝突，一手製造了兩個希臘英雄之間的決裂，開啟了希臘人在特洛伊城下的災難。

　　諸如此類神靈顯聖是詩中經常提到的內容，特別是對他們鍾愛的人，總是予以特殊的關照。比如阿芙羅底忒偏愛拐走海倫的帕里斯，因此在他被情敵墨涅拉奧斯擊倒並被拖向敵方陣營的危急關頭，及時出手相助，不僅將帕里斯救下，一路安送回家，還去面見海倫，讓她「永遠為他受苦受難，保護他，直到你成為他的妻子或是女奴。」[129]而受到接見的人均無條件地服從了神的指令，沒有出現像後來的希臘悲劇主人公那樣的拒絕命運、挑戰命運的勇氣。

　　另一部史詩《奧德修記》的情況與《伊利亞特》相同，在荷馬為代表的希臘人看來，奧德修返家的漫長過程不過是宙斯家族編導的一齣戲劇。《奧德修記》的開頭就是神靈們的家族會議。波賽冬為人們對天神降災禍的抱怨進行了解釋，說明了神靈對人事的干預範圍：

　　　　世人總喜歡埋怨天神，說什麼災禍都是我們降下的；實際上他

　　　　們總是由於自己糊塗，才遭到註定命運之外的災禍的。當前一

　　　　個例子就是埃吉斯陀。他違反天命，霸占了阿特留之子的妻

　　　　子；阿伽門農回家時，埃吉斯陀又把他殺掉；埃吉斯陀很清楚

　　　　他要遭到凶死；這是我們事先警告過他的。[130]

128　Homer, Ili. I, 208-213；〔古希臘〕荷馬：《伊利亞特》，羅念生、王奐生譯，第10頁。

129　Homer, Ili.III, 405-409；《伊利亞特》，羅念生、王奐生譯，第82頁。

130　Homer, Od. I, 33-37；譯文用〔古希臘〕荷馬：《奧德修記》，楊憲益譯，上海譯文出版社1979版，第2頁。

　　顯而易見，古希臘人在史詩中宣揚一種宗教性質的普遍的因果報應思想：善有善報，惡有惡報。神的職能在於行使懲惡揚善、伸張正義，扮演道德員警或判官的角色。而要有效地行使職能，適時地對違反道德準則的人與事進行干預，就需無時無刻、無所不在地監視著人的行為。神的及時顯現說明神的監控的有效性。但這種監控有一個限度，就是前面談到的，在遵守一般道德準則的情況下，在日常凡人瑣事中，人可以自主自己的行為。

　　在《奧德修記》的諸神會議上，還重點討論了奧德修返鄉的問題。雅典娜批評宙斯設置障礙，阻撓奧德修重歸故里，甚至譴責宙斯說：「你為什麼對他這樣狠毒啊？」[131]宙斯並沒有震怒，而是平靜地針對雅典娜的提問進行了解答。原來是波賽冬因奧德修弄瞎了他的私生子波呂菲謨的眼睛，因此懷恨在心，「讓他遠離鄉土到處漂遊。」宙斯表態說：「現在我們大家可以計畫一下怎麼讓他會到家鄉；波賽冬總要停止發怒的，他總不能單獨違抗全體永生天神的意旨。」[132]顯然，宙斯的兄弟波賽冬為難奧德修並沒有徵得宙斯和其他神靈的意見，換句話說，奧林波斯諸神在自己管轄的範圍內具有行使權力的獨立性，並不需要事事請示宙斯。但在某項重大事務的決策時，諸神也需遵守少數服從多數的原則，單個神服從多數神。這種現象在世界其他地區的宗教中並不多見，具有明顯的地方特點。

　　諸神不僅將奧德修送上返鄉的旅途，而且在途中一而再、再而三地在危難時刻直接對奧德修伸出援手，如同《西遊記》中的如來佛扮演的角色一樣，直到最終雅典娜幫助奧德修殺死叛逆者，實現了一家大團圓的結局。

---

131 Homer, Od. I, 63；見〔古希臘〕荷馬：《奧德修記》，楊憲益譯，第3頁。
132 Homer, Od. I, 79；見〔古希臘〕荷馬：《奧德修記》，楊憲益譯，第3頁。

這樣一來，兩部史詩同步展開了兩條互相聯繫的線索：一條是在雲上的奧林波斯山的諸神之間，一條是在地上的人們之間。人與人之間發生的重大事件，特別是那些背後有神靈支持的國王們之間發生的事件，都是天上諸神討論並做出決議的結果。荷馬時代的希臘人尚沒有察覺，英雄人物的意志、思想、情感和衝動並非來自人與人關係之外，而是來自人與人關係本身。

處於這種以神為本的自我認識中的希臘人，顯然還不具備進行自覺的歷史敘事和探討歷史現象之間的內在聯繫的能力。但是，荷馬史詩中有一些為後來的希臘史學所共有的東西，它們暗示著古希臘史學的誕生或明或暗地同史詩有些某種必然的聯繫。

首先，史詩從一開始就很注意對事情發生原因的追尋，喜歡窮根究底式的詢問，這是後來希臘史學撰述中最注重的工作任務之一。關於這一點，我們在前面已經論述到了。

其次，史詩對希臘人的敵人特洛伊人的態度平等客觀，沒有古代近東的國王年代記和大事記中的那種對敵人的極度蔑視和貶抑。古希臘人作為一個民族整體的「希臘人」自我意識以及對異族通稱為「蠻族」的他者意識並不是從成文史開始的。在荷馬時代，希臘人尚未將自己和外部世界區分開來。儘管特洛伊戰爭是希臘人的一次聯合行動，但參戰各國並沒有統一的稱呼，而是分別以本國的名字進入史詩。或者換句話說，假定的史詩作者荷馬的腦海裡還沒有希臘民族一體化的統稱。與這種缺乏統一的自我認識相適應，史詩中的非希臘人也是分散的個體，缺乏與希臘人相對應的抽象概念。荷馬在《伊利亞特》中提及「講外國話的開里阿人」時，使用了一個與後來的「蠻

族」[133]具有相同詞根的詞（即「講外國話的人」）。[134]這個詞在史詩中沒有絲毫的褒貶之義，完全是一個中立詞。[135]史詩充滿了早期希臘人對異族人的尊重之心，用來美化希臘英雄的詞語也同樣用在了特洛伊統帥的身上，比如「宙斯寵愛的、神樣的、英勇的赫克托爾」等等。[136]在荷馬眼裡，希臘人的亞洲敵國特洛伊與希臘人具有共同的宗教、共同的語言、共同的風俗習慣、共同的政治體制，儼然是同一個民族的兩個分支，[137]因此，特洛伊人與希臘人在希臘神面前的社會地位是完全一樣的：

神和人的父親平衡一架黃金的天平，在秤盤上放上兩個悲傷的死亡命運，分屬馴馬的特洛伊人和披銅甲的亞該亞人。[138]

荷馬史詩的作者對於敵對民族的這種客觀中立的態度，顯然同後來以求真求實為特徵的希臘史學有精神相通之處。早期史家希羅多德、修昔底德最令人感佩之處就是客觀公正，這是史學得以產生的基本前提之一。

---

133 英文蠻族一詞barbarian源於古希臘詞。這是一個擬聲詞，意指那些使用令人難以聽懂的語言，即發出含混的「巴勒巴勒」（bar-bar）聲音的異族人。希臘地理家斯特拉波在《地理學》中分析過這個詞的由來（見Strabo, Geographica, 14, 2,28）。

134 Homer, Ili, II, 867。

135 參見卡特里奇：《希臘人》，第37頁；Peter Green, The Metamorphoses of the barbarian: Athenian Panhellenism in a Changing World（格林：《蠻族的質變：在一個變動世界中的雅典的泛希臘主義》）載Wallace & Harris, Transitions to Empire, Oklahoma, 1996（華來士、哈裡斯編：《向帝國過渡》）一書，第12頁

136 Homer, Ili. X, 48; XXIV. 20, XXIV. 49; XXIV. 786.

137 史詩《伊利亞特》表明，希臘人和特洛伊人之間在語言交流方面沒有任何障礙。此外，特洛伊人除了信奉希臘人的神之外，還使用相同的武器、戰陣，對戰死者的安靈方式也如出一轍。

138 Homer, Ili. VI, 69-71.

2 赫西俄德詩

　　赫西俄德是古希臘社會轉型時期（古風時代）的第一位詩人。同荷馬時代相比，古風時代（西元前8-前6世紀）的希臘人的思維能力有了顯著提高，開始超越先前因自身局限而為自己設置的探索和思考的範圍，出現了突破神統的趨向，一些具有鮮明獨立意志的個人湧現出來。這種趨向先是體現在取代史詩的詩歌新類型——勸戒詩和眾多抒情詩人的作品中，它們的作者不僅是真實的個人，而且是自主的個人；後來則主要體現在愛奧尼亞的樸素唯物主義哲學和以求真求實、具有批判精神的史學的誕生上，古希臘從此進入了信史時代。

　　當然，也需看到，無論是赫西俄德等新詩的創造者還是最初的哲學家，都同荷馬一樣，只是古希臘人中的極少數知識分子，他們的思想並不能等同於整個社會的思想。但是，任何時代的詩人與思想家畢竟不是孤立的個人，表面上看他們的作品似乎純粹是作者個人心境的抒發，但實質上並不完全如此。雖然赫西俄德等詩人在自己題目的選擇、材料的取捨、言志言情的角度和深度、遣詞用句的技巧、基本想法的歸納等方面處處浸淫著自己的個性，但同時也顯示著他們所處時代的需求、期待和局限，打有他們所處時代的明顯烙印。他們的作品或多或少是其所處時代的反光鏡。

　　古風時代前承黑暗的荷馬時代，後啟輝煌的古典時代，是古希臘史上的重要轉折階段。這是希臘由史前社會向文明社會的轉型階段，是一個充滿變局的時代。在這個時代，希臘的原始社會全面解體，血緣關係逐漸被地域關係和階級、等級關係所取代，社會貧富分化嚴重，新的政治共同體城邦在階級與等級分化以及部落聯合的基礎上蓬勃興起，成為貴族集體利益的保護機器。建築在原始氏族公社基礎上的平等、互助的價值觀受到衝擊，強權、暴力、欺詐、偽善等等文明

社會的風土病四處流行，希臘各地普遍出現尖銳的平民與貴族的鬥爭，以及以立法、變法為內容的改革運動與以貴族革命或僭主政變為內容的政權更迭運動，希臘各邦普遍廢除了君主制，確立了以公民集體為社會基礎的集體領導的貴族制城邦。在個別城邦當中，還出現了政體趨向民主的趨勢，並在古風時代末期，在希臘最大的城邦之一雅典牢固地建立了特權公民的民主體制，這就為古希臘人的思想解放和個人的探究活動創造了相對自由、民主的政治和文化氛圍。

在推動城邦形成的貴族革命和民主改革的社會動盪之中，古風時期的希臘人還掀起了一波波海外殖民浪潮，大批希臘人主要因貧困無著、生存空間狹小，毅然衝破地域局限，背井離鄉，漂洋過海，在地中海、黑海乃至大西洋沿岸異族人統治的薄弱地帶安家落戶，破土建城。對於古希臘人而言，這場西元前八世紀中葉開始的殖民運動，無異於一次地理發現，不僅擴大了希臘世界的地域範圍，而且徹底打破了荷馬時代的文化封閉狀態，激發了古希臘對外界與擴展了的內部世界的好奇心與新鮮感，促進了希臘文化與先進的近東文化的交融，引進了古代東方的建築、雕刻、手工技藝、字母文字、歌舞音樂、鑄幣、度量衡等對古代人生活至關重要的文化成果，從此希臘的歷史與埃及、西亞，尤其是殖民城邦集中的小亞細亞地區的歷史密切聯繫在一起。

古風時代的詩人，無論是最早的赫西俄德還是晚期抒情詩作者，都在自己的詩中反映了上述時代的特點。而且，在特殊的轉型時代，詩人扮演著特殊的社會角色。當時的希臘，思想文化的積累無論在量還是質上，都十分有限。除了曉暢可誦、便於記憶與流傳的詩歌，以及末期出現的第一批記事家和哲學家的少數散文類作品，沒有任何其他的文字讀物可資參考和閱讀，甚至希臘文字也才剛剛通過仿造腓尼基字母設計出來（西元前8世紀中葉），因此赫西俄德等詩人實際上扮

演著社會文化的主要記載者和體現者的角色。他們不僅體現希臘貴族
精英或知識分子的基本價值觀，而且代表著社會大眾的所思所想，因
為他們本身就在起著大眾思想塑造師的作用。從這個意義上說，古風
時代以及先前時代的詩歌中所蘊含的思想基本上可以代表它所處時代
的主流思想的面貌。從史料學的意義上講，教諭詩和抒情詩的誕生才
標誌著直接反映當事人和目擊者所思所想、所見所聞的古希臘第一手
文獻記載史料的誕生。

　　追求真實地記載和表達過去是史學產生的基本前提之一。赫西俄
德的詩歌首次體現了希臘人追求真實的願望和實踐，他是希臘第一位
紀實主義詩人，首次用第一人稱「我」為主體來講述人的故事。荷馬
史詩也使用了第一人稱，但詩裡的我與作者並非同一人，實際上荷馬
始終在講第三人稱的故事。正因為如此，赫西俄德在詩中談到自己與
自己家族的身世，完全是一種開風氣之先的做法，表明至少自赫西俄
德始，希臘人的頭腦中有了自我意識，開始獨立地考慮我是誰、我從
哪裡來、現在在哪裡、我該怎麼做這樣一些史學問題。

　　由於赫西俄德的回憶，我們知道詩人是中希臘彼奧提亞一位移民
的後代，生活與創作的年代大約在西元前八世紀。他的父親原來居住
在小亞細亞希臘人的殖民地庫麥，後來因「可怕的貧窮」遷徙到彼奧
提亞一個貧困村落阿斯克拉，[139]通過克勤克儉，兼營小買賣，成為有
一定數量土地的中農或富裕中農，並生養了至少兩個兒子，即赫西俄
德與佩爾塞斯。父親死後，兩人繼承了遺產，佩爾塞斯以不正當的手
段獲得較大的一份，兩人因此產生了矛盾。[140]佩爾塞斯因好逸惡勞，

---

139 Hesiod, Works and days, 633-639；譯文引自〔古希臘〕赫西俄德：《工作與時日・
　　神譜》，張竹明、蔣平譯，商務印書館1991年版，第19頁。
140 詩中談到，兩兄弟分割了父親的遺產，均過著殷實的小農生活，有田產和畜群。如
　　在《神譜》（Theogonia）第二十二行中，赫西俄德曾自述他親自放牧羊群。Hesiod,

家道敗落，於是向赫西俄德求助並重新挑起爭端。[141]但赫西俄德顯然沒有滿足其兄弟的要求，因為在詩中他非常不滿先前巴賽勒斯（Basileus，古希臘人對國王的稱呼）對遺產分配的判決，譴責國王們貪婪，詛咒他們將會受到懲罰。[142]他的始終充滿了對其兄弟語重心長的勸誡，包括如何做人，如何致富，如何家政管理，甚至包括一些農業生產技術的傳授。整個詩歌洋溢著一種前所未有的客觀的、理性的精神。在這裡，人是自己的主人，按照自己的實踐經驗安排自己的生活，處理與他人的關係。

赫西俄德在《工作與時日》的開頭，明白地表達了純屬個人的覺悟：「佩爾塞斯啊，我將對你述說真實的事情。」[143]這是一句不同凡響的宣示，不僅表明作者個人去偽存真的決心與理念，而且標誌希臘人歷史意識的巨大進步，即開始由過去的夾雜大量神話傳說的原始記憶向理性地記憶社會人生的轉變，這是歷史學產生的基本前提。當然，赫西俄德在詩中也常談到宙斯及其家族，但縱觀全詩可以看出，荷馬史詩中的那些如影隨形般站在人身旁的諸神靈，在《工作與時日》中已被請到高高的廟堂之上，成為遠觀人們活動的終極解釋者和審判官，而不是日常活動的操縱者。

例如，赫西俄德在人類起源這樣的最難解決的終極性問題上，將答案交給了奧林波斯諸神，認為神創造了五個階段的人類：黃金時代的人、白銀時代的人、青銅時代的人、英雄時代的人、黑鐵時代的

Works and days, 35-40；譯文引自〔古希臘〕赫西俄德：《工作與時日・神譜》，張竹明、蔣平譯，第2頁。

141 赫西俄德在詩中說「讓我們用來自宙斯的、也是最完美的公正審判來解決我們之間的這個爭端吧！」見Works and days, 35.

142 Hesiod, Works and days, 37, 221, 250, 264.

143 Hesiod, Works and days, 10. 參見〔古希臘〕赫西俄德：《工作與時日・神譜》，張竹明、蔣平譯，第1頁。

人。[144]這是西方歷史上首次把人類史看作是一個循序漸進的連續過程
的解釋嘗試。這種歷史的過程性認識或階段性認識、歷史變化的意
識、歷史連續的意識，顯然並不都基於假設，它包含著當時人們經驗
的概括，比如把當時希臘人使用的青銅器和鐵器看作前後兩個時代，
就顯然是赫西俄德對人類的生產經驗的歸納。按照赫西俄德的解釋，
五種社會發展階段的最後一個階段——鐵器時代恰好是他本人生活的
古風時代，這是最壞的時代：人們終日勞作，私欲橫流，互相傾軋，
恃強凌弱，道德淪喪。他感慨自己沒有早生或晚生。我們不知道五個
由一條因果鏈聯繫起來的階段認識在當時是現成的觀念還是赫西俄德
自己的發現，但赫西俄德肯定是第一個提及這種變化的意識，這就不
期然而然地第一個提及希臘史學中具有相當影響的今不如昔的歷史
觀。社會歷史的趨向不是進步，而是逐步由善向惡的演變。這樣一
來，赫西俄德發現了歷史的階段性和過程性，至少是他首次表述出古
希臘人關於歷史的階段和過程的思想。當他對自己所處時代以外的階
段嘗試解釋時，不得不運用傳統神話和猜想，一旦對「真實的事情」
的訴求進入到他自己經驗的時代，他就把解釋權牢牢地掌握到自己的
手裡，運用切身體驗，描述現實世界的各種世象，概括處事哲學，解
釋什麼是幸福和快樂。從詩中可以看出他是對人生認真思考的人，一
位善於處理人與人關係的人，一位樂天知命、滿足於自身生活的人。
他概括的世俗的人生哲學明顯具有智慧，即使在今天仍然具有參考價
值，如：

> 害人者害己，被設計出的不幸，最受傷害的是設計者本人。
> 親自思考一切事情，並且看到以後以及最終什麼較善的那個人

---

144 Hesiod, Works and days, 110-199；譯文引自〔古希臘〕赫西俄德：《工作與時日‧
神譜》，張竹明、蔣平譯，第4-7頁。

是至善的人，[145]能聽取有益忠告的人也是善者。相反，既不動腦筋思考，又不記住別人忠告的人是一個無用之徒。

勞動不是恥辱，恥辱是懶惰。

不要拿不義之財，因為不義之財等於懲罰。人家愛你，你也要愛他；人家來看望你，你也要去看望他；人家贈送你東西，你也要送他東西。人們都會慷慨著大方，但不會有誰如此對待吝嗇者。給予是善，奪取是惡，它會帶來滅亡。

人類最寶貴財富是一條慎言的舌頭，最大的快樂是它的有分寸的活動。如果你說了什麼壞話，你不久就將聽到有關你的更大地壞話[146]

這些人生經驗的提煉是否對後來發生的史學敘述方式有影響我們不得而知，但所有史學敘述，特別是出色的歷史敘述的基本方式都是或者寓論斷於史事，或者使用概括性的論斷（一般是赫西俄德式的處世格言警語），似乎暗示著一種傳承的關係。

赫西俄德的另一首長詩《神譜》敘述奧林波斯諸神的故事，由藝術女神繆斯的出現開頭，引出世界萬物的起源，諸神的起源。赫西俄德身處文明社會的開端，人們對自然和社會的認識還很幼稚，他對世界的本源這類終極性問題給以傳統神話的簡單解答是完全可以理解的。但《神譜》的撰寫顯然是歷史意識的推動，因為它試圖通過對希臘各地紛紜複雜的宗教崇拜物件進行整理，說明神與神之間的先後和親緣關係，構成一個以宇宙開端為基準的時間框架內的諸神譜系，於是整個宇宙世界和神靈的起源被至於循序漸進的歷史過程之中。在這

---

145 這是典型地宣揚獨立思考的話語。

146 Hesiod, Works and days, 265-764. 參見〔古希臘〕赫西俄德：《工作與時日 · 神譜》，張竹明、蔣平譯，第9-23頁。

裡，赫西俄德所採取的解釋方法仍然是與《工作與時日》一樣的方法。他可以看作是古希臘萌芽狀態的史學走向完全形成的史學過程眾的過渡人物。在他身後，希臘政治、經濟、思想文化方面的變革過程充分展開，歷史學也在這種求真求實的文化氣氛影響下完成了自己的進化，成為具有鮮明自身特徵的獨立的知識領域。

（二）從記事家到史學家

1 記事家是最初的史學家

　　古希臘的知識革命同小亞細亞西海岸的希臘殖民城邦密切聯繫在一起。西元前七世紀末，哲學之父泰勒斯首先確立起反思、批判的自我意識，通過觀察到的事實，對以往的思想、習慣和環境開始質疑、探究和清理，借用德國存在主義哲學家雅斯貝斯（Karl Jaspers，1883-1969）在上世紀紀四十年代末提出的觀念，[147] 開啟了古希臘或者更大一點說西方文明的所謂「軸心時代」。隨後，被稱作紀事家的第一批歷史家在小亞細亞拔穎而出，

　　古希臘的知識革命發生在希臘人的殖民地不是偶然的，古風時代的殖民運動和城邦的民主革命顯然為史學的形成準備了條件。

　　希臘半島三面環海，百分之八十是山地，可耕地有限，並且幾乎沒有擴大的餘地。而古希臘人的主要生產資料是土地，這就導致人口增長與土地局限之間的矛盾成為古希臘人經常面臨的迫切問題。殖民成為解決這一矛盾的主要途徑。西元前八世紀中葉，希臘人掀起新一

---

147 參見〔德〕雅斯貝斯：《歷史的起源與目標》，魏楚雄、俞新天譯。當然，注意到西元前一千年紀世界主要文明地區均出現思想突破的現象並非雅斯貝斯一人，十九世紀以來的中外學者，有不少人提及並初步分析過這一特殊的現象。但對之給以深入分析和價值評估的當屬雅斯貝斯。

波海外殖民浪潮，在地中海、黑海周邊異族統治薄弱的地區安家落
戶，破土建城。殖民運動對希臘人無異於一次地理發現，極大地擴展
了希臘世界的範圍，開闊他們的眼界，引起一些殖民者對異邦、異族
的強烈好奇心和濃厚的求知欲。與殖民這種較大規模的社會變動同
步，希臘世界的內部也發生了深刻的變革，波利斯（Polis）國家[148]以
部落聯合的形式或以單個部落的形式，在內部平民與貴族鬥爭、外部
生存壓力的共同作用下大批興起，構成世界古代史上的奇觀：這就是
與地中海區域以外的古代國家形態的演進趨向（從君主制到君主專
制）有所不同，希臘人的國家形態以公民集體治權和法治為本質特
徵，[149]政體的一般形式是貴族制與民主制。這種少見的相對民主與自

---

148 中譯名為城邦（City-state），但不準確，因為城邦一詞強調了城市特徵，而城市只
　　是希臘文polis的一個引申義，古希臘有一些無城的波利斯，城市並非是波利斯的主
　　要特徵。

149 有城無城並非希臘波利斯國家的必要特徵，因此這裡避開把古希臘概念polis譯作
　　「城邦」的傳統做法。中文「城邦」一詞出自英文（city-state），與法文（cite or
　　etat-cite or etat-ville）義大利文（citta-stato）、德文（stadtstaat or polisstaat）、俄文
　　（горд-государст-во）的用法一致。City的詞根是cit(t)，源自拉丁文civitas，這是羅
　　馬人對希臘詞polis的意譯，它的詞意是指有組織的社會共同體、有組織的社會成
　　員、公民、國家、公民權。在古希臘人的用語中，也把civitas 翻成自己的polis，
　　因此古希臘人和羅馬人對這個詞的理解是一致的。這一傳統被中世紀的基督教經
　　院哲學家阿奎納繼承，從此在拉丁文著作中，經常用civitas來表示古希臘的polis。
　　這個詞自中世紀以來還增加了一個新含義，就是「城市」，並衍生出法語、英語和
　　德語的cite, city, citta。現代希臘文則使用古代polis一詞來表示城市。法國史家最早
　　把cite賦予政治含義（1583年），十九世紀法國史家古朗士則是第一個把polis同城市
　　明確聯繫在一起的人（1864年）。德國學者是城市國家一詞的始作俑者，因為在神
　　聖羅馬帝國內，各個城市既是城市又是國家，因而有了stadtstaat一詞，與僅僅表示
　　一種居民地的城市（stadt）區別開來。德國歷史哲學家赫爾德是第一個用stadtstaat
　　來表示古希臘概念polis的人，時間是一七六五年。這種用法被英文所採用，第一個
　　用city-state的英文史家是Fowler（1893年）。這一用法又轉移到義大利文和法文
　　中，現代希臘文也受英文影響，把city-state翻成πολισ-κρατοs。這樣一來，城市國家
　　或城邦一詞便成為一百多年來學界的一個常用詞。參見M. B. Sakellariou, The Polis-

由，為古希臘人提供了思想解放和精神發展的客觀條件，他們中的一小部分願意觀察、勤於思考的有心人，主要是不必為衣食奔走、有閒暇從事腦力勞動的勞心者，不再滿足於對自身與外部世界的表面感知，開始產生出認識真實的世界、尋找表像後面的原因的求真衝動，從而發起了影響深遠的知識革命，哲學、紀實的文學藝術、史學、數學、地理學等學科先後誕生，成為最早的人文與自然科學的部門，追求真理和理性成為古希臘知識分子研究活動的最高追求。小亞細亞的波利斯國家（polis-state）米利都是這種知識革命的搖籃與中心。

米利都人泰勒斯（約西元前624-前546年）率先通過觀察獲得的經驗的事實對世界的本原進行探討，開創了以愛智為基本追求的哲學思考。約半個世紀之後，即西元前六世紀末葉，最初的史家、即希臘人所稱的記事家（Logografi）也在米利都降生於世。[150]

哲學和史學在時間上的這種前後關係是否是否暗示哲學與史學存在著某種思想的傳承或變異的關係，對這個問題目前沒有任何可靠的史料。但泰勒斯等人在建立自己的新世界觀時都利用了新的論證方法，即連續的時間觀念和觀察到的事實，這些有可能影響到對社會人生、特別是周邊世界的異族人充滿好奇心的米利都人。少數有心人模仿自然哲學家，把自己的好奇心變為探詢行動，對自己居住地以及周邊地區各個民族的歷史風俗習慣、自然地理條件進行廣泛實地調查和研究，首次把調查與研究的結果用散文形式盡可能客觀地記錄下來，並將它們置於一定的時序聯繫之中，從而在詩歌之後產生了新的表達

State Definition and Origin（薩克拉裡奧：《波利斯國家的定義與起源》），雅典，1989年，第19-20.

150 一個城市成為一個時代代表性文化的發源地和中心，在西方歷史上至少有三次。第一次是古風時代的米利都，第二次是古典時代的雅典，第三次是文藝復興時代的佛羅倫斯。這一歷史現象很值得玩味。

形式——散文以及從事散文寫作的散文記事家。他們在創造出不再考慮韻腳的散文和寓論斷於敘事的表達方式的同時，也創出了人們自我反省的新的認識形式——史學。由於人本主義的史學的出現，古希臘人在對過去的反思中，將人的地位從原先的神僕上升為社會的主體，歷史的創造者和歷史發展的動力成為人類自身。古希臘文中的「歷史」一詞 ἱστορία（historia）原義是通過問詢獲得的知識，這個概念強調獲得某種特定知識或資訊的方法或途徑——問詢。問詢是好奇心或驚異的產物，因為問詢者不明白所見所感事物產生的原因而去尋找結果與原因之間的關係。在記事家或最初的歷史家出現之前，不能說希臘人沒有對客觀歷史的拷問。但這種拷問的答案卻基本上局限於想像和神啟。自記事家開始，這種情況發生了根本改變，社會調查和歷史問詢成為獲悉有關過去的知識的源泉，以人為本的歷史學因此降臨於世。

為什麼獲取歷史知識需要通過問詢？這是必須加以說明的問題。筆者認為，古風時代的希臘人由於對他們所處時代以前的歷史沒有實踐經驗，因此不得不接受關於英雄時代的神話傳說。然而對他們自己所處的時代或稍微往前的有見證人的時代的社會歷史，就不再滿足於既定的解釋——史詩和神話傳說了，況且既定的解釋也未包括古風時代的人們的社會實踐。於是，在這個時期的知識分子面前只有兩條路：要麼依循先前的神啟之路，為自己的時代構建新的神本主義的說明；要麼另尋新路，根據新的條件和個人的經驗，去進行自己的問詢，並根據自己觀察到的事實盡可能地給以客觀的解答。

希臘知識分子選擇了後一條道路。不過在古風時代，他們遇到了一個很大的技術障礙，就是在擺脫成說之後，缺少可資建立新說的參考材料。古風時代，希臘字母文字剛剛問世不久（西元前8世紀中

葉），最早的以銘文形式出現的文字記載大約是在西元前六五〇年。[151]
所以最初的歷史家幾乎沒有現成的記載和解釋加以利用，更沒有有意
識的檔案文獻儲備。現成的神話傳說以及詩歌，如荷馬史詩與抒情
詩，城邦名年官和體育賽會勝者的名錄、一些重大自然和社會事件
（地震、日蝕之類）的編年記，遠遠不能滿足求知者的材料需求，因
此他們只好自己動手動腳動腦，變未知為已知，向他們的能力可及的
範圍內的居民，進行廣泛的社會調查。

正因為如此，記事家均像蜜蜂採蜜一樣，到處旅行，廣泛收集口
碑史料與文字史料，然後將收集到的史料加以組織整理，筆之於散文
記事體的 historia（歷史）。這是純粹的開創性工作。在古代交通資
訊、長途旅行的裝備、採訪和記錄工具等條件極端落後的狀況下，在
廣闊的地域展開個人對個人的調查問詢，絕不是一件輕而易舉的事，
需要克服許多書齋裡的史家難以想像的困難，需要投入大量的時間和
精力、金錢和勇氣，需要高度的歷史責任感，甚至需要有一種堅定的
治史信仰。

最早的三位記事家是米利都人卡德姆斯（Cadmus）、狄奧尼修斯
（Dionysius）與赫卡泰奧斯（Hecataeus）。

但非常遺憾的是，三位米利都史學先驅的作品都沒有保留下來，
我們僅能從晚後作家的作品中窺見他們著述內容的一點蛛絲馬跡。卡
德姆斯（約生活在西元前540年前後）寫了一部關於建立米利都及殖
民伊奧尼亞地區的歷史。狄奧尼修斯（約西元前6世紀後半葉）寫了
一本五卷本的《波斯史》，從書名上看，是一部有關剛剛崛起不久並
成為伊奧尼亞希臘人的征服者的同代史。[152]

---

151 P. Cartledge, The Greeks, Oxford, 1993（卡特裡奇：《希臘人》），第22頁。
152 〔德〕奧斯卡‧塞弗特爾：《古典古代辭書》（Oskar Seyffert, Dictionary of Classical
　　Antiquities），克利夫蘭與紐約，1963年，第362頁。

赫卡泰奧斯（約西元前550-前490年）的代表作《大地環遊記》是他長期在地中海、黑海周邊地區考察問詢的一個成果。書中沿著米利都自然哲學家開闢的理性思考的道路，依次敘述西亞、北非、南歐等地區的居民、生活習俗、自然地理條件、歷史沿革、宗教傳說等社會現象，並在書中附有一幅注解詳細的地圖。無獨有偶，西元前五五〇年前後，米利都自然哲學家阿納克西曼德據說繪製了第一幅地圖。[153]如果傳說屬實的話，阿納克西曼德的同鄉赫卡泰奧斯很有可能效仿了了他的做法，第一個把對地理環境的形象觀察運用在散文記事當中。現代法國史家韋南特認為自泰勒斯開始的希臘人思想變革的意義首先在於「實證主義思想的出現，排除了超自然的一切形式，拒斥了神話將自然現象與神聖的代理人同一化的做法。」[154]這一評語雖然多少有些過分，但基本上還是適於米利都學者群體的。在荷馬史詩中，希臘諸國及其地理狀況是神話式的，不少國家完全是虛構的，尤其是《奧德修記》中的國家。在赫西俄德的詩歌中，歐洲和亞洲由兩位女仙歐羅巴和亞細亞分別代表，希臘人所知的河流、海洋與陸地都是神的兒女。[155]在赫卡泰奧斯的《大地環遊記》及附加的地圖中，歐洲、亞洲則成為獨立的地理概念，由一條名為法吉斯的河流分隔開來。[156]於是，古希臘人體驗到的空間範圍最終與神明脫離了關係。

當然，由於缺乏文字史料，赫卡泰奧斯在解釋自己的記述對象時，除廣泛進行社會調查外，還利用了現成的神話傳說。但如同米利都哲學家一樣，這位米利都人也對神話傳說盡可能進行了批判研究，鮮明地顯示出他個人的主體意識。他的《譜系》一書開宗明義地指出

---

153 參見前引《希臘的抒情詩時代》，第339頁。

154 〔英〕卡特裡奇：《希臘人》，第30頁。

155 Hesiod, Theog. 357, 359.

156 F. gr. H, I A. P.16-47.

「我寫的是我認為真實的東西，因為希臘人所擁有的許多故事似乎對我來說是荒唐可笑的。」[157]這是不同凡響的宣示，表明希臘人在社會歷史認識上的精神覺醒，開始出現彌足珍貴的歷史批判精神或懷疑精神，即不滿足於既定的解釋，一般希臘人津津樂道、篤信不疑的神話傳說對赫卡泰奧斯來說是「荒唐可笑的」。在這種批判懷疑精神的指導下，赫卡泰奧斯對「希臘人所擁有的許多故事」進行了力所能及的批判研究。比如，他認為傳說中守護地下王國大門的動物克爾別爾不是狗而是蛇，因為牠的咬傷可以置人於死地。[158]至於邁錫尼城的名稱Mykenai，源出於在當地發現的一把劍柄（Mykes）[159]。

2 「歷史之父」希羅多德

　　希羅多德（Herodotus，約西元前485-前425年）是第一位有完整作品傳世的記事家。他出生在殖民城邦哈利卡納蘇人，生平不詳。他的代表作《歷史》（又稱《希波戰爭史》）與其他記事家的作品具有相同的特點，注重對一定空間範圍內所發生的事件的調查和研究。書中或明或暗地表明他在地中海周邊地區以及兩河流域進行過廣泛遊歷和社會歷史調查，到過小亞細亞、兩河流域、伊朗高原、埃及、愛琴海島嶼、雅典、義大利。他選擇希波戰爭的主題不是偶然的。這場戰爭長達近半個世紀，希羅多德的母邦曾被裹脅進波斯入侵軍參與戰爭，他本人曾經是戰爭過程的目擊者，因此同許多希臘人一樣，對戰爭有深刻的印象和無法擺脫的記述衝動，早期記事家們的共同選題證明了這一點。這是一個希羅多德久蓄於心的寫作追求，因為書中圍繞戰爭國家的極其豐富的故事說明作者具有長時間的史料準備。

157　F. gr. H, I,Hec.,fr.332.

158　FHG, Hec. fr. 346.

159　FHG, Hec. I, fr. 360.

《歷史》類似散文形式的史詩，由眾多引人入勝的故事串結而成，雖然具有整體構思，圍繞希波戰爭的緣起和過程展開，但因不同民族、地區的故事並存，之間聯繫並非十分緊密，因此顯得結構較為鬆散，反映早期史家還不善於把握主題，駕馭史料和賦予敘述以合適的史學形式。它實際上是一部採用曲藝形式表達重大歷史事件的史書，具有愉悅公眾的職能。

全書共九卷，第一卷包括一個簡短的前言，隨後從希臘人同異族人的首次衝突開始，步步推進，由小亞細亞強國呂底亞併吞小亞希臘城邦到呂底亞與後起的波斯之間的戰爭，再轉至波斯帝國的奠基人居魯士傳奇經歷、立國與擴張過程，隨著波斯兵鋒的指向，作者繪聲繪色地被征服地區的歷史沿革和風土人情，逐漸浮現出希臘人將要面對的波斯帝國是怎樣一個龐然大物。在第五卷第二十八節從戰爭的遠因轉到近因，自小亞細亞希臘人於西元前四九二年的起義和雅典、埃列特里亞兩邦的兵援開始，寫到到西元前四七九年的米卡列海戰，希臘人從防禦變為進攻，結尾非常突然，再次重複多次出現的小範圍內的插話，談及居魯士的一段掌故，與希波戰爭沒有直接的關聯。

希羅多德對古希臘史學有不少開創性的建樹。他明確提出了治史的基本任務或目的，即記載和解釋人類的活動，尤其是重大功業，說明它們的因果關係。他在前言中說：

> 這裡發表的是哈利卡納蘇人希羅多德的研究成果。他所以發表它們是為了希臘人和異邦人所創造的令人驚異的各個成就，不致因年代久遠而湮沒無聞。特別要說明他們發生衝突的原因。[160]

---

160 〔古希臘〕希羅多德：《歷史》，I, 1。參見〔古希臘〕希羅多德：《歷史》，王家雋譯，商務印書館1959年版，第167頁。

　　「這裡發表的」的成果完全是希羅多德個人的研究成果，句中雖然使用的是第三人稱，但實際是第一人稱，與赫西俄德的「我將對你述說真實的事情」的出發點是完全一致的。這一成果的表現形式就是目前完整保存下來的第一部古希臘史作《歷史》。希羅多德強調，他之所以要將自己的研究成果公諸於眾，是因為想讓人們記住那些希臘人與異邦人創造的成就，也就是伴隨希羅多德幾乎一生的希波戰爭，「特別要」說明戰爭的原因。這段話有三點值得特別注意：

　　首先，希羅多德把希臘人與異邦人並列為令人驚異的人為成就的創造者，其書內絲毫沒有貶低異族敵人的痕跡，與希波戰爭勝利後希臘部分知識精英中產生的自我中心論及輕視甚至蔑視蠻族的認識截然不同，這是早期史學極端可貴的客觀主義精神。

　　其次，在希羅多德看來，無論是希臘人還是異族人創造的業績都是他們自己創造的，但這種創造是否有神的干預呢？希羅多德沒有說，只能從書的內容來判斷。恰恰在人的創造性活動的動因上，表明他不是徹底的人本主義者，而是在人本與神本之間遊移不定，但明顯的傾向是力圖掙脫神本思想的束縛，儘量靠向獨立思考與自主認識。

　　第三，理性地確立了史學的任務是記錄重大歷史事件，特別是探尋事件發生的因果關係，而不是簡單的記錄。這種對原因的重視同古風時代希臘人的思想追求完全一致。

　　希羅多德設定的歷史學任務在史學史上是開創性的，他用自己的史學實踐證明他比較好地落實了這一任務，甚至還有所突破。例如在他的筆下不僅有令人驚異的豐功偉績，而且有眾多屬於今天社會史、文化史、民俗史的內容。他提供了早期史家（記事家）收集、運用和解釋史料的範本。由於希臘人在文明初期沒有積累多少文字史料，希羅多德不得不通過旅行採訪廣泛收集素材，因此書中的大部分史料都來自口耳相傳的記憶。這些口頭史料有些可能出於目擊者、當事人的

證詞,但大多數屬於轉述的傳說。希羅多德還沒有意識到追問史料的
準確出處並通知讀者,他一般只泛稱資訊提供者為「埃及人」、「呂底
亞人」、「波斯人」、「科林斯」人等。對於口頭史料,他自己也不完全
相信,所以他在書中提出了不輕信人言的史料批判原則:

> 任何人都可以相信這些埃及人的故事,如果他是輕信的人的
> 話。至於我本人,在這部書中保持那個總的原則,就是把各國
> 的傳統按照我聽到的樣子原封不動地記錄下來。」[161]
> 我的職責是記錄人們講的一切。但我絕無義務相信它們,這適
> 用於整個這部書。[162]

這是一種非常真誠、質樸、客觀的處理史料的態度,不對收集到
的史料進行個人的加工,如斷章取義、望文生義或有意修飾刪改,而
是如實直書,把真偽的判斷權交給讀者。在這種事先的交代之下,說
希羅多德有聞必錄、缺少史料批判精神就未免屬於誤責、苛責了。這
種如實地轉述聽到的傳說雖然有以訛傳訛之虞,但卻保留了大量當時
真實存在的民間傳說,小道消息,名人趣事,為後人認識一定時代的
社會文化現象提供了極其珍貴的一手史料。

除了傳說,希羅多德還利用了不少實地調查材料,類似現今的考
古材料、社會學材料,如碑銘、地形地貌、名勝古跡、雕刻繪畫、民
俗民風等。此外,還有現成文字史料,主要是先前作家和同代記事家
的作品,如荷馬、赫希俄德、赫卡泰奧斯等人的作品。後來的希臘羅
馬史家雖然也使用傳說和實地調查材料,但由於文字史料越積越多,

---

161 〔古希臘〕希羅多德:《歷史》,II, 123.
162 〔古希臘〕希羅多德:《歷史》,VII, 152.

史料的重心由希羅多德的傳說為主轉移到文字史料為主。

　　希羅多德解釋歷史原因的方法是希臘史家在治史方法上的最初嘗試，這就是單線單因、善惡報應和命運決定論的方法。以《歷史》的主題希波戰爭的原因為例，當時希臘人流傳亞洲商人搶了希臘女人，希臘男人又到亞洲搶腓尼基女子，一報還一報，亞洲人又拐走海倫，導致希臘人攻打特洛伊。這種單線的因果關係轉換看來是希羅多德時代希臘人的一般認識方法。希羅多德對對這種流行說法予以否定，他以赫卡泰奧斯式的懷疑精神指出：「波斯人和腓尼基人的說法就是這些，我不想去判斷它們的真偽。我寧願依靠我個人的知識來指出到底是誰事實上首先傷害了希臘人。」[163]但他的解釋方法卻與流行的解釋並沒有本質差別，同樣是單線單因：起因在呂底亞國王克洛伊索斯，他先征服小亞細亞的希臘人，又貿然進攻波斯，因而招致王國之痛。波斯帝國接管對小亞細亞希臘人的統治權，希臘人因不滿波斯統治而發動起義，雅典和埃列特里亞出兵襄助，火燒波斯小亞細亞總督府所在地撒爾迪斯，引起波斯國王大流士的報復，入侵希臘半島，因果關係不斷轉換。

　　希羅多德的這種單因法同他的一報還一報的思想是一致的，他對此有過典型的說明：

　　　　一個打擊打過來，另一個打擊必定打過去，禍與禍重疊無已。[164]

　　在希羅多德看來，這種善惡報應受著一種至高無上力量即命運的擺布。他借用德爾斐祭司的話說「甚至神也不能逃脫的命運。」[165]在

163　〔古希臘〕希羅多德：《歷史》，I, 5.
164　〔古希臘〕希羅多德：《歷史》，I, 17.
165　〔古希臘〕希羅多德：《歷史》，I, 91.

事件發生的根本動因問題上，希羅多德顯露出古希臘大多數思想家的局限性：在社會內部找不到一個事物產生的合適理由時，便轉而求助於超社會和超自然的力量。比如克洛伊索斯之所以向波斯國王居魯士挑戰，是誤解了神托的緣故，換句話說，是沒有正確理解神在人間的代表——祭司捎給他的神論。[166]但有趣的是，在希羅多德看來，神靈還不是最終的決定力量，神之上還有一種更高的決定者，這就是命運。希羅多德的這一認識也不是他自己的，很可能是古典時代希臘人的普遍觀念，因為在古典時代出現的大眾化文藝形式——悲劇中有過一句同樣的戲文。悲劇家埃斯庫羅斯在《被縛的普羅米修士》一劇中這樣寫道：

> 歌隊長：不要太愛護人類而不管自身受苦；我相信你擺脫了鐐銬之後會和宙斯一樣強大。
>
> 普羅米修士：可是全能的命運並沒有註定這件事這樣實現，要等我忍受了許多苦難之後，才能擺脫鐐銬；因為技藝總是勝不過定數。
>
> 歌隊長：那麼誰是定數的舵手呢？
>
> 普羅米修士：三位命運女神和記仇的報復女神們。
>
> 歌隊長：難道宙斯沒有她們強大嗎？
>
> 普羅米修士：他也逃不了註定的命運。[167]

命運是希臘主神宙斯的主宰，這就牽涉到希臘人如何看待神與命

166　〔古希臘〕希羅多德：《歷史》，I, 55-56; 71.

167　Aeschi., Prometheus, 506-520。譯文引自羅念生的《被縛的普羅米修士》，載：〔古希臘〕埃斯庫羅斯等著：《古希臘戲劇選》，羅念生、王煥生譯，人民文學出版社1998年版，第27頁。

運間的關係問題。從《歷史》的處理可以看出，在希臘人眼裡，神和命運是有區別的，神的地位低於命運，只是命運的傳遞者和命運威力的執行者。神喜歡干預人的生活，干預的原因是神的一種固有的品性，其實也是人的特性之一，就是嫉妒。《歷史》第三卷在談及埃及國王阿馬希斯致書告誡愛琴海島嶼薩摩斯的統治者波里克拉特斯不要過於驕傲時說：

> 阿馬西斯致信波里克拉特斯：很高興聽到我的朋友與盟友幹得
> 不錯，但由於我知道神是嫉妒成功的，所以我不能為你的過分
> 成功而感到興奮。我希望我自己和我關心的人既在有些事上幹
> 得不錯，也在有些事上幹得糟糕，讓一生成敗皆有，因為我從
> 來沒有聽說過一個人總是一帆風順而不會到頭來一敗塗地的。[168]

阿馬西斯雖是埃及人，但《歷史》中的類似看法，如同書中波斯貴族關於民主制、寡頭制、君主專制孰優孰劣的熱烈討論一樣，其實反映的都是希臘人自己的價值觀。同樣的警示性話語在《歷史》第七卷中也有體現。波斯國王薛西斯意欲討伐希臘，引起一些臣下的疑慮，勸戒他要明白神的妒嫉心會導致在人事中月滿則虧，出頭的椽子先爛的道理。[169]在這裡，神的干預總是出於人的不知深淺的自負，而神干預的結局則是應驗了註定的命運。

此外，神靈的另一功能是懲惡揚善，以驗證善有善報、惡有惡報的因果效應。如在《歷史》中，庫列涅的女統治者佩列提瑪為兒子復仇而將巴爾卡人中的首犯處以極刑，將他們的婦女的乳房統統割去

168　〔古希臘〕希羅多德：《歷史》，III, 40.

169　〔古希臘〕希羅多德：《歷史》，VII, 10.

並在城牆上示眾。但她自己很快便得到報應，身體潰爛生蛆，死得淒淒慘慘戚戚。希羅多德評論道：「因為神妒恨那些過分殘忍抱負的人。」[170]

由此可見，神在古典時代的希臘人眼裡並不像荷馬時代和古風時代那樣是萬能和至高無上的，在神之上還有可怕的命運（Tyche）。值得思考的是古希臘心中的命運到底是什麼？在古希臘文中，它有機會、運氣的意思。但在希羅多德的《歷史》中，它又表現為某種必然性的代名詞，與現代人思想中的規律、法則是同義語。

古希臘人對待命運以及對待命運的使者神靈的態度特別應當得到強調，這就是他們並不認為人在命運或神靈面前應該俯首貼耳，無所作為，始終消極地等待命運的宣判。他們頌揚那種人不知好歹地與命運的抗爭過程，雖然結局是抗爭者的悲劇性的毀滅，但過程卻表現出人類敢於面對命運的挑戰、雖千萬人吾往矣的人文精神。埃斯庫羅斯的悲劇人物普羅米修士正是這種不屈不撓精神的典範。古希臘人的這種人文精神是他們與古代近東、南亞次大陸各民族過於沉重的宗教意識形成鮮明的對照，這也是古希臘人神本與人本思想二元狀態的一種體現。

從《歷史》一書能夠看出，希羅多德也頗有普羅米修士精神。他承認命運與神靈的決定地位，多次記述神示、夢兆、預言、占卜等現象，但並不對它們毫無懷疑地一味頂禮膜拜。他在書中總是使用一個抽象的「命運」和「神」的概念，這樣的超自然的力量通常並不干預人的具體舉動。即使出現具體的神，也要通過書內人物的口，依內容需要而出現，並不主動由他自己的嘴巴說出。對於具體的神，他並不盲目崇拜，甚至缺少敬意。

---

170 〔古希臘〕希羅多德：《歷史》，IV, 202-205.

　　譬如，希羅多德在《歷史》一書中把雅典的崛起歸結為雅典人自身的努力，特別是克里斯提尼改革的結果，「因為當雅典在僭主統治下的時候，他們並不比任何鄰人高明，可是一旦擺脫了僭主的桎梏，就遠遠超過了他們的鄰人。」[171]

　　再如，希羅多德在書中談到北希臘帖薩利地區有道峽谷，河流從中穿過，一般認為是「神的事業」，係海神波賽冬鬼斧神工所致。但希羅多德卻敢於否定這種習見的說法，認為「顯然是地震的力量才使這些山分裂開來」。[172]

　　三如，波斯海軍在遠征希臘途中遇到大風暴，隨軍的僧侶接連向神靈奉獻犧牲，誦念鎮風的咒語。風暴在第四天平息，波斯人於是認為是他們的誠心感動了神靈。在客觀地記述到這裡時，希羅多德介入進來，從直觀的事實出發，公然對此表示懷疑和批判，認為暴風雨可能是自己停下來的，與神沒有關係。[173]

　　最突出地顯示希羅多德這種人本精神的事例是他對希臘人取得希波戰爭勝利的原因的分析。他大膽地推翻大多數希臘人的共識，指出雅典人恰恰敢於違背阿波羅的神諭，堅決抗戰，才拯救了希臘。他實事求是地說：

　　　　在這裡，我發現我不得不表達一個見解，我知道大多數人反對它。然而，由於我相信它是真實的，我決不會把它壓在心裡。如果雅典人因恐懼逼近的危險，而丟棄自己的國家，或如果待在那裡向薛西斯投降，也許就沒有誰試圖在海上抵抗波斯人了……因此，由於這個原因，說雅典人拯救了希臘人無疑是正

171　〔古希臘〕希羅多德：《歷史》，V, 78.
172　〔古希臘〕希羅多德：《歷史》，VII, 129.
173　〔古希臘〕希羅多德：《歷史》，VII, 7, 191.

確的。正是雅典人才具有舉足輕重的份量：他們加入哪一邊，
哪一邊就肯定會獲勝……甚至特爾斐的可怕的神諭也未能打動
他們放棄希臘，他們堅定不移，勇敢地迎擊侵略者。[174]

　　在希臘人心目中，特爾斐阿波羅神廟的神諭最為靈驗，具有無上
的權威。呂底亞國王克洛伊索斯正因為誤解了特爾斐神諭而招致亡國
之痛的命運打擊。在波斯第三次侵入希臘前，雅典人曾派使者到特爾
斐去求神指示。專事傳達神諭的女祭司披提亞宣讀的第一個神諭是讓
雅典人逃離家園，跑到大地的盡頭去。雅典使者痛苦萬狀，哀求再給
一個較好的預言。披提亞又宣布了第二個神諭，宙斯會給雅典人提供
一座保護的木牆，但神的主旨仍然要雅典人撤退，背對著敵人，移居
到其他地方去。儘管雅典人求得的神諭內容是頗為明確的，但雅典政
治家鐵米斯托克里卻巧妙地解讀神諭，為自己的抗戰策略服務，硬說
神諭中的「木牆」意味著船隻，神靈在讓雅典人做好海戰的準備。[175]
雅典人接受了鐵米斯托克里的詮釋，並完全採納了鐵米斯托克里的策
略，利用海軍取得決定性戰役的勝利，迫使薛西斯逃回小亞細亞，扭
轉了戰局。這種根據自己的判斷來決定自己的命運，集體懷疑特爾斐
可怕的神諭的普羅米修士精神，是古希臘人本主義精神最可圈可點的
體現之一。而希羅多德敢於力排眾議，大膽指出雅典人的主觀能動性
是決定戰爭勝負的關鍵，人是歷史發展的動力，其精神實質與雅典人
的獨立自主有同功同曲之妙。

　　這樣一來，希羅多德的歷史觀便具有了典型的兩重性：一方面，
人的歷史活動受到難以把握的超自然的力量（命運、神啟、夢兆等）

---

174 〔古希臘〕希羅多德：《歷史》，VII, 139.
175 〔古希臘〕希羅多德：《歷史》，VII, 139-143.

的影響；另一方面，人是自己的主人，以自己的思想和行動創造人類的歷史。其中，後者的份量明顯多於前者，因為整個《歷史》的主流始終是敘述人事而非神事。希羅多德的這種人本為主、神本為輔的二元狀態體現了古典時代大部分希臘知識分子的思想特徵。

3　史學巨匠修昔底德

（1）修昔底德生平

　　繼希羅多德之後的修昔底德是西方史學史上最令人敬重的史家之一，他的史著《伯羅奔尼薩斯戰爭史》浸透著冷峻的客觀主義治史精神，為西方史學牢固地確立了求真求實的治史宗旨和判斷史學成就高低的基本標準，體現了西方古典史學的最高成就，始終是西方史學寶庫中的一部經典著作。

　　遺憾的是，關於修昔底德個人的歷史，後代人僅知道一點皮毛。古希臘人雖然敬仰修昔底德，不少人甚至試圖仿效他的風格續寫未完成的《伯羅奔尼薩斯戰爭史》，[176]但始終無人為這位史學巨匠立傳，修昔底德本人也沒有動過撰寫自傳的念頭。這是因為古希臘史家還沒有產生史學史和自傳的意識，[177]他們的注意力主要集中在重大的歷史事件（戰爭和政治鬥爭題材為主）和重要歷史人物（政治家、軍事家）的身上，很少考慮史家個人史的問題。因此在西方古典史學史上留下或深或淺痕跡的人，除了個別例外（如寫過回憶錄體史作《高盧戰記》、《內戰記》的古羅馬政治家、軍事家凱撒），個人的生平閱歷

176　試圖續寫的史家是色諾芬、泰奧龐普斯和克拉提普斯。見普魯塔克：《道德集》，345 d.

177　古典史學中的傳記體形式出現于修昔底德之前，但始終沒有嚴格意義上的自傳體著作。

都是模糊不清的。

　　根據《伯羅奔尼薩斯戰爭史》一書中的一鱗半爪的提示，以及後期希臘羅馬作家的零星記載，[178]拼湊起來的修昔底德的畫像大體如下：

　　約在西元前五世紀六〇至五〇年代，修昔底德生在一個名叫哈利莫斯（Halimous）的德莫中。[179]哈利莫斯位於雅典城西南，原本是雅典郊區沿岸小平原的一部分，現在隨著雅典城區的擴展，已經變為雅典城的有機組成部分。修昔底德時代的哈利莫斯村當然早已蕩然無存了，但村名卻經歷了二千四百多年滄海桑田的變化，原封不動地保存下來，成為雅典西南一個街區的地名。[180]

　　修昔底德多半出身於雅典顯貴家庭，其父奧羅洛斯（Oloros）可能是北希臘色雷斯王族的後裔。在希臘早期的歷史記載中，沒有任何雅典公民起過這個名字。古代典籍最早提到這個名字的是歷史之父希羅多德的《歷史》，那裡面所載的起這個名字的人只有一個，就是西元前六世紀晚期的色雷斯國王。希羅多德說雅典貴族、指揮馬拉松戰役的雅典十將軍之一米爾提太在希波戰爭以前，即西元前六世紀末期曾被派遣到北希臘建立殖民地，在當地苦心經營期間，娶了色雷斯公主、奧羅洛斯的女兒赫格希皮勒為妻。[181]也許是由於這次婚姻，奧羅洛斯這一名字才出現在雅典。後來羅馬時代的希臘傳記家普魯塔克

178　主要是哈利卡納蘇人狄奧尼修斯、傳記家普魯塔克和地理家波桑尼阿斯的作品。

179　德莫（deme）是雅典基層行政劃分單位，整個雅典城邦共有一三九個德莫，包括城區德莫和農區德莫，農區一個德莫是一個村落。哈利莫斯屬於城區德莫。關於修昔底德的出生時間，沒有任何確切的根據。從他擔任雅典最高軍職「將軍」的時間（西元前424年）推算，他至少出生在西元前四五四年以前，因為將軍的一條任職資格是必須三十歲以上。

180　筆者有幸拜訪過哈利莫斯，目前那裡可與修昔底德聯繫起來的只有地名與現代人敬立的一座修昔底德半身雕像。

181　〔古希臘〕希羅多德：《歷史》，VI, 39.

（約西元46-120年）在他的代表作《名人傳》中，曾提及米爾提太之子、西元前五世紀六〇年代的雅典頭面人物客蒙的「生母是赫格希皮勒，她是色雷斯女子，國王奧羅洛斯之女。」普魯塔克這樣說的根據是他曾經見到過一首致客蒙的詩文。普魯塔克據此推斷，「此事說明為何歷史學家修昔底德的父親也是奧羅洛斯家族的人」。[182]從目前的史料狀況看，這個推測是比較合理的，[183]因為古希臘的人名是不能隨意起的，總要有一定的親緣聯繫才會起相同的名字。據現代史家康納考據，米爾提太有子（女）三人，修昔底德的爺爺或奶奶是其中之一，與客蒙是同胞兄弟或兄姊妹。[184]修昔底德自己也提到他在色雷斯擁有一處金礦的開採權，是當地很有影響的人物，[185]這表明他的家世可能有色雷斯背景，並且十分顯赫與富有。

　　修昔底德家族以及這個家族的姻親在西元前五世紀曾經出現了一批在雅典政治舞臺上領大軸、唱主角的人物。除了客蒙之外，民主政治家伯里克利和他的主要政敵——另外一個名叫修昔底德的人，都是歷史家修昔底德的親戚。

　　雅典貴族之間這種沾親帶故的現象並不奇怪，因為希臘城邦是從

182　〔古希臘〕普魯塔克：《客蒙傳》，IV.

183　中文本《伯羅奔尼薩斯戰爭史》的譯者謝德風先生認為僅憑修昔底德的父親和客蒙的外祖父均叫奧羅洛夫便說二者之間具有親屬關係不足憑信（見〔古希臘〕修昔底德：《伯羅奔尼薩斯戰爭史》「譯者序言」，謝德風譯，商務印書館1960年版，第9頁），此可謂修昔底德家世的另外一說。但修昔底德出身貴族則沒有疑問，因為他曾在西元前424年當選為最高軍職「將軍」，而該職在這個時期都是由貴族擔任的，屬於極少數可連選連任的官職。修昔底德的同代人、反對民主制的雅典人偽色諾芬在《雅典政制》一文中專門指出這一點：雅典平民把吃力不討好的官職留給富有的貴族，把有好處的職務留給自己（見偽色諾芬《雅典政制》I，3）。

184　參見James Luce, Ancient Writers, New York, 1982（詹姆士·路斯主編：《古代作家》）第一卷，第268頁上的世系圖表。

185　〔古希臘〕修昔底德：《伯羅奔尼薩斯戰爭史》，IV, 105, 1；謝德風中譯本第331頁。

氏族部落組織轉化過來的一種早期國家形態，普遍具有小國寡民的特徵，公民集體的人數有限。雖然雅典在希臘算是公民人數最多的大邦，但最盛時男性公民總數也不過四萬左右，而希臘更多的是只有幾千公民的小城邦。在這種情況下，富有的顯貴公民的數量就更有限了。梭倫改革時按財產多少劃分公民的等級，賦予不同等級公民以不同的權利和義務，其中第一等級公民的人數在最多時只有兩千人左右。修昔底德家族無疑屬於第一等級，所以政治頭面人物之間具有或遠或近的親緣關係是古希臘社會很常見的現象。

雅典貴族階級的文化氛圍首先是造就富有教養、言談舉止優雅得體並能在公眾場合語驚四座的政治家。修昔底德的幾個顯赫親戚客蒙、伯利克里以及與政治家修昔底德的從政素質均堪稱西元前五世紀雅典政治家的典範。所以儘管我們對修昔底德的早年生活一無所知，但可以推測修昔底德的父母也會嚴格地依循貴族階級的傳統教子之路，重視孩子的文化教育，為小修昔底德打下良好的文化教養的基礎。這是後來修昔底德能夠順利進入政治舞臺的前臺的先決條件，也是他能夠寫出思想內涵極為豐富、文字表達非常洗練的史學傑作的重要原因，甚至還是他具有深沉的歷史感和強烈的歷史寫作衝動的源泉之一。

《伯羅奔尼薩斯戰爭史》不像通常的古典史書。一般古典史作往往是政治家曾經滄海之後的往事回憶，但《伯羅奔尼薩斯戰爭史》則是古典史學中唯一一部同步記載個人參與的事件和認識的人物的「現場記錄」。根據修昔底德的交代，他在戰爭剛剛開始時便有了撰寫此書的念頭，並且立即付諸實踐。他在書的前言中說：「雅典人修昔底德撰寫了這部由伯羅奔尼薩斯人和雅典人發動的彼此之間戰爭的歷史。他是在戰爭剛剛爆發的時候開始寫作的，因為他相信這場戰爭是

偉大的戰爭，比先前發生的任何一次戰爭都值得撰述」。[186]如果作者沒有深沉的歷史感和深厚的文化底蘊，這種想法和幾乎同步的記述行動是不可能發生的。

當然，我們也不應忽略當時雅典濃厚的學術氛圍對成長中的修昔底德的影響。修昔底德的少年和青年時期，正值雅典民主政治的繁榮時期，民主、開放和學術自由的風氣使雅典文化進入了黃金階段，出現了一批古希臘史上最傑出的文化人，如哲學家蘇格拉底、阿納克薩哥拉斯、普羅塔哥拉斯、雕塑家菲迪亞斯和三大悲劇家、一大喜劇家以及歷史家希羅多德等人。他們彙聚雅典，講學交友，傳播學術，朗讀或上演作品，形成濃厚的追求新知和探討社會人生的文化氛圍。他們的思想學說無疑對修昔底德有著潛移默化的影響。《伯羅奔尼薩斯戰爭史》中所表現出的強烈的人本思想以及隨處可見的辯證思維方法顯然同普羅塔哥拉斯等哲人的思想有著必然聯繫。

按照這一時期雅典的規定，修昔底德同其他十八歲以上的雅典青年一樣，需要每年在軍隊中服役，他的家庭經濟條件和他所在社會等級多半會使他承擔騎兵的義務。從他能夠從四萬公民中脫穎而出，當選為將軍一事可以看出他在軍旅中表現甚好，其出色的軍事才能得到了同胞的承認。在雅典民主的條件下，群眾的眼睛是雪亮的，如果說其他公職還可能因抽籤選舉將庸人選上去，而對於投票選舉的高級軍職，特別是十將軍和十騎兵將軍職，若沒有在公眾中間建立威信的話，是絕然不會當選的。

從西元前四三一年伯羅奔尼薩斯戰爭爆發到西元前四二四年修昔底德擔任將軍職為止的七年戰爭期間，同他的青少年時期一樣，幾乎沒有留下任何有關他個人的確切資訊，除了他的書中曾提到他目擊了

186　〔古希臘〕修昔底德：《伯羅奔尼薩斯戰爭史》，I, 1, 1；謝德風中譯本正文第2頁。

西元前四三〇年發生在雅典的大瘟疫並且自己也受到疾病感染一事之外。我們有理由認為他出席了戰前和戰爭第一年的各次公民大會和重大儀式，如他聽到了伯利克里在陣亡將士葬禮上的著名演說。

在他幸運地躲過了瘟疫大劫之後，顯然一如既往地積極從事公共活動，參與針對以斯巴達為首的伯羅奔尼薩斯同盟的戰爭行動，他的表現進一步得到公民的認可，甚至有可能立有軍功，因為若沒有出眾的表現，在非常時期通過非抽籤選舉產生的將軍職是絕不會落到一個默默無聞的平庸公民身上的。將軍職的選舉安排在每年的四、五月份，走馬上任是的下半年的七、八月份，所以修昔底德顯然在雅典參加了將軍職的競選，在西元前四二四年順利當選之後，於同年下半年正式進入戰時雅典的日常最高決策機構十將軍委員會，從而能夠直接參與並體驗重大戰爭決策的制訂和執行過程，了解一般公民不太容易知曉的歷史內情。這一經驗對古代史家的著述具有至關重要的意義，因為對於以重大軍事和政治事件為主題的古代敘述史來說，從政和從軍的直接經驗是寫出原生狀態的歷史的必要條件，等於為讀者提供了有關某個重大事件的當事人和目擊者的證詞。從史料學的意義上看，修昔底德的著作的確具有一手史料的價值。

修昔底德個人史上的轉捩點是西元前四二四年的安菲波里之戰。西元前四二四年夏，斯巴達將軍伯拉西達斯為了扭轉軍事上的不利局面，阻止雅典對伯羅奔尼薩斯半島和斯巴達本土的進攻，決定內線防禦，外線進攻，率軍一千七百人穿過北希臘的帖撒利平原，奔襲雅典在希臘半島以北色雷斯地區的戰略據點，動搖雅典雅典對愛琴海、小亞細亞盟邦的控制權。斯巴達軍的到來以及伯拉西達斯採取的懷柔政策，特別是所高擎「解放希臘」的旗幟，致使位於色雷斯沿岸的雅典附屬國紛紛倒戈。對於未叛離雅典的國家，伯拉西達斯則堅決予以打擊，攻占一個又一個提洛同盟的城市，並在西元前四二四年冬發起對安菲玻里的圍攻。

　　安菲玻里城是雅典在愛琴海北部色雷斯沿岸的主要據點，原本是雅典的一個殖民地，具有重要戰略價值，因為雅典建造戰艦的木材主要是這裡提供的，而且雅典還每年從該地獲得許多其他收益，所以這是雅典必守之地，長期駐紮著雅典的守軍。當伯拉西達斯攻擊開始的時候，守城部隊的指揮官、另一位雅典將軍攸克利向修昔底德求援。修昔底德是雅典派駐色雷斯指揮部隊的兩將軍之一，當時正率領由七艘戰艦組成的分遣部隊駐守在距色雷斯沿岸不遠塔索斯島上。修昔底德聞訊後立即啟航前去增援。《伯羅奔尼薩斯戰爭史》在這裡開始用第三者的口吻把作者自己放到了歷史描述當中。他是這樣寫的：

> 雅典派來防守這個地方的將軍攸克利派人到色雷斯另一個將軍修昔底德（奧羅洛斯的兒子，本書的著者）那裡去，請求援助。當時，修昔底德在塔索斯。他聽到這個消息後，馬上率領他指揮下的七條船艦啟航。他的第一個目的，當然是即時趕到安菲波玻里，使這個城市不至於陷落。如果他不能達到這個目的的話，無論如何，他想在伯拉西達斯到達愛昂之前，營救愛昂。[187]

　　伯拉西達斯獲悉修昔底德馳援安菲玻里，並知道修昔底德因在色雷斯擁有金礦而在當地頗有影響力，因此決定在修昔底德到來之前儘快拿下安菲玻里。他對安菲玻里的居民和守軍開出了非常寬厚的投降條件，即無論是安菲玻里當地人還是雅典人，凡是願意投降的人，「一律可以留在城內，享有他們的財產，保證他們有完全的政治權

187　〔古希臘〕修昔底德：《伯羅奔尼薩斯戰爭史》，IV, 104, 405；謝德風中譯本第331頁。

利。凡不願意留在城內的，可以於五天之內，帶著他們的財產離開安菲玻里城」。[188]結果當地居民都表示支持伯拉西達斯的條件，攸克利和少量雅典士兵孤掌難鳴，於是伯拉西達斯兵不血刃，占領了安菲玻里城。

　　修昔底德見安菲玻里城陷，便按照最初的設想，迅速進駐安菲玻里附近的另一據點愛昂。他積極組織要塞的防禦，並將從安菲玻里平安撤出的雅典人收編到自己的隊伍中。隨後他擊退了伯拉西達斯從陸海兩個方向的進攻。至此他本人再次從書中隱去，但他指出安菲玻里的失陷一度在雅典造成了很大的恐慌，因為該城的喪失不僅阻斷了雅典的木材供應來源，而且造成雅典在當地的附庸國家爭先恐後地投向斯巴達陣營。因此，安菲玻里解圍的失敗對於戰爭中的雅典來說是一個嚴重的挫折，必須有人為此受到懲罰，而懲罰的物件正所謂馳援不利的修昔底德。他在書中自述：「我在指揮安菲玻里的軍事以後，曾被放逐而離開本國二十年」。[189]我們無法確知修昔底德是在雅典公民大會審判他之後被處以流放的，還是在愛昂守衛戰之後自覺若回國有生命危險而擅自亡命海外的。從二十年的流亡生涯來看，多半是見勢不妙而乘機逃亡，因為雅典陶片放逐法規定的放逐時間是十年，如果經過公審被處以放逐的話，執行的時間最多十年。而修昔底德二十年流亡不敢歸國，多半係因非法離去、罪上加罪的緣故。

　　關於修昔底德二十年的流亡生活又是他個人史上的一處空白。研究修昔底德的人推測他仍然留在色雷斯，但沒有什麼可靠的證據。只有一點可以確定，就是他始終注視著戰爭的進程，不斷地研究戰爭中的各種事件之間的因果關係。他在書中特別指出：

188　〔古希臘〕修昔底德：《伯羅奔尼薩斯戰爭史》，IV, 105, 2；謝德風中譯本第331頁。
189　〔古希臘〕修昔底德：《伯羅奔尼薩斯戰爭史》，V, 26, 5；謝德風中譯本第373頁。

> 我一直在戰爭中生活著，我的年齡相當大了，我了解事物發展
> 的意義，我專心研究事實的真相⋯⋯我看到了雙方面的一切行
> 動，尤其是伯羅奔尼薩斯人方面的行動，因為我流亡在外，閒
> 暇的時間給了我特殊的便利，使我能夠深入研究一切。[190]

　　長期放逐對修昔底德個人是一個悲劇，但對於後世的讀者，未嘗
不是件好事。因為有超乎尋常的直接經驗和歷史感並不能保證一個人
必定成為傑出的史家。古代傑出的史家除了需有深厚學養、出眾的個
人秉賦和閱歷等先天後天條件之外，還需要有流亡國外之類不幸的遭
遇，至少要經歷過一段較長時間的心靈極其壓抑的時期。古典西方史
學中的幾位最好的史家，如希羅多德、修昔底德、色諾芬、波里比
烏、塔西陀都有過這種殷憂啟聖的痛苦體驗。在流亡期間，個人的興
衰際遇與戰爭的創痛，國家的命運交織在一起，對身在異鄉的修昔底
德的心靈衝擊無疑是巨大的，這必定導致他的思想長期處於壓抑和憤
悱狀態，促使他在寫作時精心思考，深入尋找戰爭勝敗的原因，苦心
孤詣地探求和歸納歷史經驗和教訓，從而用心用血成就了一部垂諸久
遠的史學精品，在史學史上樹起一座後人仰慕的豐碑。

　　雅典是在西元前四〇四年戰敗投降的，但修昔底德卻沒有實現自
己記載整個戰爭的目標。他的著作突然終止於西元前四一一年，連最
後一句也是不完整的。但他本人肯定活到了戰爭結束，並且返回了故
土，因為他在書中不只一處表明了這一點。前面提到他說自己被放逐
了二十年，如果自西元前四二三年算起，到伯羅奔尼薩斯戰爭結束，
正好二十年。他還在書中提到鐵米斯托克里在希波戰爭期間修造的雅

190　〔古希臘〕修昔底德：《伯羅奔尼薩斯戰爭史》，V, 26, 5-6；謝德風中譯本第373-374
　　頁。

典城牆的內部結構，特別指出「就是現在我們還能夠看得出，這個建築是倉猝築成的」。[191]這說明修昔底德目睹了戰敗後被拆毀的城牆殘骸，也說明修昔底德並沒有看到西元前三九三年的雅典東山再起、雅典將軍科濃在原城牆基礎上重築的新牆。他在第五卷第三章中的自述更是他目睹了整個戰爭的確鑿證據。他說：

> 這一個時期的歷史也是原來寫歷史的那個雅典人修昔底德所著的，他是按事實發展程式，以夏冬相遞嬗的編年體撰寫，將這段歷史一直寫到斯巴達人和他們的同盟者把雅典帝國毀滅，把長城和庇里猶斯占領時為止。那時戰事已經延續了二十七年。[192]

這段話表明修昔底德的《伯羅奔尼薩斯戰爭史》在寫到第八卷之前，多半出現過一段時間的中斷，然後在作者再次動筆的時候，便感到需要重新加一個簡短的前言式的說明。這段話也表明他原計劃的篇幅遠比現在的《伯羅奔尼薩斯戰爭史》要長。第八卷的突然終止表明修昔底德可能猝死於西元前四〇三或四〇二年至西元前三九三年之間，同時也表明他直到去世，一直筆耕不輟。因此，從寫作時間的長度看，如果以西元前四三一年作為開端，這部著作同戰爭進行的時間同步，斷斷續續至少寫了二十七年。

修昔底德是一位既有閒暇和敏銳的歷史感，又長於思考、善於文字表達的貴族文人，因此他如果簡單地寫這樣一部著作，並不需要二十七年的漫長時間。但實際的情況卻是他二十七年磨一劍，產出的僅是一部未完成的著作，由此可見他對這部書所下功夫之大，思考之

---

191 〔古希臘〕修昔底德：《伯羅奔尼薩斯戰爭史》，I, 93, 2；謝德風中譯本第66頁。

192 〔古希臘〕修昔底德：《伯羅奔尼薩斯戰爭史》，V, 26, 1-2；謝德風中譯本第373頁。

深。他的著作之所以結構謹嚴，脈絡清晰，內容和諧一體，在樸素和
雋永中洋溢著深沉的歷史和人生哲學的意味，時間和精力上的大量投
入應當是最重要的原因之一。

　　《伯羅奔尼薩斯戰爭史》一書的寫作說明了學術史上一個具有共
性的問題，就是作品的內在品質一般是同勞動時間的長短密切聯繫在
一起的。一部好書，總是作者深思熟慮、精雕細刻的產物。而精雕細
刻，特別是賦予作品以嚴密的體例，耐人尋味的內涵和精緻的話語，
就需要作者花費較多的思考時間和精力，所謂慢工出細活是也。同現
代的情況一樣，古希臘羅馬人中也不乏非常多產的作家，比如續寫
《伯羅奔尼薩斯戰爭史》的修昔底德的同胞色諾芬。但他們的史作品
質和在西方史學史上的位置卻遠不能與修昔底德相比，雖說原因不只
一個，但在時間和精力上投入不夠肯定是不可忽視的因素之一。這種
精品寫作的方式對今天的史學著述仍然具有啟示的意義。

　　關於修昔底德的死亡原因以及葬身之地，修昔底德的同代人沒有
留下任何消息或暗示。敬仰修昔底德希臘人後來做過一些調查和說
明，比如修昔底德身後五百多年的傳記家普魯塔克曾在《客蒙傳》中
轉述他聽到的傳說：

　　　　據說修昔底德死在色雷斯一處叫作斯卡普特許勒的地方，在那
　　　兒被人暗殺。他的屍體被運回阿提卡，在客蒙家族的墓碑中間
　　　有他的碑，緊挨著客蒙的姐姐埃爾皮尼克的墓。但修昔底德是
　　　哈利莫斯德莫的人，而米爾提太家族是屬於拉基亞太德莫的。[193]

　　雅典歷史上叫修昔底德的人很多，很難說普魯塔克時代的希臘人

193　〔古希臘〕普魯塔克：《客蒙傳》，IV.

看到的客蒙家族墓地中的修昔底德就是歷史家修昔底德。所以，普魯塔克的懷疑是有道理的。

較之普魯塔克稍晚的的希臘地理家波桑尼阿斯（盛年約在西元150左右）也曾提到修昔底德因遇刺身死，但增加了一個具體情節，即修昔底德是在得到特赦後的返國途中不幸身亡的。這一具體說法當然同樣查無實據，因為我們完全不知道身處修昔底德死後五百多年的波桑尼阿斯是如何發現這一資訊的。目前只能將它歸入後人想像或推測範疇中去，姑妄聽之而已。總之，有關修昔底德，從生到死都是一個迷，而且恐怕永遠都是一個迷。

（2）修昔底德的史學思想與史學貢獻

《伯羅奔尼薩斯戰爭史》的主題雖然是一場戰爭，而且今天看來這場戰爭不過是規模十分有限的一場地方性的局部戰爭，交戰雙方都是希臘人，對陣時的最大兵力不超過十萬人，大多數戰役都是在兩三千人之間展開的；但對於小國寡民時期的古希臘人來說，它們已是傾全國人力物力的巨大戰爭了，而且幾乎所有希臘城邦都捲入到這場戰爭中去，無論戰爭的規模和戰爭的殘酷性都是空前的。這場戰爭不是簡單的輸贏問題，它極大地改變了古希臘的歷史，改變了希臘的政治格局，改變了希臘人對自己生存狀態的思考，加深了希臘人對人性的認知，其意義和影響遠遠超出了一場戰爭，甚至超出了古代的範圍。正因為如此，當第一次世界大戰爆發之後，英國史家和歷史哲學家湯因比首先聯想到的就是修昔底德筆下的伯羅奔尼薩斯戰爭，他認為修昔底德同他一樣，為分崩離析、互相廝殺的大戰所震撼。他據此得出結論：古典希臘的歷史同現代西方的歷史就經驗而言，彼此之間具有共時性，二者的歷史過程也是平行演進的，可以進行比較研究。[194]他

---

194 〔英〕湯因比：《歷史研究》，劉北成、郭小凌譯，第1頁。

的歷史哲學大作《歷史研究》雖然不能說是因為這個突生的靈感才動筆的，但與此有直接關係卻是不爭的事實。

在史學界內部，由修昔底德開始的對伯羅奔尼薩斯戰爭史的研究始終沒有結束，今天仍然是古希臘史研究的重要課題，吸引著一代又一代的專業史學工作者的注意。對《伯羅奔尼薩斯戰爭史》一書的討論，對這部著作細節的考據與對整部著作的價值評估的工作也因此一直是古典文獻學研究的重要內容。《伯羅奔尼薩斯戰爭史》蘊含的大量歷史資訊則成為經濟史、政治史、軍事史、思想文化史研究者取之不盡、用之不竭的資料來源。[195]

無論學術界的認識有多麼大的差異，人們對修昔底德在西方史學史上的重要地位的認識卻是一致的，這就是普遍認為修昔底德是古典史學最偉大、最傑出的史家之一，甚至是古典史學最偉大的史家。他的《伯羅奔尼薩斯戰爭史》一書體現了古典史學的最高成就。我們可以從如下幾個方面對此加以說明：

A 嚴格的史料批判精神和批判實踐

修昔底德是西方史學史上第一個提出嚴格的史料批判原則的人。在《伯羅奔尼薩斯戰爭史》的序言中，他用相當大的篇幅論述自己的這一原則，其中有一段寫道：

> 關於戰爭事件的敘述，我確定了一個原則：不要偶然聽到一個
> 故事就寫下來，甚至也不單憑我自己的一般印象作為根據。我
> 所描述的事件，不是我親自看見的，就是我從那些親自看見這

---

195 從不同時代的人們從不同角度和不同需要出發對它的文本解讀來看，它的史料價值是無限的。

些事情的人那裡聽到後，經過我仔細考核過了的。就是這樣，真理還是不容易發現的：不同的目擊者對於同一個事件，有不同的說法，由於他們或者偏袒這一邊，或者偏袒那一邊，或者由於記憶的不完全。我這部歷史著作很可能讀起來不引人入勝，因為書中缺少虛構的故事。但是如果那些想要清楚地了解過去所發生的事件和將來也會發生的類似的事件（因為人性總是人性）的人，認為我的著作還有一點益處的話，那麼我就心滿意足了。我的著作不是只想迎合群眾一時的嗜好，而是想垂諸久遠的。[196]

修昔底德的這段話至少有三點是古希臘史家過去沒有說過的，也是古代及中古的其他西方史家很少說過的。

第一，他提出了非常嚴格的史料懷疑和批判的原則，亦即對史家收集到的一切史料都不能輕信，甚至對曾經親自參與過某個歷史事件的當事人或目擊者提供的證詞也不能輕易相信，因為消息提供者的主觀傾向與個人的局限容易歪曲事情的真相。

在修昔底德之前，希臘已經有一些史家提出了史料批判的原則，但只是籠統提出而已，並沒有對處理方法進行具體的制定。比如，希羅多德是修昔底德之前的史學家，他對傳說史料的局限性已有清醒認識，在《歷史》中兩次指出他並不完全相信自己收集的傳說材料。[197]希羅多德告訴讀者自己只是一個客觀的錄入人，但並不等於相信他錄下的人事。他告誡讀者同樣不要輕信，甚至不要完全相信他的整本書中的故事。這當然是極其可貴的史料批判精神，也是令人肅然起敬的

---

196 〔古希臘〕修昔底德：《伯羅奔尼薩斯戰爭史》，I, 27, 2-4；謝德風中譯本第17-18頁。
197 〔古希臘〕希羅多德：《歷史》II, 123; VII, 152.

客觀寫作原則。[198]由於秉持這樣的精神和原則，他在書中的許多地方
還對同一件事列舉了他聽來的兩種以上的說法，並做出個人的判斷。
「我是不相信這種說法的」是他在《歷史》中使用頻率較高的一句
話。然而，他仍然將他並不相信的史料作為自己的敘述史的素材，把
這樣做看作是自己的「職責」。這顯然是早期希臘史學所特有的一種
樸素、客觀的處理方法。

　　到了修昔底德這裡，希羅多德的處理方法通不過了。歷史家不僅
是所見所聞的記錄者，而且還應是真實資訊的提供者。而在史書中要
提供真切的歷史資訊，就需要對收集到的史料進行一番調查核實、去
偽存真、去粗取精的提純過程。在修昔底德看來，沒有經過這樣一個
證實或證偽的檢驗過程，像希羅多德一樣把聽到、見到、讀到的拿來
就用，歷史記載將是不可信的。

　　他在第一卷中特別就這一點展開了說明，指出：一般人都有輕信
的弱點，容易接受並相信符合自己胃口的傳說，容易對模糊不清的遠
古時代和直接經歷過的當代歷史產生錯誤的猜想。人們為什麼容易輕
信？他的解釋是原因在於尋找真理需要花費人們的時間和精力，也就
是說真理不是一塊鑄好的硬幣，拿來就能用，人們必須為真理付出代
價，而大多數人是不願為此花費時間和精力的。所以他認為，那些很
受人歡迎的詩人往往誇大他們所說事情的意義，最初的歷史家即散文
記事家則關心聽眾的反應要勝過對歷史真相的注意，於是歷史真實就
被棄而不顧了。[199]所以，被大多數人輕信的詩歌和歷史故事是不可信
的，這裡面也包括「歷史之父」希羅多德。

---

198 最早體現懷疑批判精神的是真正的史學之父赫卡泰烏斯，見The Oxford Classical
　　Dictionary（《牛津古典辭書》），紐約，1976年，第490頁。
199 〔古希臘〕修昔底德：《伯羅奔尼薩斯戰爭史》，I, 21, 1-2；謝德風中譯本第16-17
　　頁。

　　修昔底德的這種認識並非沒有道理。由於散文記事家處於希臘史學剛剛從神話傳說中脫穎而出的時期，沒有多少文字史料可以借用，也沒有形成成熟的治史觀念和歷史表述形式，因此包括希羅多德在內的散文記事家不得不在一定程度上仿效民間的遊吟詩人或說書匠，用大量的文藝手法、奇聞軼事來取悅聽眾，代價是犧牲了歷史學的嚴肅性和準確性，主題的專一性。這是史學早期發展過程中不得不經歷的幼年階段，應該是可以理解的。在這方面，修昔底德由於嚴格的史料批判精神而對希羅多德等人做了過分的責備。因此需要專門為希羅多德做一點說明。

　　希羅多德《歷史》體現的史學形態是一種準範式的前學科形態，即尚未形成像修昔底德等史家所具有的那種明晰的關於史學必須求真的規定、史料的限定性以及成型的體例、體裁和表述形式。由於希羅多德等人的作品缺乏一定之規，所以與後期古希臘羅馬的史作在形式和內容上存在明顯差別。這也是在希羅多德之後沒有見到希羅多德的模仿者的原因。

　　但以希羅多德為代表的散文記事家畢竟為希臘史學制定了一些准範式，為常規性的古典史學奠定了牢固的基礎。比如正是希羅多德確定了史學的基本任務是記載重大歷史事件、揭示重大歷史事件的因果關係。正是希羅多德為後世締造出結構雖鬆散但具有基本主題的敘述史體裁和記事本末的體例。也正是希羅多德的史學實踐為後人提供了如何有效收集與處理史料的最初範例，以及初步的史料批判精神與人本史觀，為古典史學家的著作提供了有關早期希臘史的主要史料來源。由於修昔底德未能把希羅多德置於一定的歷史範圍內加以考察，具體情況具體分析，而是籠統地用一把常規史學的尺子嚴格衡量前人的工作，於是他的一定程度的誤判就是不可避免的了。

　　希羅多德《歷史》的史料確如修昔底德所說，主要出自口頭傳

說。但較晚後的修昔底德忽略了一個史實，就是希羅多德等記事家所
處時代乃是希臘史學誕生的時代，人們的歷史記憶剛從腦記口傳上升
到文字記載不久，社會積累的文字史料極為有限。從目前能夠獲得的
資訊來看，無非是屈指可數的三部長詩、若干抒情詩、城邦名年官和
體育賽會勝者的名錄、一些重大自然和社會事件（地震、日蝕之類）
的編年記。巧婦難為無米之炊，有志於著史的記事家不用傳說用什
麼？因此初期的記事家們不得不像蜜蜂採蜜一般到處展開調查，搜求
各種民間傳說，以便編寫各地、各民族和各邦的歷史。這是一種純粹
的開創性工作，在古代交通資訊、長途旅行的裝備、採訪和記錄工具
等條件極端落後的狀況下，像赫卡泰烏斯、希羅多德那樣在地中海周
邊地區甚至遠及美索不達米亞展開個人對個人的調查問詢，絕不是一
件輕而易舉的事，需要克服許多書齋裡的史家難以想像的困難，需要
投入大量的時間和精力、金錢和勇氣，需要高度的歷史責任感，甚至
需要有一種堅定的治史信仰。

　　這種類似現代社會學家收集資料的方法，是新生史家們賴以成書
的主要方法。正因為如此，對於古希臘早期史家來說，經過問詢得來
的口碑史料就是「歷史」。[200]因此，利用大量傳說史料不僅不是他們
的過錯，而且應視為他們的重大成就和貢獻。從現代史料學的認識角
度出發，任何史料都在一定程度上含有歷史的真實資訊，就看研究者
如何分離和處理。因此傳說同樣具有歷史真實的成分，即使是荒誕不
經的傳說，也是一定時期內的人們所思所想的真實體現，是客觀存在
的一種歷史觀念。

　　譬如，《歷史》第一卷中關於雅典政治家梭倫與呂底亞國王克洛

---

200 A Lexicon abridged from Liddell and Scott Greek-English Lexicon（《簡明希英辭
　　典》），倫敦，1920，第335頁。

伊索斯的會見和對話，宛如具有現場記錄或錄音的現代新聞報導，顯然經過了傳說者的加工，帶有虛構成分。但我們不能因為是傳說就否認梭倫同克洛伊索斯存在會面的可能性。當時呂底亞是希臘各國最強大、最富有的鄰邦，是小亞希臘殖民城邦的宗主國，國王克洛伊索斯又奉行禮賢下士、附庸風雅的政策，所以希臘賢人相繼到撒爾迪斯做客，[201]梭倫這樣的名士成為克洛伊索斯的座上賓是完全有可能的。希羅多德在這裡記載了一件可能的事以及與此事相關的具體情節，即使其中某些直接引語純系傳說者的「演義」或經過希羅多德本人的加工，但事件存在的可能性始終是難以否定的，希羅多德時代的人們對這一事件的詮釋，以及通過這種詮釋所表達出的西元前五世紀中葉古希臘人推崇的幸福觀也是毋庸置疑的。這些詮釋同希羅多德在《歷史》中轉達的其他更為離奇的傳說一樣，[202]均屬於那個時代人們觀念的真實記錄。

傳說的內容在這裡便可能具有兩個層面的真實：體現傳說者真實的思想和體現傳說中人事的真實。其中前一種真實是確定的，但往往被研究者所忽略。後一種真實則是有條件的，一定程度上的：可能人是真的，事是假的；或者事是真的，人是假的；或者人和事均有真有假；或者人和事都是真的或都是假的。研究者對傳說真實在這個層面的可能往往持懷疑態度，也應當持懷疑態度。

事實上，如果沒有希羅多德的大量記錄，有關地中海周邊地區及兩河流域、伊朗高原、南亞次大陸各民族豐富多采的社會文化史、政治與政治思想史、經濟史的資訊，就不可能流傳下來。因為前希羅多德時代為數不多的歷史、地理和民俗方面的著作，早在古典時代就顯

---

201 Her. I, 39. 以次。

202 如埃及法老胡夫修建金字塔竟需女兒賣淫來籌措資金，某地的鴿子會說話，某民族每年要變成一次狼等。

然失傳了。所以，現代人應該感謝希羅多德。如果沒有《歷史》以及
《聖經》提供的線索，近東考古就不會這樣富有成果，象形文字和楔
形文字的破譯就會非常困難。從這個意義上說，沒有希羅多德記載的
有關拉美西斯和大流士的傳說，就沒有商坡良和羅林遜等人的破譯，
因此也就沒有埃及學和亞述學。

　　希羅多德在《歷史》中不僅給後代史家提供了具有真實資訊的大
量傳說，而且還提供了為數眾多的一手史料。比如《歷史》後半部關
於希波戰爭的描述，就出自眾多希波戰爭當事人和目擊者之口，至少
是出自第三次希波戰爭的當事人或目擊者之口。所以，不能簡單地指
責散文記事家只會取悅聽眾。修昔底德不是聖人，他在評判前人的工
作時也會出現苛求之處，但他自己的史料批判工作無疑是代表著希臘
史學的進步方向的。希臘歷史學正是從修昔底德開始，超越了聽眾和
一般讀者的興趣需要，發展成為一門以追求歷史事件的真實和解釋的
準確為己任的學問。

　　第二，修昔底德在西方史學史和思想史上首次明確提出歷史認識
的重要社會功能是為了現實和將來人的活動提供參照，也就是我們常
說的取鑑經世、鑑古知今的價值。修昔底德的這一認識至今並沒有失
去它的意義。

　　我們這個時代是務實尚新的時代，生活中充滿了變數，人們更關
注與自己切身利益緊密關聯的現實問題，而不是某種業已逝去的歷史
和涉及終極意義的遙遠目標，所以專門以過去為研究物件的歷史學同
一些古老的學科一樣，受到社會的普遍懷疑。歷史學取鑑經世的作用
是否仍然有效？修昔底德在自己的著作中對此進行了比較深入的解析。

　　他認為歷史之所以具有借鑑價值，原因在於不變的人性。他在書
中反覆談論到了這個問題。由於人性不變，「人性總是人性」，人固有
的貪婪、權力欲、支配欲、情欲等深層的自私欲念並不會因為時代的

更迭而發生本質的改變，²⁰³因此人不可避免地要重複以往的行為，重犯以往的錯誤，儘管在表現形式上或多或少有一些差異。

事實上，修昔底德已經意識到在不同時代所發生的不同事件之間存在著某些有機的聯繫，具備著人性的統一性，而這正是他是認為的歷史具有重大實用價值的基本原因。因此人們有必要記住歷史，了解歷史，以史為鏡，從而儘量避免或最大限度地少犯重複性的錯誤。

近現代否定歷史具有參照價值的論點的基本理論依據無非是歷史的不可重複性，每一種歷史都是獨特的、單一的，因此不同的時代擁有不同的人性，不同時代的歷史經驗也是獨特的，單一的，不可重複的，沒有一般的意義。而這是有悖歷史事實的。雖然人性具有特殊性，但「不同時代的人性」這一命題本身就說明特殊與一般的聯繫。無論是古希臘人的人性還是古羅馬人、古代中國人的人性都有人性的同類項，這就是一般的聯繫。儘管不同時代、不同國度、不同民族具有不同的價值觀、不同的風俗習慣，但也存在著許多本質上和形式上相同的特點，比如都有宗教信仰、婚喪嫁娶儀式、法律道德之類行為規範，歷史上都發生過原因、演化方向、結局相似甚至本質相同的歷史事件。正因為如此，前代人撥動的琴弦總是在後代人心中引起共鳴，前代人的著作文章總是能找到後代的讀者，前代的重大事件和英雄或梟雄總是對現代人具有震憾作用，「人性總是人性」。

正因為人性的弱點，所以修昔底德清楚地意識到，一般人在閱讀或聆聽史學作品時首先關注的是趣味性，他們喜歡生動的情節而不是平鋪直敘的記載，以求真求實為本的《伯羅奔尼薩斯戰爭史》由於缺少引人入勝的文學花樣，很可能不會得到廣大讀者的歡迎。所以他的書不是為多數人寫的，而是為少數人寫的，是為了那些願意從歷史中

---

203 從修昔底德在書中的有關討論可以看出他所指的人性的這些具體內涵。

汲取經驗教益的人寫的。

這就產生了他的第三點言別人不能言之處，就是提出了歷史寫作的崇高抱負：不能趨勢媚俗，為了一時的需要而迎合大眾的「嗜好」，從而捨棄對真實的追求。換句話說，凡是極力迎合時尚的史學作品，在修昔底德看來都是不可能「垂諸久遠的」，要想「垂諸久遠」，就老老實實地作文章，不搞花架子。客觀歷史證明他對歷史寫作的這種認識不僅是十分高貴的，而且是非常正確的。

修昔底德的《伯羅奔尼薩斯戰爭史》集中體現了古希臘史學的這種嚴格的史料批判精神。以他不得不追述的早期希臘的歷史為例，由於史料極其稀少，他只能像其他史家一樣求助於史詩和傳說提供的線索。但他對這些早期文學作品始終持懷疑態度，用他的話說，「在研究過去的歷史而得到我的結論時，我認為我們不能相信傳說中的每個細節。」[204]所以他在追述過程中盡可能對已有的史料進行在當時條件下所允許的拷問，有時還動用了考古材料、地形學的材料來加以佐證。

關於他的著作的主題伯羅奔尼薩斯戰爭，他的史料主要來自他的直接經驗。他在戰爭早期是參與者，在戰爭中後期是目擊者，實際上經歷了戰爭的全過程。這些直接經驗本身是第一手史料，同大多數後代人寫前代事的古代史書的史料性質是不一樣的。他的著作所以能被後人稱為信史，很大程度上基於他的著作的這一史料特徵。但史家個人的直接觀察畢竟存在著局限，因為他不只記載雅典本身的事件，還用相當多的篇幅敘述希臘其他國家的參戰歷史，即令是他的母邦雅典的歷史，他也不完全是目擊者和當事人，許多事件的進程和人物的活動都在他的視野之外。因此他只能依靠別人的經驗，對他來說也就是間接經驗。這部分史料主要是文獻、當事人的回憶、口頭傳說。比如

204　〔古希臘〕修昔底德：《伯羅奔尼薩斯戰爭史》，I，20，1；謝德風中譯本第16頁。

雅典與斯巴達的條約，斯巴達與波斯的條約，神托紀錄等等。修昔底德的有利條件是他的這寫間接經驗來自他的同代人，他本人不僅可以隨時隨地向目擊者和當事人詢問，而且還在分析和篩選這類間接經驗的時候具有後代人不可能有的對事件的直感和直接的辨偽能力。正如他所說的：「我所描述的事件，不是我親自看見的，就是我從那些親自看見這些事情的人那裡聽到後，經過我仔細考核過了的」。但即使這樣，他仍然不放心，因為「真理還是不容易發現的」。

由於他在收集史料的過程中採取這樣一種審慎的態度，對利用史料的時候預先進行過一番細心的考證和檢測，所以他書中的史實差不多都能給以相對確定的時間、地點、人物，特別是涉及人、財、軍備、戰果等需要數位統計材料的地方，他都在可能的條件下予以交待，甚至定量到個位數，並且提供的數位真實可信。這種類似近現代史學學術規範的做法在早期西方史家中是為數極少的。

他的書內談到重要的條約都有詳細的條款，以及訂立人的名稱和國別。談到戰役、重大政策的制訂均有細緻的過程，包括地形、氣候、距離、心理等諸多因素的分析。尤其突出之處是他的書中運用了大量以直接引語形式出現的演說，總量約占全書篇幅的四分之一，每一篇都是精雕細刻的產物，具有有豐富的歷史資訊和思想內涵，開了在歷史著作中利用長篇大論的演說的先河，將古希臘人的特點，及高超的「說」的藝術充分展現了出來。

但與後世僅僅沉默地採用類似方法的史家的做法不同，修昔底德清醒地意識到自己的局限，這就是古代缺乏現場記錄的手段，而且一個人也不能身臨其境一切歷史現場。他書中的眾多演說精品顯然經過作者的個人的修飾加工。對此他非常老實地做了交代：

在這部歷史著作中，我利用了一些現成的演說詞，有些是在戰

　　爭開始之前發表的，有些是在戰爭時期發表的。我親自聽到的
演說詞中的確實詞句，我很難記得了，從各種來源告訴我的人
也覺得有同樣的困難。所以的我的方法是這樣的：一方面儘量
保持實際上所講的話的大意，同時使演說者說出我認為每個場
合所要求它們說出的話語來。[205]

　　在書中，修昔底德還喜歡使用兩個術語：「我覺得」（dokei）和
「大概是」（hos eikos），有意識地標明自己對敘述內容的介入，提醒
有心的讀者注意。在第七卷中描述雅典軍在西西里島的一場夜戰時，
他很少見地提出了個人對這一事件的疑問，他說：「但是在夜戰的時
候（這是這次戰爭中，兩支大軍間所發生的僅有的一次夜戰），人們
又怎樣能夠確切地知道真情呢？」[206]這種生怕誤導讀者的真誠態度不
僅是絕大多數古代史家難以企及的，而且是一些近現代史家（如某些
傳記、回憶錄、專史之類著作的作者）所不及的。這是古典西方史學
最可貴的地方之一。

　　由於《伯羅奔尼薩斯戰爭史》堅持實事求是與史料批判的原則，
該書在史料的可靠性方面堪稱史學史上的典範。正因為如此，英國哲
學家兼歷史家大衛‧休謨曾盛讚該書：「修昔底德作品的第一頁就是
一切真實的歷史的開端。」[207]

B 冷峻的客觀主義精神

　　廣泛地收集史料和嚴格地進行史料考據是史學研究最重要的組成
部分，但不是認識過程的全部。因為史料只有經過一定的拼接與組

---

205 〔古希臘〕修昔底德：《伯羅奔尼薩斯戰爭史》，I, 22, 1；謝德風中譯本第17頁。
206 〔古希臘〕修昔底德：《伯羅奔尼薩斯戰爭史》，VII, 44, 1；謝德風中譯本第529頁。
207 History and historians（吉爾哈德斯：《歷史和歷史家》），新澤西，1987年，第16頁。

合、描述和解釋之後才對讀者具有真正的意義。因此解釋的真實與史料的真實對史學來說同樣是至關重要的。優秀的歷史工作者在篩選、組合經過去偽存真過程後的史料、復原歷史真相的時候，總是力圖擺脫各種思想情緒之類主觀因素的舒服，避免歷史家個人的主觀介入，用自己的筆觸儘量刻畫出過去的真實圖景。儘管現代史學已經認識到，德國史家蘭克式的純客觀地再現客觀歷史是一個很難實現的「高貴的夢」，但使自己的歷史認識，無論是史實認識還是價值認識，儘量貼近客觀歷史仍然是歷史工作者所應追求的最高目標，也是判斷史學成就高低的根本標準。彪炳西方史學史的歷史大家的著作都洋溢著一種如實直書的客觀主義精神，《伯羅奔尼薩斯戰爭史》是西方史學史上實踐這種精神最為徹底的少數史著之一，也是這類少量史著中的第一部。

修昔底德是雅典人，他的作品《伯羅奔尼薩斯戰爭史》又主要以雅典作為記載物件，實際上主要是雅典的歷史，因此作者的書中帶有一些愛國主義色彩、甚至帶有較多的愛國主義情緒應該說是可以理解的。而且，從《伯羅奔尼薩斯戰爭史》的字裡行間可以隱約地感到修昔底德對雅典的深沉感情。然而，如果不是書內第一人稱的介紹，或讀者事先獲得的知識，便很難察覺作者竟是雅典公民和愛國者。對於修昔底德來說，雅典首先是他的研究物件，並不比他的死敵斯巴達在道義上占什麼便宜。書中浸透著客觀中立的精神，每一事件、人物的前因後果以及過程的敘述都使用非常平實、白描的語言，避免作過多的個人評判和文辭渲染，並且在陳述中必定以相等的份額照顧到敵對雙方對同一事件的解釋，既不曲筆諱言，也不隨波逐流。

這一點特別表現在演說辭當中。修昔底德無論是對雅典人還是伯羅奔尼薩斯同盟的成員，都給以表達己方觀點的充分篇幅，實際上將雅典公民大會的公平、公開、文明的辯論規則應用於歷史寫作。所以

他不僅對雅典人的辯解與指控照書不誤，而且雅典的敵人對雅典的控訴和對己方立場的辯護也予秉筆直書。

　　《伯羅奔尼薩斯戰爭史》在列舉事實的時候，書中的當事人經常要對某件事物進行褒貶，這常常被人誤解為修昔底德本人的看法。例如雅典民主政治家伯利克里在陣亡將士葬禮上熱情謳歌民主制的演講被當成修昔底德擁護民主的證明。這是不符合事實的。事實上在同一部書中，修昔底德不只一次用自己的口吻談到雅典民主的消極面，比如他認為公民大會容易受到懷有個人野心的政治蠱惑家的煽動，犯了許多錯誤，特別是西西里遠征。他還列舉過不少有關雅典因實行霸權政策所引起的災難性後果。因此書中人物的言談舉止雖然出自修昔底德之筆，肯定存在著作者的主觀介入，卻並非都是修昔底德的，必須具體情況具體分析。

　　就《伯羅奔尼薩斯戰爭史》中的事實陳述而言，修昔底德奉行了與處理演說同樣的原則，即客觀中立的原則，既不媚俗媚上，也不曲筆諱言，簡直客觀到冷峻無情的地步。然而，修昔底德畢竟是有血有肉的人，有一定的價值準則，在陳述事實時可以基本做到冷酷無情，但在評述事實卻不能不顯露出有情的一面。但極為難能可貴的是，修昔底德在這種需要情感的地方仍能保持客觀的尊嚴，按照古希臘人一般的道德準則判斷是非善惡。他在書中採取的處理方法是自己先站在第三者的立場上，充當中立的法官，始終先讓戰爭的當事雙方均等陳述，或者說是修昔底德有意以均等的原則敘述雙方的言論和行動，客觀地描述事件的進程，然後再根據他個人的價值準繩對已經陳述的事物做一番評判和裁決。這種論述性的判決有時是一兩個段落，有時是一句插語，內裡完全沒有激憤和仇恨，無論是對雅典的敵人還是雅典人自身，唯一的標準就是冷峻的理性。

　　比如他對伯里克利的賢明廉正和領導民眾的才能充滿敬意，把他

看作是雅典繁盛的決定性人物,是最有才幹、最英明的領導人。但他對伯里克利的評判卻一直推遲到伯里克利去世之後才進行。此前,他只是客觀地敘述伯里克利的行為和政策,以及雅典人從對他的崇敬到厭惡他、罷免他的過程。修昔底德並沒有因為個人對伯里克利的一貫好感而批評或責備雅典人眼光短淺、不是好歹,而是冷靜地分析人民群眾對一位傑出領袖先擁戴、後厭惡、再後又信任的原因。在他看來,無論是擁戴伯里克利還是反感伯里克利都是有道理的,是同伯里克利的政策同廣大公民的利益之間是否相符緊密聯繫在一起的,並不取決於伯里克利的人格魅力。

他也對雅典的敵人,領導西西里島城邦敘拉古戰勝雅典遠征軍的赫摩克拉底十分欣賞,並沒有因為赫摩克拉底給予雅典致命打擊而醜化或妖魔化雅典的敵人。他稱赫摩克拉底是絕頂的聰明人,在這場戰爭中顯示出非凡的能力和突出的勇氣。對於雅典政治家亞西比得那樣的妖言惑眾、假公濟私的人,他予以嚴厲譴責,把他視為引起國家毀滅的人。儘管後來亞西比得重新得到雅典公民的擁護,並為領導雅典海軍取得了一些勝利,但在道德的審判方面,他仍然對亞西比得毫不留情。他也為西西里遠征軍的主帥尼西阿斯的優柔寡斷、貽誤軍機制直至葬送了全軍而痛心疾首,但對尼西阿斯在戰敗後被敘拉固人處死又感到惋惜,認為反對出兵的他是最不應該受到如此悲慘結局的人,因為他終生致力於道德研究和實踐。修昔底德對於自己祖國的極端民主政體實際上持批評態度,所以在述及由中產階級、即五千公民享有的有限民主制時他表示了認可。但他並不因此便對反對貴族制或寡頭制的民主派說不,仍然平心靜氣地陳述事件的進程。

在更多的場合下,修昔底德的這種客觀陳述和主觀評述的方法是在夾敘夾議中展開的,並不是將個人的觀點僅僅置於某個事件或人物的結尾,加一個「太史公曰」。他在敘述一些關鍵的事件或人物時,

往往會停下來，插入一些具有鮮明個人特點的理性分析和概括，從而
把敘述引入深刻。由於插入的恰到好處，敘述的節奏並沒有因此而中
斷。如比較典型的例子是在第二卷關於雅典人遭受大瘟疫的打擊、社
會上出現空前違法亂紀的現象的分析和概括。他在列舉了大瘟疫肆虐
和人們心志發生巨大變化的現象之後及時指出：

> 人們看見幸運變更得這樣迅速，這樣突然，有些富有的人忽然
> 死亡，有些過去一文莫名的人現在繼承了他們的財富，因此他
> 們現在公開地冒險做放縱的行為，這種行為在過去常常是隱藏
> 起來的。因此，他們決定迅速地花費掉他們的金錢，以追求快
> 樂，因為金錢和生命都同樣是暫時的，至於所謂榮譽，沒有人
> 表示自己願意遵守它的規則，因為一個人是不是能夠活到享受
> 光榮的名號是很成問題的。一般人都承認，光榮的和有價值的
> 東西只是那些暫時的快樂和一切使人能夠得到這種快樂的東
> 西。對神的敬畏和認為的法律都沒有約束的力量了。至於神
> 祇，他們認為敬神和不敬神是一樣的，因為他們看見好人和壞
> 人毫無區別地一樣死亡。至於違犯人為的法律，沒有一個人預
> 料他能夠活到受審判和處罰的時候，反而每個人都感覺到，對
> 於他已經下了更為沉重的判決正懸在他的頭上，他想在這個判
> 決執行之前，得到一些人生的樂趣，這是很自然的。[208]

這個分析當中具有社會存在決定社會意識、實踐中的經驗決定人
的價值判斷的認識成分，因此人們價值觀的轉變是合情合理的，如果
不變，反而到是奇怪的事了。

208　〔古希臘〕修昔底德：《伯羅奔尼薩斯戰爭史》，II, 53, 204；謝德風中譯本第141頁。

再如，在敘述科西拉貴族派和平民派互相瘋狂迫害和殘殺時，他概括這一切的根源是「貪欲和個人野心所引起的統治欲」，以及因派別鬥爭爆發後所引起的「激烈的瘋狂情緒」：

> 許多城邦的黨派領袖們有似乎可以使人佩服的政綱——一方面主張民眾在政治上的平等，另一方面主張安穩而健全的貴族政治。他們雖然自己冒充為公眾服務，但是事實上是為著他們自己謀得利益。在他們爭取優勢的鬥爭中，沒有什麼事可以阻攔他們。他們自己的行動已經是可怕了的，但在報負的時候，更為可怕。他們既不受正義的限制，也不受國家利益的限制。他們唯一的標準是他們自己黨派一時的任性。所以他們隨時準備利用不合法的表決來處罰他們的敵人，或者利用暴力奪取政權，以滿足他們一時的仇恨。結果，雖然雙方都沒有正義的動機，但是那些能夠發表動人的言論，以證明他們一些可恥的行為是正當的人，更收到讚揚。至於抱著溫和觀點的公民，他們受到兩個極端黨派的摧殘，不是因為他們沒有參加鬥爭，就是因為嫉妒他們可能逃脫災難而生存下去了。[209]

由於修昔底德能夠公平充分地陳述事實，又能以古希臘人的一般道德原則作為評判事物的標準，再加上一些充滿哲理的評述，這就使他的著作不僅具有詳實可信的事實陳述，而且還具有耐人尋味的價值陳述，從而使他的著作對後人認識自身提供了可信的參考材料與思想源泉。

---

209 〔古希臘〕修昔底德：《伯羅奔尼薩斯戰爭史》，III, 82, 8；謝德風中譯本第238-239頁。

C 徹底的人本史觀

修昔底德的史學思想中，最為可貴處之一是徹底的人本精神。古希臘人的精神解放進程，是從原始的神人合一狀態的分離開始的，自赫西俄德到抒情詩人，再到自然哲學家、記事家、戲劇家、智者學派，人本思想在一步步的深化，但始終沒有達到神人徹底分離的地步。在大多數學者的人本主張的旁邊或身後，更是若明若暗地躍動著非人的力量，即神或命運，柏拉圖甚至還公開聲明「神是萬物的尺度。」[210]而修昔底德卻繼續普羅塔哥拉斯的以人為本的主體思想，與宗教、迷信徹底斷絕了關係。這是修昔底德最令人肅然起敬的地方。

統觀修昔底德的《伯羅奔尼薩斯戰爭史》一書，洋洋撒撒幾十萬言，竟然沒有給超自然的力量任何位置。無論是和平時期還是戰爭時期發生的事件，都完全是人類自身活動的結果，與神和命運沒有關聯。當然，修昔底德既然記錄人事就不能避開神，因為絕大多數希臘人並不是無神論者，他們的各種活動始終包含與神的經常性聯繫，所以修昔底德寫人就要涉及神。但他並不是簡單地錄記現象，而是直截了當地批評人對神的迷信。比如，他力排眾說，堅決拒絕把各種災變現象當作神靈對各種即將到來的人禍的啟示。戰爭爆發前，希臘人的聖地提洛島發生大地震，人們認為這是大禍將至的徵兆。修昔底德卻理性地認為這不過是巧合的自然現象。[211]戰爭過程中，地震仍不時發生，有時還引起了海嘯。他人對此的解釋是天人感應，修昔底德卻認為海嘯不過是地震先吸引海水離開海岸，然後海水又猛烈沖回來，於是產生了水災。他十分肯定地指出：「在我看來，如果不是地震，這

210　〔古希臘〕柏拉圖：《法律篇》，張智仁、何勤華譯，上海人出版社2001年版，第124頁。

211　〔古希臘〕修昔底德：《伯羅奔尼薩斯戰爭史》，II, 8, 2-3.

種事是不會發生的」。[212]類似的光輝思想在其他地方多次出現。如雅典將軍尼西阿斯因月蝕而延誤退軍，遭致全軍覆沒一事他認為愚蠢，雅典敗軍饋逃路上遇雷雨，士卒均認為是他們毀滅的預兆。他卻說雷雨不過是夏末秋初常見的現象。在修昔底德眼裡，社會現象的原因在於社會，自然現象的原因在於自然，二者之間並沒有必然的因果聯繫，更談不上超自然或超社會的因素。

更為難能可為之處是修昔底德甚至敢於揭露神諭的人為性質，並不可靠。據來自中希臘特爾斐的一則阿波羅神讖說，雅典衛城腳下一塊叫皮拉基的土地不可被人居住，否則就要災難臨頭。但雅典人卻違背神的指示，定居在衛城腳下。伯羅奔尼薩斯戰爭以及接踵而來的大瘟疫似乎應驗了這一預言。修昔底德卻對此不以為然，認為「這座城市遭受各種災難不是由於非法占據這塊地方，而是由於引起有必要占據這個地方的戰爭」。[213]他指出神廟祭司傳達的神讖有意使用一些模棱兩可的語言，目的是便於解釋日後發生的事件。他還力透紙背地指出，有的神讖是求讖人為個人目的賄賂特爾斐神廟祭司後得到的。[214]

修昔底德在自己的著作中也偶然地提到過命運，但他筆下的命運和希羅多德筆下的命運有本質的不同。他認為命運的出現總是在人們意想不到的事情發生的時候，比如雅典的色雷斯人雇傭軍突然洗劫米卡列烏斯城，把一切人丁，無分老幼，殺戮殆盡。命運在這裡只是偶然現象的代名詞，並沒有神靈事先和事後的任何干預。他借伯利克里的口解釋他對命運的理解：「事件的進程可能與人們的計畫相反是正常的，而這正是我們通常把某種出乎我們預料之外的事歸咎於命運的

---

212 〔古希臘〕修昔底德：《伯羅奔尼薩斯戰爭史》，III, 89, 2-5.
213 〔古希臘〕修昔底德：《伯羅奔尼薩斯戰爭史》，II, 17, 2-3.
214 〔古希臘〕修昔底德：《伯羅奔尼薩斯戰爭史》，II, 54, 2-5; V, 16, 3.

原因。」²¹⁵在希羅多德及其他希臘知識分子眼裡的那個高高在上的世界主宰，就這樣被修昔底德解構為人們的特定認識。

　　修昔底德對神和命運的深刻分析是同對人的高度肯定相對應的。在《伯羅奔尼薩斯戰爭史》中，他有幾段關於人是世間最重要的力量的宣言，凸顯普羅塔哥拉斯式的高度自信精神，雖然是借助他書中人物的口表達出來的，但顯然是修昔底德個人思想的表達，甚至就是他個人的作品。他在《伯羅奔尼薩斯戰爭史》前言中對此曾有坦言：

> 至於不同人物發表的演說，無論是戰爭開始前發表的還是戰爭爆發後發表的，已經很難精確地回憶起實際講過什麼話了。這既是對我聽到的演說而言，也適用於我從其他人那裡聽到的各種傳言。因此，這裡所舉的演說，是我覺得某些演講者在涉及有關主題時可能表達出來的、最適合於該場合的情感，同時我盡可能保持實際上所講的話的大意。²¹⁶

　　伯利克里在雅典公葬儀式上的演說便是高揚人本精神的佳作之一，是一曲關於人的偉大創造力的頌歌，西方思想史上的千古絕唱。在伯利克里看來，人是世間最重要和最寶貴的，正是雅典人自己，從他們的祖先、父輩到包括英勇犧牲的公民在內的當代人共同創造了雅典的一切，包括龐大的帝國、匯納世界各種產品的繁榮的經濟、法律面前人人平等的民主制度、自由、雅致、放達卻又適度的生活方式，勇敢、慷慨、勤勉、誠懇、熱情、敢做敢當的民族品性。這一切完全和神靈、天時、地利無關，均是雅典人自己努力的結果：

215　〔古希臘〕修昔底德：《伯羅奔尼薩斯戰爭史》，I, 140, 1.
216　〔古希臘〕修昔底德：《伯羅奔尼薩斯戰爭史》，I, 22, 1-2. 西方史學中的這種誠實的作風是非常值得當代史學繼承的。

我首先談談我們的祖先。在諸如此類的場合，回顧他們的作
為，賦予他們這種榮譽是理所當然、恰如其分的。我們這塊土
地，同一族人在其上時代存續，從未終止過生息。他們憑藉自
己的勇敢，把一個自由的國家傳到了我們的時代……我們生活
在一種並非效法我們鄰人制度的政體之下，相反，我們自己與
其說是別人的模仿者，不如說是一些人仿效的楷模。我們的制
度被稱作民主政治，那時千真萬確的，因為政權不是在少數人
手中，而是在多數人手裡。就法律而言，一切人在解決他們私
人糾紛方面都是平等的；就對人們的價值而言，每個人無論以
何種方式顯露出來，優於他人充任一些榮耀公職，那不是因為
他屬於特殊的階級，而是由於他個人的才能……我們不僅在政
治生活中是自由的，而且在日常生活中擺脫了彼此間的猜
疑……在我們這裡，一個人承認自己貧窮算不得恥辱，對他來
說，更大的恥辱是沒有竭盡全力去避免貧困……一句話，我要
說我們的整個城市是希臘的學校。我認為我們中間的每個人都
能以出眾的優雅和多才多藝證明他們能勝任形形色色的活動。[217]

　　在伯羅奔尼薩斯戰爭爆發前夕，伯利克里在公民大會的演講中，
談到雅典應採納的策略是揚長避短，發揮海軍優勢，避開陸上對抗。
針對雅典人對放棄田園、堅壁清野所產生的憂慮，他鮮明地提出了人
是世間一切物質財富的創造者，是第一重要的因素，只要有了人，什
麼東西都可以再創造出來：

　　我們一定不要因為喪失土地和房屋而憤怒，以致和遠優於我們

217　〔古希臘〕修昔底德：《伯羅奔尼薩斯戰爭史》，II, 36-41.

的伯羅奔羅尼撒陸軍作戰」……我們所應當悲傷的不是房屋和
土地的喪失，而是人民生命的喪失。人是第一重要的，其他一
切都是人的勞動成果。假如我認為能夠說服你們去做的話，我
願意勸你們往外去，並且親手把你們的財產破壞，對伯羅奔尼
薩斯人表示：你們是不會為了這些東西的緣故而向他們屈服
的。[218]。

　　既然人是第一重要的因素，各種事件發生的主要原因就不在於人
類社會的外部而在其內部了。修昔底德因此很自然地致力於在人的自
然心理活動與社會活動中尋找各種問題的答案。在這方面，他是古代
頗為成功的探索者。比如，他是古代西方第一位把經濟因素作為社會
歷史發展動因之一的歷史家。在《伯羅奔尼薩斯戰爭史》第一卷中，
他把定居、城市、劫掠、戰爭等歷史現象同經濟發展的一定階段相聯
繫，從而表達了歷史進步的基本思想。他還借對立雙方領導人之口指
出戰爭的勝敗不僅取決於軍事力量的對比，而且還取決於經濟實力的
強弱。雅典的霸權政策含有擴張其進出口貿易的目的。在第六卷中他
分析物質利益是戰爭的起因之一，雅典公民大眾對遠征西西里的熱衷
主因在於希望得到服役薪金。

　　他也是前所未有的關於國際政治和國內政治鬥爭情況的分析家。
在把國際政治事件的起因完全歸結為世俗的原因。在進行分析時，他
喜歡使用三個術語：恐懼，榮譽，利益。恐懼來自對國家安全的擔

---

218 該段羅埃伯本譯為 "We must not make lament for the loss of houses and land, but for
　　man; for these things do not procure us men, but men these." 克勞萊（Richard
　　Crawley）譯本為 "We must cry not over the loss of houses and land but of men's lives;
　　since houses and land do not gain men, but men them." 兩種英譯本意思大體相同，但
　　謝德風先生據企鵝古典叢書的譯法更傳神地表達出修昔底德對人的地位的認識。
　　見〔古希臘〕修昔底德：《伯羅奔尼薩斯戰爭史》，謝德風譯，第103頁。

憂，是欲望在特殊情境中的體現，比如競爭對手的實力如果增強，就會引起己方的恐懼。修昔底德在第一卷中指出伯羅奔尼薩斯戰爭的根本原因在於雅典勢力的增長與斯巴達對其的恐懼，戰前雅典和其他城邦大大小小的政治經濟和軍事衝突不過是總因的外延。[219]這就把戰爭的根源完全歸結於人的心理。榮譽則與國家的威望密切關聯，引起斯巴達恐懼的原因正是來自雅典對國家榮譽與利益的追求。[220]而這裡的雅典，實際上是雅典公民集體，公民集體與雅典城邦完全是一個事物的兩種表現。利益意味著國家存在的物質條件是否得到保障。榮譽和利益受到損害，衝突也會發生。

至於一個城邦內部的政治鬥爭，修昔底德認為出自人的劣根性，即「由於貪婪和野心所引起的欲望是所有這些罪嚴產生的原因，還有人們捲入黨派之爭後產生的狂熱。」[221]這種因人性惡而引起的社會鬥爭在和平時期以合法手段呈現，在非常時期則要訴諸於暴力。這樣一來，他便把政治鬥爭的原因探到了較希羅多德的要深的地方——人性，那些引起國際、國內鬥爭的源泉——恐懼、榮譽、利益、貪欲等等，原來都是來自人的本性。在修昔底德看來，人性不是神從外部賦予的，也不是後天產生的，而是自在的，一成不變、與生俱來的。各種社會存在的作用在於對不同的人性進行抑揚，是人性展現的條件。比如戰爭初期，雅典爆發文藝，修昔底德評論瘟疫給雅典人造成的痛苦「超過了人性所能忍受的限度」[222]，因此人們開始空前的違法亂紀和隨心所欲。

他在《伯羅奔尼薩斯戰爭史》第三卷中對此有淋漓至盡的發揮。

---

219 〔古希臘〕修昔底德：《伯羅奔尼薩斯戰爭史》，I, 23, 6.

220 〔古希臘〕修昔底德：《伯羅奔尼薩斯戰爭史》，I, 75, 3.

221 〔古希臘〕修昔底德：《伯羅奔尼薩斯戰爭史》，III, 82, 8.

222 〔古希臘〕修昔底德：《伯羅奔尼薩斯戰爭史》，II, 50，1.

科西拉發生民主派和貴族派之爭，「危機期間，整個城邦都陷入了一片混亂之中，人性凌駕於法律之上，不斷地觸犯法律，傲慢地呈現為不可控制的激情，它超越正義感、敵視一切勝過自己的東西。」[223]

在修昔底德看來，敵對派別彼此之間的殘酷鬥爭，無情打擊。除因派別利益外，還有部分人挾私仇借機報復，因欠債借機殺債務人，以及有政見分歧的家族成員互相殘害等等。他認為只要人性不變，這類事件總會發生：

> 在和平與繁榮時期，城邦、個人都擁有比較溫和的情感，因為他們無需面臨極端的需要；但戰爭使人的日常需要難以滿足，它就像一個嚴厲的教師，在大部分人的身上養成與形勢相符的性情。[224]

於是，人固有的性惡急劇膨脹，出現聞所未聞、見所未見的惡劣行為，社會意識、道德標準也因此發生巨變：瘋狂奪權，殘忍報復；陰謀是智慧，欺騙是聰明；激進是正確，溫和是背叛；一切規則法律可以被砸碎，一切諾言可以被推翻，混亂中只有最粗俗的人最有生存的能力，因為他們不瞻前顧後，敢於直接行動。當然並不是所有介入政治鬥爭的人皆出於個人目的，有時一些人瘋狂地投入動亂不是為了圖利，而是因為不可遏制的一種激情。在修昔底德的眼裡，變化著的社會存在乃是激發人們固有的本性的動因。由此可見，修昔底德是古希臘人精神覺醒的旅途中走得最遠的一位偉大的思想家。

223　〔古希臘〕修昔底德：《伯羅奔尼薩斯戰爭史》，III, 84, 2.
224　〔古希臘〕修昔底德：《伯羅奔尼薩斯戰爭史》，III, 82,2.

D 平實、簡潔、生動和充滿智慧的文字表述形式

《伯羅奔尼薩斯戰爭史》依循傳統史學敘述體的表達形式，但風格具有鮮明的個性，與之前的歷史之父希羅多德的《歷史》有所不同，與之後的色諾芬的《希臘史》也存在明顯差異。希羅多德雖立意是記述希臘人和蠻族創造的偉大事業，但行文卻像是講故事。《歷史》在一個希波戰爭的主題下興之所至，恣意揮灑，社會文化、政治軍事、有關無關的奇聞軼事一應搜羅，作者儼然是一位見多識廣、文辭絢麗的講故事高手。這部史書因此既可供知識人玩賞，也可以為目不識丁的販夫走卒傳誦。修昔底德的著作卻只是供文化人讀想借鑑之用的，完全不考慮普通公民大眾的一時需要。因此他在敘述當中嚴格按照時間順序平鋪直敘，戰爭重心能始終如一地保持不變，極少旁生分岔，更不考慮希羅多德所經常使用的戲劇性表現手法。他的遣詞用句簡約精煉，準確暢達，風格深沉遒勁，善於運用白描的手段、恰到好處的強烈對比表現驚心動魄的宏大歷史場面。他的關於雅典大瘟疫和西西里遠征的悲劇性描述，關於科西拉黨派之間你死我活的權力之爭的刻畫，均是歷史敘述方面的大手筆（參見本書第4節的內容節選部分）。

由於修昔底德具有深厚的學養，又精於思考，所以他能夠在大量的夾議和載言中充分發揮古典史學特有的智慧語言，而這些充滿智慧的語言背後是作者對歷史和現實的精心思考和概括

修昔底德以自己的勤奮和憂思創造出一種學術化的新型歷史撰述風格，使他的著作從內容到形式達到了相對和諧與統一。比較其他古典史家，使人感到他這樣做的原因不僅僅出於個人的動機、才能與性格等史家本體的差別，還有一種時代的影響和制約隱現其間。比如希羅多德文中的輕鬆、奔放、瀟脫同希波戰爭大勝後之後的民主最富生

氣時期的希臘人的心境相一致。修昔底德深沉的思考、嚴謹的文風則同希臘城邦由盛轉衰、大起大落的巨變相適應。沉重的時代要求深沉的反思，希臘社會的感官——希臘的知識分子的代表們都在做這樣的工作。蘇格拉底、柏拉圖、亞里斯多德等哲人從哲學、倫理、政治學角度思考問題，修昔底德則從史學角度來思考現實和批判現實。這恐怕是修昔底德之所以深沉的歷史原因。

4 色諾芬與晚期古典時代的史學

修昔底德之後，古典時代希臘最著名的史家是雅典人色諾芬（Xenophon，約西元前428/430-前355/350年）。他出身雅典貴族家庭，早年情況不詳，目前所知他在青年時代結識並師從蘇格拉底，與柏拉圖雖然同學卻不熟悉，因為兩人的著作中都沒有提到過對方。

從色諾芬的作品中可以看出他聰明，理解力和文字表現力強，是古希臘博而不精的才子型學者。他年輕時顯然比較心浮氣盛，不像柏拉圖那樣好學深思。後者入世遭挫便退步抽身，在學術領域深究問題和構建思想體系。

年輕的色諾芬曾參加伯羅奔尼薩斯戰爭，在西元前五至前四世紀之交又出國闖蕩，積極介入動盪的波利斯國家間的政治、軍事活動。起先他受雇於波斯王子小居魯士，作為希臘雇傭兵的一員，在波斯最高權力的爭奪中充當雇主的打手。繼而投靠斯巴達國王阿哥西勞斯，參與西元前四世紀初期斯巴達與波斯以及與反斯巴達的波利斯國家間的戰爭，創造出傳奇的個人經歷。戰後他避居斯巴達和科林斯，平靜地從事寫作，成為著述眾多的史家之一，其作品包括歷史類的《希臘史》，回憶錄《長征記》、《回憶蘇格拉底》、《宴饗篇》、《申辯篇》，傳記《阿哥西勞斯》、《海厄隆》，歷史小說《居魯士的教育》，政治論文《斯巴達政制》，經濟論文《家政論》、《論雅典的收入》，軍事與消遣

方面的論文《論騎兵指揮的指責》、《論騎術》、《論狩獵》。在色諾芬的眾多作品中還夾帶著一篇佚名作者的文章《雅典政制》，嚴厲批評雅典的民主體制，該作者因此在古典學界被稱作「老寡頭」，學名為「偽色諾芬」。

根據目前的史料，色諾芬是第一位西方回憶錄體史作——《長征記》的作者，這是他的突出史學貢獻之一。他是高明的敘事家，善於形象思維，文字簡潔準確，行文流暢自如。他把這些個人的能力恰當地通過回憶錄體的歷史表述形式充分展現出來。

《長征記》（Anabasis）是他人生重要選擇的記錄。西元前四〇一年，色諾芬經友人介紹加入小居魯士的希臘雇傭軍。對這一重大人生選擇，色諾芬曾徵詢老師蘇格拉底的意見。蘇格拉底預見到如果色諾芬投靠到小居魯士麾下，可能會受到雅典人的政治報復，因為小居魯士是雅典的敵人斯巴達的支持者。後來雅典政府果然因此而判處色諾芬流放國外。

蘇格拉底建議色諾芬去中希臘的德爾斐神廟求阿波羅神指點，神諭批准他遠行，蘇格拉底因此也指示他按神的意見行事。在這一系列個人選擇中，色諾芬顯然認為自己參與長征是某種經過神靈預定的行為。

當他追隨雇主奪權失敗後，當選為萬餘雇傭兵的首領之一，率隊且戰且走，從波斯帝國的腹部向希臘人控制的黑海沿岸撤退。如果他的回憶錄沒有塗飾自己的話，他在長征過程中顯示出色的指揮能力。萬人希臘雇傭軍之所以能夠在波斯軍隊的圍追堵截中安然無恙，色諾芬的鎮定指揮起了決定作用。

儘管色諾芬親歷了長征的全過程，但由於軍務倥傯，他並沒有對當時自己的所歷所聞所見進行日記式的及時記錄，色諾芬在《長征記》也沒有做過任何這方面的提示。他動筆寫作《長征記》的時間至

少是在他移居斯巴達（西元前394年）之後若干年，即長征結束七年多以後的追憶。但它們是著筆撰寫回憶錄時的追憶還是較早一些的追憶已無從查證，但可以肯定色諾芬《長征記》中有不少回憶失實之處，特別是那些關於現場紀實的情狀描述、大段大段的對話和演說，顯然係事後根據依稀的記憶和當時的情狀所做的事後加工。古代史家雖然有歷史寫作必須真實的原則，但並不認為一定程度的編造與真實的追求互相矛盾，所以哪怕是最嚴謹的史家修昔底德也在自己的著作中用想像來填補歷史記錄的空白。當然，從《長征記》可以看出，色諾芬的記憶力十分驚人，他提供了大量明確的人物、時間、地點、地形地貌、距離、行軍路線、村落的名稱，對歷史地理學的研究提供了詳實的證據。

如同歷史上的許多回憶錄一樣，憶者作為故事的主角，常常會自覺不自覺地突出自己，甚至自我吹噓塗飾，色諾芬也不例外。色諾芬在雇傭軍將領遭波斯軍騙殺之後，被群龍無首的士兵推選為領導人之一，他在回憶錄中借戰友之口說：「色諾芬，我以往只聽說你是個雅典人，現在我佩服你的言和行。我但願我們能有好多像你這樣的人，這對全軍都是福氣。」[225]

回憶錄體歷史著作的出現標誌古希臘人歷史記憶範圍的擴充，歷史家不僅關心人類群體所創造出來的偉大功業和重大事件，而且開始注意作為歷史創造者的個人史。在《長征記》問世之前，希羅多德、修昔底德都在自己的著作中刻畫和評析過一些重要的歷史人物，但他們的文字服從於宏大敘事的主題，缺乏在場者的外在感受與心靈的真切表露，回憶錄這種個人直接經驗的彙集與解說填補了這種缺憾。

色諾芬的另一回憶錄體著作《回憶蘇格拉底》主要著眼於對老師

225　〔古希臘〕色諾芬：《長征記》，崔金戎譯，商務印書館1995年版，第66頁。

的道德追求、真理追求行為的還原，等於否定對蘇格拉底不敬神和誤導青年的指控。

色諾芬的《希臘史》續修昔底德的《伯羅奔尼薩斯戰爭史》，頭一句銜接《伯羅奔尼薩斯戰爭史》最後未完成的半句話，但銜接得不很貼切，顯示缺乏深思熟慮。修昔底德末尾半句說波斯的小亞細亞總督提薩甫尼斯趕往赫淪斯滂海峽與斯巴達人會面，中途停留在以弗所城，在那裡向阿爾忒米絲神獻祭。色諾芬首句說「在那之後」，直接轉至赫倫斯滂，並把修昔底德已經交待過的事又說了一遍。但他的確將修昔底德缺失的部分，即西元前四一一-前四〇三年的戰爭部分（第1、2卷）予以補足，並盡力依循修昔底德按夏季和冬季順序展開敘述，為古典時代希臘史的連續性做出了難以替代的巨大貢獻。對於這段歷史，色諾芬是目擊者和當事人，因此其敘述是基本可信的。

《希臘史》的其餘五卷則脫離按季節為經的敘述順序，跳過近四年的間隔，直接進入斯巴達與波斯爭奪小亞細亞的戰爭，希臘城邦之間的科林斯戰爭和斯巴達與底比斯爭霸的戰爭。色諾芬作為斯巴達軍的一員，同樣是這場戰爭的參與者，為後人認識古典時代後期的歷史留下了珍貴的記錄。

但色諾芬的史才和史德都不及他的前輩。他對整個希臘史的描寫局限於他的親歷記，沒有像希羅多德和修昔底德那樣長時間的、廣泛地收集史料，主要依賴自己的經驗。由於他對斯巴達國王阿哥西勞和斯巴達充滿敬意，他對同時代的不少重大事件，特別是對斯巴達不利的事件或者從斯巴達立場加以解釋，或者有意緘默不語，如雅典第二次海上同盟的建立，雅典海軍痛擊斯巴達艦隊，底比斯徹底粉碎斯巴達霸權，甚至廢除斯巴達人在大約三個世紀裡賴以為生的希洛特耕奴制都在他的書中隻字未提。正是底比斯的崛起，攻入斯巴達腹地，才導致色諾芬被迫離開他的棲身之地斯基魯斯的地產，移居到科林斯。

這種為親者諱、為尊者諱的做法代表著一種與單純求真求實的希臘史學原則相悖的寫作方向，標誌希臘史學追求的複雜化和多樣化。

除了色諾芬的史學作品之外，古典時代晚期的史作絕大多數未能完整流傳下來，這裡面有泰奧龐普斯（Theopompus，約西元前380-？年）的五十八卷本的《希臘史》（又稱《腓力王傳》）和埃弗魯斯（Ephorus，約西元前405-330年）的三十卷本的《歷史》，均篇幅巨大，一度頗具影響。

泰奧龐普斯是開俄斯島人，早年可能隨父親在雅典居住過一段時間，與埃弗魯斯一道在雅典著名修辭家伊索克拉底門下就學。據說他後來從事歷史撰述系由於他的老師的建議，因為他熟悉人事和地理，並且繼承了豐厚的遺產。這至少表明在古希臘學界的一些人眼裡，進入歷史寫作的基本條件是要具備財力和對社會、地理的領悟能力。泰奧龐普斯後來移居托勒密埃及，寫作和去世年代均不詳。從後人（狄奧多洛斯、雅典尼烏斯、普魯塔克等）常常援引他的著述看，他作有《希羅多德〈歷史〉一書擇要》、《希臘史》和《致亞歷山大的信》，但這些著述目前只遺存了一些殘片，從中看出他視野開闊，喜歡奇聞軼事，反感雅典政治舞臺上的蠱惑家。

埃弗魯斯是小亞細亞殖民城邦庫麥生人，其代表作《歷史》是希臘第一部通史，自傳說中的赫拉克勒斯的子孫返回南希臘開始，止於作者所處的時代（西元前341年）。全書最終由他的兒子德摩菲勒斯編輯完成，埃弗魯斯寫就二十九卷，其子加寫一卷，即第三十卷。每卷獨立成篇，有單獨的篇名和前言。同泰奧龐普斯的著作一樣，埃弗魯斯的著作曾被希臘羅馬作家廣泛徵引，尤其是《歷史集成》的作者、名史家狄奧多洛斯，表明其重要參考價值。但全書現已失傳，僅遺留下來一一一條引文。根據現有史料判斷，埃弗魯斯的通史寫作形式可以視為他對希臘史學編纂形式的一個重大貢獻，援引他的著作最多的

狄奧多洛斯的代表作恰好也屬通史形態，看來有可能受到埃弗魯斯的影響。

（三）希臘化時期與古羅馬的史學

1 希臘化時期史學概況

　　馬其頓國王腓力於西元前三三八年統一希臘半島，其子亞歷山大隨後率希臘聯軍東侵，以摧枯拉朽之勢滅掉波斯帝國，兵鋒東至中亞，南抵印度河河口，建立起地域空前廣闊的亞歷山大帝國，從而開啟了希臘化時代。所謂希臘化，是指古希臘文化向西亞、中亞、南亞、北非傳播並與地方文化融合的文化交流過程。它持續三個多世紀，至西元前三一年後起的羅馬併吞最後一個希臘化國家——北非的托勒密王國止。此段時間隨著希臘人視域的擴大，史作的選題範圍也隨之擴大，包括通史、斷代史、國別史、傳記、回憶錄等形式，史家和史作數量可謂前所未有。但十分遺憾，希臘化時代的大量史作沒有一部完整流傳下來，且絕大多數僅有作者名與書名存世，出現了「集體記憶中斷」的現象，致使後人無法準確評價這一漫長時段希臘史學的發展水準。箇中原因不得而知。希臘化世界兩大圖書館——亞歷山大里亞圖書館和帕加馬圖書館的毀滅是最簡單的解釋，但也有難以圓說之處，因為希臘古典時代的作品同樣經過亞歷山大里亞的學者整理卻能夠大量傳世，而希臘化時代的作品卻基本散佚。這一現象似乎表明這是一種有計劃地、按時代劃分來加以保存和銷毀的行為所致。

　　希臘化時代最著名的史家之一是西西里人提邁俄斯（Timaeus，約西元前350-前260年）。他出身顯貴，父親是西西里城邦托羅邁尼昂的僭主。曾客居雅典達五十年之久，受到雅典學術文化的深刻薰染，寫出史學巨著《歷史》共三十八卷，編年範圍上抵神話時代，下至西元前二六四年，即提邁俄斯所處的時代；空間範圍廣泛，可謂西地中

海地區各個民族與國家的古代通史，包括西西里、迦太基、義大利、西班牙、利比亞、山南高盧以及後起的羅馬的歷史。由於《歷史》內涵豐富多彩，史料詳實可靠，頗得後代史家讚賞，至少到了西元一世紀在還有羅馬人讀到過這本書。但現在也只剩下了個別斷簡殘篇。除《歷史》外，提邁俄斯還寫有著名政治家、軍事家的傳記，均已失傳。

奧林托斯人卡里斯泰奈斯（Callisthenes，約西元前360-前327年）是博學多聞、著作較多的史家。在他名下有十卷本《希臘史》、《弗西斯戰爭》和《波斯志》，其中《波斯志》尚有殘存，涉及亞歷山大遠征波斯的情景描述。作者是亞里斯多德的侄子，經叔父舉薦隨亞歷山大東侵。但伴君如伴虎，卡里斯泰奈斯諫言不慎，觸怒了亞歷山大，結果招致殺身之禍，成為古希臘少有的慘遭橫死的歷史家。

麥散納人狄凱爾庫斯（Dicaerchus，約西元前326-前296年）是亞里斯多德的學生，在希臘化期間著有一部社會文化史範疇的著作《希臘生活》，解釋人類文化的產生和早期發展，如人類起初倚靠採集果實為生，後來發明的武器，開始狩獵並役使動物。隨後人類又發明了農耕與犁鏵，出現不同職業。社會也隨著這種生產力的發展而變化：起初沒有戰爭、動亂，人們生活在自在無憂當中，隨後發生利益紛爭，社會動亂。其描述社會進化的思路同赫希俄德的基本一致，反映古希臘人可貴的歷史發展變化的思想，宏闊的歷史觀察能力。這是西方歷史哲學思想得意產生的胚胎和萌芽。狄凱爾庫斯還是希臘名人蘇格拉底、柏拉圖的傳記體史書的作者。但這些傳記也同他的其他著作一樣幾乎完全散失。但傳主的選擇起碼表明希臘化時代的傳記家不僅注意傑出的政治家、軍事家，也注意到傑出的文化人。

西元前三世紀巴比倫人貝羅蘇（Berossus）用希臘文和希臘纂史風格寫出《巴比倫尼亞史》，從自然史說起，到亞歷山大時代。這是西亞第一部由西亞人自己所寫的史書，同時也顯示希臘化的直接影響。

大約在西元前二四一年，托勒密埃及的祭司，埃及本土人馬涅陀（Manetho，生卒年份不詳）奉托勒密二世的指示，用希臘文撰寫了《埃及史》一部共三卷，編年從遠古到西元前三二三年。書中制訂了迄今仍然具有指導意義的古埃及史分期，包括從美尼斯統一上下埃及以次共三十個循序漸進的王朝的名錄以及四七三位國王，其中一一四個國王有名字，多數經現代埃及學家的考證，證明確有其人。

此前的古希臘人對印度次大陸只知道一些皮毛，現在由塞琉古王國的希臘人麥加斯泰奈斯（Megasthenes，約西元前350-前290年）的著作《印度志》做了填補。作者被托勒密國王委派到摩揭陀擔任使臣，在該國首都華氏城駐節約十餘年（約西元前302-前291年），寫出一部四卷本的《印度志》，影響甚廣，可惜現有散失，僅在古代其他作家的作品中有隻言片語傳世。

希臘化時代是傳記體史作興盛的時代，古代作家提到一大批傳記作家，如奧奈希克拉泰斯（Onesicrates）、阿納克西曼尼斯（Anaximenes）、克雷塔爾庫斯（Cleitarchus）、杜里斯（Duris）、尼姆菲斯（Nymphis）、尤番圖斯（Euphantus）等。由於史料匱乏，我們無從評判此時傳記寫作的形式和內容，但可以據此推斷，傳記體已經成為希臘歷史學的一種重要的表現形式，或者說構成了希臘史書寫作的基本類型之一。

希臘化時代是希臘政治體制向君主專制過渡的時代。個人權力的集中意味著國家的各種資源的支配權集中到君主個人手中，因此自色諾芬等人開始的史作為親者頌、親者諱的非客觀傾向逐漸在希臘化時代成為寫作風氣。

西元前一四六年，羅馬毀滅希臘著名城邦科林斯，標誌希臘徹底淪入羅馬統治之下。西元前三一年，希臘化的埃及托勒密王朝隨著末代女王克萊奧派特拉之死而滅亡，埃及成為羅馬行省，希臘史學的命運從此與羅馬史學緊密地聯繫在一起。

2 波里比烏斯

羅馬統治在地中海地區確立前後，其知識分子經過與希臘史學傳統的直接接觸，逐漸產生了追溯羅馬人由小到大、由弱到強進而成為區域性大國的歷史反思衝動，於西元前三世紀末或二世紀初出現了第一批羅馬史家。但由於此前的羅馬人忙於自保和外侵，沒有多少閒暇進行思想文化建設，拉丁文的詞彙與表達形式還很粗陋，因此最初的羅馬史家，如皮克托（Quintus Fabius Pictor）和阿利曼圖斯（Lucius Cincius Alimentus）在寫作《羅馬史》時，都使用古希臘文和古希臘史作的表現方式。這是初學者很難逾越的模仿階段（西元前3世紀初－前2世紀上半葉）。所以，這一時期最優秀的史家依然是古希臘人波里比烏斯就不足為奇了。

波里比烏斯（Polybius，約西元前200-前118年）是南希臘麥加洛波利斯人，自幼聰穎好學，又生在重視子女教育的顯貴家庭，父親曾擔任地區性城邦聯盟——阿哈伊亞聯盟的主要領導人，因此早期教育良好，長大成人時已經熟讀經史，博學多聞，並在從政的航路上一帆風順。第三次馬其頓戰爭期間（西元前171年）被委以同盟軍的騎兵長官，係同盟的第二號人物。戰敗後身分一落千丈，作為人質被羅馬軍押往羅馬，受拘於元老小斯奇庇奧家內，成為他的被保護人長達十六年。此間他曾跟隨主人遠征迦太基，到過西班牙，是第三次布匿戰爭的目擊者和見證人，直接經歷了羅馬統一地中海世界的歷史巨變，並且處於劇變的中心。這就使他具有了書齋裡的史家不可比擬的歷史實踐經驗，有可能更真切地記載和回憶那些值得記載的重大歷史人物和歷史事件。

他的代表作是給他帶來巨大史學榮譽的《通史》[226]，另有業已失

---

226 古希臘原名為《事業》（Pragmateia），筆者以為該名意指羅馬從事的征服事業的記載，即當代人寫當代史。

傳的《論戰術》、《羅曼提亞戰爭史》等著述。《通史》計有四十卷，現存僅前五卷及餘卷的少量片斷。其中，第一、二兩卷為全書序言，同時概括介紹西元前二六四至前二二○年的政治、軍事史。第三至二十九卷記寫西元前二二○至一六八年的歷史，重點描述第二次布匿戰爭。第三十至三十九卷是至西元前一四六年的歷史，含第三次布匿戰爭。其中第三十四卷是全書地理環境的背景說明。最後一卷是全書概要和編年總結。

以往的史家多埋首於具體歷史的重構和對具體事件因果關係的解釋，並不或很少反省和總結學科的理論問題。但波里比烏斯卻不滿足於對史學客體的單一撰述，力求在這類史學實踐的基礎上進一步提出並解答有關史學課題與本體的一般理論認識問題，如歷史的性質、目的、功能和價值、認識的可能性、方式方法等較為抽象的問題，顯示出不同凡響的史識。他是古代罕見的對史學進行深入理論思考的思想家。

波里比烏斯較前人更多地論述到史學的本質和目的問題。他所以對此十分重視，是因為隨著君主專制的確立，文化領域出現媚上媚俗的浮誇、矯飾的文風，一些希臘史家迎合一般讀者對感觀刺激的需要，熱衷於描述戰爭的殘忍，忽略對原因的探尋，混淆歷史與戲劇的區別。波里比烏斯有針對性地對此加以批評。他指出：

> 歷史和悲劇的目的並不是相同的，毋寧說是截然對立的……歷史要求以人們的言行活動的真實記錄，對富有求知欲的人提供亙古不變的教訓和指南。對悲劇作家來說，主要是通過類似真實的虛構形象給觀眾造成一種幻覺；而對於歷史家而言，主要是以真實的報導使求知心強的人得到好處。[227]

227 〔古羅馬〕波里比烏斯：《通史》，II, 56, 11-12.

在這裡，波里比烏斯實際對歷史學科的兩個基本命題給以了自己
的解答：本質──對人們過去活動的真實記錄和解釋；任務──實現
真實的記載和為需要人提供經驗教訓和行動的指南。這兩個命題的提
出和波里比烏斯的解答對希臘史學不能說是全新的，之前的史家，如
希羅多德、修昔底德都不同程度地提出過類似認識。[228]但波里比烏斯
比他的前人更自覺地強調它們，更透徹地闡釋它們。

就第一個命題來說，他特別強調求真和原因解釋對歷史的決定意
義，把求真視為歷史的質的規定性。他指出：

> 在歷史作品中，真實應當是凌駕一切的。正如活著的人或動物
> 若失去雙目就會成為廢物，歷史若失去真實就會變成無稽之
> 談。[229]

因此，他堅決維護史學的純潔性，批評歷史敘述模仿刻意渲染、
空洞無物的修辭學的做法，堅決反對史著以奇聞軼事、以戲劇式的動
人文句取悅讀者的傾向。他認為藝術風格應處於從屬和服務的地位，
一切以加強真實敘述的效果為轉移，不能為藝術而藝術。歷史不是頌
詞，二者之間的差別如同實地和劇場不經的差別一樣大，唯一區別歷
史與它在古代姊妹學科悲劇和修辭學之處就是真實。

他剖析部分前輩史家明知歷史的本質卻仍然有意委曲史實的原因
在於：首先，這些人希望自己的作品更具有吸引力；次因是由於歷史
學家個人的主觀好惡；再次因是史家缺少史料或無知。[230]

---

228 〔古希臘〕希羅多德：《歷史》，II, 1；〔古希臘〕修昔底德：《伯羅奔尼薩斯戰爭史》，
　　1, 22, 2-4.

229 〔古羅馬〕波里比烏斯：《通史》，I, 14, 6.

230 〔古羅馬〕波里比烏斯：《通史》，I, 14, 3; VII, 7, 6; XVI, 14, 6; XVI, 20, 7-8; XXIX,
　　12, 9-12.

　　波里比烏斯不僅強調真實地再現過去，而且更加注意真實地解釋原因。他把原因解釋視為史學的基本任務之一，這種認識與史學的社會價值緊密相關：

> 按照我們的看法，歷史最必需的成分是敘述事件和情狀的後果，特別是它們的原因。[231]
>
> 歷史的特殊功能首先是發現人們實際上說了什麼話，不管它們是什麼話。接下來則是弄清引起成功或失敗的言行的原因。僅僅談論事實會使我們感興趣，但再輔以原因的時候，歷史研究就變得富有成果了。因為相似的形勢會在精神上移情到我們的時代，賦予我們將要發生什麼事件的各種不祥預感，使我們能在一定時期裡採取預防措施，在另外的場合通過複現從前的條件使我們更有信心地面對威脅我們各種困難。而一個漠視說過的話和事情發生的實際原因並代之以杜撰的講話與離題的演說的作家，則破壞了歷史的這一特點。[232]

　　在波里比烏斯看來，歷史的根本特徵就是真實。歷史之所以需要真實，是因為現實的需求，絕對的借鑑參照意義。真實在波里比烏斯眼裡有兩個層面的含義，即再現真實的過去以及解釋原因的真實。為了獲得頭一個層面的真實，也就是他所說的實際上發生了什麼，他制定出史料的不同類型以及收集不同類型史料的基本方法。換句話說，他堅定地相信已經一次性過去的過去可以從史家通過各種努力收集到的史料或證據中得到再現。

231　〔古羅馬〕波里比烏斯：《通史》，III，2, 6.
232　〔古羅馬〕波里比烏斯：《通史》，XII, 25b.

　　波里比烏斯認為，最可靠的史料是歷史家本人直接觀察和直接經驗。他援引赫拉克里特的話說視覺比聽覺更真實，因為眼睛比起耳朵來說是更精確的見證。[233]這即是說當事人、目擊者提供的一手史料才是最有價值的史料。他本人具備了目擊者的充分條件，是羅馬東征西伐、併吞地中海世界的見證人。

　　但是，即使如波里比烏斯這樣當事人和目擊者記寫同時代的事，也不能保證他能夠身臨其筆下的每一個事件。波里比烏斯清醒地意識到這種局限。他還提出並身體力行了求證史實的其他方法。他認為實地旅行考察是獲取史料的另一重要途徑：

> 　　事實上，如果不了解所述物件的情況的話，那就既不可能提出有關陸戰和海戰的真實性問題，也不可能理解所講述的全部細節。[234]

　　基於這樣的認識，波里比烏斯曾經長途跋涉，多次進行與所記對象相關的實地考察，成為古代史學家當中追蹤真實的傑出範例。例如為了獲得關於第二次布匿戰爭時期的迦太基統率漢尼拔翻越阿爾卑斯山、突入北義大利的確切史料和感覺，他循著漢尼拔當年的行軍路線重新走了一番。一個若沒有達到極高的求真境界和具有高度學術道德的人，是絕對不會有這樣的決心和勇氣的。

　　在《通史》使用的史料中，檔案文獻（條約、碑銘、神托記錄等）占有很大比重，表明波里比烏斯看重這種一手史料。波里比烏斯的前輩希羅多德、修昔底德、亞里斯多德也重視或只要在可能的條件

233　〔古羅馬〕波里比烏斯：《通史》，XII, 27, 1.

234　〔古羅馬〕波里比烏斯：《通史》，XII, 28a, 2-10.

都樂意援引此類史料。但波里比烏斯較其前輩自覺之處在於他不僅盡可能引用它們，而且在引用時特意說明它們的確切出處，如發現地、保存地、保管人、起草或簽訂者，文獻本身的情況，類同於現代學術論文和專著的注釋。

波里比烏斯不僅在復原史實上獨具隻眼，而且在對原因的解釋上也有出色的看法。他認為歷史家的任務絕不僅僅是復原過去，更應該解釋過去，探究歷史事物背後的原因。他說：

> 依我們的看法，歷史最為必需的成分是敘述事件和情狀的後果，特別是它們的原因。[235]

在注意探尋原因的前提下，波里比烏斯批評前人對理由（prophasis）、原因（aitia）和開端（arche）以及理由在功能上的差別，認為：

> 原因和理由具有超乎一切的地位，而開端只有第三等的意義。就我而言，我把導致履行已經採納的決定的最初幾步稱作一切事物的開端，而原因要先於決定和計畫，我指的是設想、心情，以及與之相關的念頭、打算，此外是所有使我們做出確切決定和計畫的東西。[236]

這就把開端同起源、原因之類更深遠、更隱蔽的東西區別開來，在理性上推進了歷史認識的深度。基於求索表像之後的原因這一基本

---

235 〔古羅馬〕波里比烏斯：《通史》，III, 32, 6.
236 〔古羅馬〕波里比烏斯：《通史》，III, 6, 6-7.

認識，《通史》從一開始就提出寫作的宏大目標，即揭示本來弱小的羅馬國家到底是「怎樣、靠何種方法、在何種政體之下竟在不到五十三年時間裡征服了幾乎整個已知的世界，使之落入羅馬人單獨統治之下的。」[237]此後他多次重複同樣的問題：「怎樣、何時、為什麼」，[238]表明他對原因的特殊關切，在西方史學史上很少有人像他這樣對原因問題這樣自覺。這就使人不能不去思考他的這種認識的思想來源。希臘哲學對原因的高度重視恐怕是波里比烏斯這一認識的根據。在希臘哲學家看來，個別的直接的感覺經驗（如火為什麼熱）不是智慧，只有關於普遍知識，即原因和原理的知識才是認知的目的，才能達到智慧的層面。

為了求得原因層面的真實，波里比烏斯運用了一些非常合理的方法，比如把研究物件放到普遍的聯繫中加以考察。他第一個把羅馬的崛起同整個地中海區域的變化連在一起：

> 我們的歷史特性以及我們時代令人驚異的特點如下：命運迫使幾乎這個世界的所有事件都歸於同一個方向，使它們同屬於一個目的。[239]

因此在地中海區域發生的事情都是互相影響、互相作用的，只有從廣泛的聯繫中加以考察才能理解發生的羅馬大一統的歷史巨變。

再如，波里比烏斯在分析原因的時候特別注意這樣幾個歷史要素：怎樣發生的（經過）？何時發生的（時間）？為什麼會發生（原因）？在解答怎樣發生時，他注意敵對各方決策人的心情意向、計畫

---

237 〔古羅馬〕波里比烏斯：《通史》，I, 1, 5.
238 〔古羅馬〕波里比烏斯：《通史》，I, 5, 2; II, 38, 4; III, 1, 4; VI, 4, 12. 等等。
239 〔古羅馬〕波里比烏斯：《通史》，I, 4, 1.

方案產生的過程，領導人個人的德行、理智以及與此相關的戰爭責任。在解答為什麼要素時，則注意邏輯推理，因因前推。如在解釋第二次布匿戰爭爆發的原因時他把漢尼拔在西班牙的進攻行動看作是開端，漢尼拔的父親哈米爾卡・巴爾卡因為第一次布匿戰爭的失敗而產生的憤怒視為重要原因，所以他才會對小漢尼拔灌輸報仇雪恨的意識。而羅馬人後來奪取撒丁尼亞並趁迦太基無力拒絕時提出增加賠償的要求則是漢尼拔發動戰爭的次因。迦太基在西班牙的成功，增強了迦太基人東山再起的信心。所有這些因素都影響到迦太基人和漢尼拔本人。所以布匿戰爭的爆發乃是多次前因的必然後果。

運用同樣的層層推演的原因探究法，波里比烏斯分析了羅馬之所以能在群雄逐鹿中脫穎而出的內在原因，這就是羅馬優越的政治體制。在希臘和羅馬史學家中，他破天荒地首次在史作中利用大量篇幅討論政體變革的規律和政體的優劣問題。他把所有政體置於彼此消長互為因果的系統中加以解釋，認為羅馬政體是結合了君主制、貴族制和民主制的混合政體，保障了權力的均衡和社會的穩定。羅馬致勝的根本原因之一便在這裡。諸如此類的分析方法大大加深了波里比烏斯的歷史解釋的合理性，給人以深刻的感覺。

由於波里比烏斯通過直接或間接經驗去解釋歷史事務的因果關係，所以他對於超自然的歷史動因，如神意、命運不以為然。儘管他使用了「命運」（Tyche）一詞，但在他的筆下，命運並非如希羅多德等大多數希臘史家所認為的是簡單的、命定的、連神也無法抗拒的神秘力量。他筆下的命運有多種含義，其中之一有必然性的意思，是靠人的主觀努力才能實現的歷史結局。比如當他提出是命運使羅馬膨脹為一個超級大國的結論之後，馬上便追問羅馬人是「怎樣、靠何種方法、在何種政體下」才使命運得以變為現實的。[240]

---

240 〔缺少注釋。〕

在其他地方，他筆下的命運扮演著判官的角色。例如在第一次布匿戰爭中，在腓力五世與安提柯三世的衝突中，在可臨死的戰爭中，他提到命運裁決了事件的結局。這裡的命運帶有偶然性，有謀事在人、成事在天的「天」的意思，但絕不是神，因為波里比烏斯多次尖銳批評以神或類似神的命運來解釋社會或個人際遇的做法。他曾批評一些史家求助於神和命運解釋的原因：

> 由於先天的局限，或由於無知，此外由於輕率，不能理解某種事件中的所有偶然性、原因以及各種關係。他們認為神靈和命運才是已經產生的打算、洞察力和預見力的造因者。[241]
>
> 在棘手的情況下，即當人由於軟弱無力而不能或很難確定原因的時候……人們就可能把它歸之於神或命運。例如，連降出乎意料的大暴雨，而另一方面，連續的炎熱和嚴寒，並因此顆粒無收；同樣的持續不斷的瘟疫和其他類似的難以發現原因的事情。這就是為什麼在這樣的困難情況下我們有理由傍依民眾信仰的原因。我們力求以祈禱和犧牲請神靈大發慈悲，請神靈告訴我們為了擺脫困擾我們的災難該做些什麼。反之，在我看來，不應該讓神來解釋這樣一些情況，即有可能尋找到為什麼或由於什麼原因已發生的事情發生了。

由此可見，波里比烏斯所持的命運觀同一般人所持的有明顯差別，具有今人所說的規律的含義，也有在人們無法確知原因時起一種遁詞的作用。

在分析羅馬成功擴張的原因時，波里比烏斯還專門闢出一卷討論

---

241 〔古羅馬〕波里比烏斯：《通史》，X, 5.

與羅馬政體的優越性的問題，以說明他在自己著作開頭提出的羅馬在何種政體下取得世界主人地位的。在這個問題上，他吸收了前人的研究成果。希羅多德曾首次列舉了政體的三種形式，即民主制、寡頭制和君主制，並通過波斯貴族的嘴巴解釋了三種政體的利弊得失。[242]柏拉圖後來在《理想國》中制定了人類社會政體演化的模式，即貴族制、勳閥制、寡頭制、民主制、僭主制五種政體的因果關係體系。[243]柏拉圖的學生亞里斯多德依循愛老師更愛真理的原則，在《政治學》中提出不同的政體演進模式，即君主制、民主制、寡頭制的相互轉換關係。[244]在《尼克馬科論理學》中則提出君主制轉化為僭主制、貴族制轉化為寡頭制和勳閥制轉化為民主制的模式。[245]與前人並存式和一對一轉化的解釋模式不同，波里比烏斯的政體模式是循環式的，從原始君主制、君主制、僭主制、貴族制、寡頭制、民主制、暴民制再返回到原始君主制，然後再開始新一輪的循環。[246]這一模式雖然不符合希臘政體的形成與發展歷史實際，卻基於當時所能獲得的材料歸納出的一般認識。這是赫希俄德開啟的歷史大概括的新嘗試，說明西方古典史學從一開始就不滿足於具體歷史事實的陳述，不斷努力去探求最一般的歷史解釋或規律性解釋，只是波里比烏斯較他人更自覺罷了。

3 羅馬的早期史學

第一位拉丁史家是與波里比烏斯幾乎同代的羅馬元老貴族馬可・波爾基烏斯・加圖（Marcus Porcius Cato，西元前234-前149年），歷

---

242 〔古希臘〕希羅多德：《歷史》，III, 80-82.

243 〔古希臘〕柏拉圖：《理想國》，VIII, 546ff.

244 〔古希臘〕亞里斯多德：《政治學》，1316a -b 6.

245 〔古希臘〕亞里斯多德：《尼柯馬克論理學》，1160a31-b22.

246 〔古羅馬〕波里比烏斯：《通史》，VI, 3-9.

史上又叫老加圖，以便與共和末期另一同名元老小加圖區別開來。[247]
老加圖對流行於羅馬的外來文化、主要是希臘文化感到不滿，試圖明
確自身文化的中心地位，因此撰寫了第一部拉丁史作《起源》，追溯
前輩創業的艱辛，說明羅馬優良傳統以及羅馬國家形成與發展演變的
過程，開啟了拉丁史學寫作的進程，目前僅存有個別殘篇。《起源》
總體上是一部平庸之作。從殘留的片斷看，該書主題並不突出，對歷
史事件與人物的記述同對馬匹和肥豬的飼養方法混雜在一起，顯示拉
丁史學早期的幼稚。

　　經過一百年左右的演化，至西元前一世紀後半葉時，拉丁史學在
題目的選擇與敘事的技能方面都達到了成熟，並形成了羅馬早期史學
的特點，這就是沒有希臘三大史家希羅多德、修昔底德、色諾芬那樣
的宏大敘事題材，而把注意力集中在歷史人物個人生命的歷程、成敗
得失的分析與評判上。這種注重個人史的特點可能同內戰的慘烈、命
運的變化無常有直接關聯，史家希望探討個人命運變化的原委，為正
確認識現實提供可資參考、借鑑的具體範例。羅馬獨裁官凱撒所寫的
《高盧戰記》以及顯貴撒路斯提烏斯的《喀提林陰謀》與《朱古達戰
爭》是這一時期羅馬史學的代表作。

　　凱撒（Caesar，約西元前100-前44年）既是卓越的政治家、軍事
家，又是才華橫溢的文學家與歷史家。他著有兩部回憶錄體的史作
《高盧戰記》與《內戰記》，以前者影響最大。《高盧戰記》的寫作具
有複雜的政治背景。凱撒原本只是羅馬政治舞臺上的一名小政客，在
蘇拉獨裁終結後因應蘇拉的政敵馬略翻案的社會需求而嶄露頭角，其
中同克拉蘇、龐培結成反元老院的三頭政治同盟，獲取了高盧總督的
要職。在任期間，他坐鎮一方，出兵山外高盧，兩入不列顛，跨越萊

---

247 小加圖是老加圖的曾孫，老小加圖均是堅定的共和派。

茵河，斬、俘高盧人與日爾曼人各一百萬，為羅馬開闢了大片疆土，
同時也培植起一支只聽凱撒不從共和國之命的個人軍隊，並積聚了大
量財產，為進一步奪取羅馬政權奠定了實力基礎。在經略高盧期間，
凱撒每年向元老院提交一份報告，說明自己忠於職守、為國奮鬥的經
過，希求打消元老院對自己的懷疑。因此《高盧戰記》的初衷不是史
著，傳之久遠乃是不期而至的客觀結果。該書計八卷，以時序與前因
後果為連接各卷的紐帶，其中第八卷由他人代筆。

　　從史學角度審析，《高盧戰記》的意義在於提供了有關古代凱爾
特人和日爾曼人的珍貴歷史資訊。凱撒是第一個直接經驗並記載高
盧、不列顛、萊茵河以東地區風貌人情的羅馬人，此前關於西歐早期
史幾乎是一個空白，至多只有關於山南高盧人的些許描述。凱撒則對
山外高盧人的部族分布以及各自特徵進行了較為深入的介紹，因此
《高盧戰記》對認知西元前一世紀的西歐歷史狀況具有無可替代的史
料價值。

　　此外，該書的寫法巧妙，頗具技術含量。它雖然是自我宣傳的歷
史紀實作品，但為了應付政敵，作者在落筆時十分注意拿捏分寸，遣
詞用句小心謹慎，通篇沒有一般回憶錄的矯飾與自褒，始終採用異常
平靜、簡樸、洗練、流暢的筆觸陳述自己在高盧為國作戰的經過，不
露聲色、情感。書中的主角是作者自己，但凱撒並不使用第一人稱，
而使用第三人稱或直呼凱撒，彷彿作者是局外人，以顯示陳述的客觀
公正。但在某些關鍵場合還是能發現作者刻意的自我表現：在會戰緊
急關頭，羅馬人行將潰敗，主人公凱撒身先士卒，以個人的大無畏而
扭轉戰局。[248]這種自我表現是在不易察覺的自然陳述中進行的，顯示
作者的聰明與老道。《高盧戰記》是拉丁文寫作的精品，至今仍是國

248　〔古羅馬〕凱撒：《高盧戰記》，II, 25.

外院校學生學習拉丁文的首選範文。

　　撒路斯提烏斯（Sallustius，約西元前86-西元34年）與凱撒不同，不算羅馬一流政治家、軍事家，所以凱撒有古人為之作傳，敘述其文治武功的古代史著也足以構成凱撒生涯的近乎完整的畫卷。而撒路斯提烏斯是二流政治家，無自傳也無他人所寫的傳記，其生平際遇的情況只能依靠其書中披露的零星痕跡。目前已知他出身於阿米特爾努姆的騎士家庭，一度躋身於羅馬最高決策層之列，官至羅馬財務官、保民官、行省總督，這與撒路斯提烏斯在風向詭異的羅馬內戰中站隊在凱撒一邊有很大關係。西元前四十五年他攜巨額財產從北非卸任總督返回羅馬，受到貪污公款的指控，所幸得到凱撒的庇護而逃脫審判。凱撒被刺身亡後他脫離政治，專心寫作，除《喀提林陰謀》與《朱古達戰爭》兩部專史外，還有一部基本失傳的斷代史《歷史》（編年範圍在西元前78-前67年）。他的前兩部史作從小處著眼，深入細緻地分析兩個具體的歷史事件——喀提林的造反陰謀與朱古達戰爭。但作者的難能可貴之處是並沒有停止在就事論事上，而是由小見大，知微見著，力求探討羅馬共和制解體和社會轉型的原因。

　　《喀提林陰謀》聚焦於羅馬共和末期政治鬥爭的一個插曲，揭示羅馬貴族從生氣勃勃向暮氣沉沉、清正廉潔向奢侈腐敗的轉化。書中主要人物喀提林是內戰時代中晚期的一個風雲人物，顯貴出身，富有政治野心，因正常競選失敗而惱羞成怒，決定鋌而走險，收買民眾發動政變，最終遭到元老院的強力鎮壓而身亡。

　　《朱古達戰爭》同樣著眼於從一個事件看一個時代，主題仍然是貴族的道德墮落。朱古達是羅馬屬國非洲努比底亞的國王，因權力之爭而發動反羅馬的兵變，殺死許多在其國內的羅馬人，迫使羅馬對其宣戰。羅馬軍團打這樣的地方戰爭應該穩操勝券，但卻因前線將領收受朱古達的賄賂使戰爭久拖不決，暴露了羅馬統治階層與整個社會的腐敗風氣之盛。

由於作者是所述事件和人物的同代人，又是羅馬社會經濟、政治
和文化大變局的目擊者與實踐者，作為有識之士，他的志趣並不限於
再現兩次內戰外戰，而在於通過兩個不大的事件去探討內戰頻仍、貴
族腐敗乃至整個社會腐敗的根源。他的答案是羅馬亂象出於內因與外
因的交互作用。就外因而言，他認為迦太基的覆亡是節點。在迦太基
滅亡之前，羅馬是一個和諧國家，民風素樸，公民融洽，幾乎看不到
貪財斂財的現象。隨著迦太基的毀滅，羅馬不再有可資一提的外部威
脅，羅馬人的心理發生了微妙的變化：

> 當羅馬統治的對手迦太基被徹底毀滅，所有的海洋和陸地都暢
> 行無阻的時候，命運卻開始變得殘酷起來，把我們的全部事務
> 弄得毫無秩序。[249]

當羅馬面臨逆境、災難和期待時，享樂與富裕這類為人們所迷戀
的東西被看作是一種負擔與不利之物，人們無心也無暇去追逐非維持
生存之外的東西。迦太基亡滅之後，人們開始心安理得地追逐這些東
西，艱苦奮鬥的傳統遂被棄置不顧，對金錢的激情日益增長，隨之是
對權力的角逐，對他人的欺詐。這種墮落在米特拉達第戰爭期間加快
發展。用撒路斯提烏斯的話說：

> 當時大家都開始掠奪和侵吞，一個人希望房屋，另一個人期望
> 土地；戰勝者不知道適度和節制，他們對公民施以各種可惡的
> 殘忍暴行……
> 貴族變得濫用自己的影響，平民變得濫用自己的自由，每個人
> 都力圖為自己侵奪一切。

---

249 〔古羅馬〕撒路斯提烏斯：《喀提林陰謀》，10.

起初這種罪惡和醜行是緩慢地、不知不覺地發展和蔓延的，有時還受到抑制和懲罰。後來這些疾病由小到大，像瘟疫一樣傳播開來，羅馬的整個社會面貌也因此發生了變化。[250]撒路斯提烏斯實際上把羅馬社會在第二次布匿戰爭之後發生的巨大變革視為存在決定意識、意識又反作用於存在的運動過程，這就使他對歷史的解讀具有較深刻的認識意義。

4 李維與塔西陀

羅馬史學在早期帝制或元首制時期（西元前27-西元192年）達到了繁榮，表現為兩個特點：首先，湧現出一大批出色的史家與史作，如拉丁史家李維、塔西陀、蘇埃托尼烏斯，羅馬統治下的希臘史家狄奧多洛斯、狄奧尼修斯、普魯塔克、阿庇安、阿里安等人，他們都有歷久彌新的史著一直傳至現代。其次，此間羅馬史學的發展與繁榮表現為不平衡，二百年時間，兩頭正常，中間低落，蓋因二世紀以前，君主專制的過渡形態元首制尚不鞏固，共和制根株未決絕，因此史學這種需要史家個人創造性工作的學科能否出人才出成果取決於不同元首個人的文化政策。奧古斯都時代（西元前30-西元14年）以及安東尼王朝時代，文化控制較為鬆弛，用身經文網緊收與放開兩個時期的傑出史家塔西陀的評述就是在安東尼王朝時期，「我們享有這樣一種稀有的幸福：我們在這一時期裡可以按照願望去想，按照心裡想的去說。」[251]因此羅馬史學積存的最後一部分後勁在該王朝時期充分釋放出來，大史家與好作品頻頻問世。相反在克勞狄王朝（西元14-68年）及其後的弗拉維王朝（西元69-96年），元首嚴密控制輿論與文

---

250 〔古羅馬〕撒路斯提烏斯：《喀提林陰謀》，9-11；《朱古達戰爭》，41.

251 〔古羅馬〕塔西陀：《歷史》，I, 1.

化，尤其在弗拉維王朝的皇帝圖密善當政期間（西元81－96年），實行文化專政，處決讚揚共和制的作家，焚燒他們的著作，致使這一時期幾乎沒有什麼可資一提的史作傳世，只有老普林尼遠離現實的《自然史》是個例外。

奧古斯都時代最卓越的史著是李維的巨作《羅馬史》。李維（Livy，西元前59-西元17年）。李維是北義大利帕塔維烏姆市人，他的少年和青年時期正值內戰正酣，政治恐怖橫行，災難連綿不斷，因此了他厭惡戰爭、動亂、獨裁，崇尚和平與共和制，這成為他的史學解釋的基本出發點。屋大維一統天下之後，他移居羅馬開始撰寫長達一四二卷的羅馬通史《自建城以來》（又稱《羅馬史》），前後用去四十年時間。第一卷從西元前七五三年傳說中的羅馬建城寫起，止於西元前五一〇年君主制被推翻、共和制確立。第一四二卷結束於李維所處的時代西元前九年的元首制早期。目前存一至十、二十一至四十五卷，另有四十六卷的部分殘片。

李維與之前、之後的希臘羅馬史家不同，沒有荷槍持盾、上過戰場，也沒有當過官從過政，因此他的著作不是以往政治家、軍事家、元老貴族曾經滄海的舊夢重溫，而是一部以記載歷史為己任的自覺的學術之作。

他的書齋學者的特徵決定了他的作品的得失之處。他有深厚的拉丁文寫作修養，反映在作品中則是遣詞用句的恰到好處，準確凝練，流暢自如；善於講故事，生動地刻畫歷史人物甚至人物群體的心理與在場狀態。由於李維對作品進行了長時間的推敲琢磨，儘管他的作品時間跨度大，人物多，線索多，史料駁雜，但卻能首尾一致，以時間為經，事件為緯，道德演變為綱，帶動羅馬歷史演變的始終。在需要展開的地方，李維會多用一些篇幅。對於西元前三世紀以前的羅馬史，沒有誰比李維提供了更多的史料。這提高了李維著作的價值。

　　他同撒路斯提烏斯一樣，注意到羅馬人特有的美德在羅馬成長與發展進程中所起的關鍵作用。他歸納出羅馬人優良的道德傳統的具體內容——自制、勤勉、簡樸、勇敢、堅韌、對權威的尊重等，而維持這種美德基本力量是對某種外在因素的恐懼，例如在王政時期是對國王的恐懼，共和時期對外敵的恐懼。他在著作中因此塑造了一大批賢明偉大的貴族精英和精忠報國的平民百姓。這一切使他的著作具有很強的可讀性，問世之後便受到從奧古斯都到一般讀者的熱烈歡迎。

　　但李維的《羅馬史》也有明顯缺陷，由於是李維不是他筆下事件的同代人而是編寫家，他只好依賴現成的涉及羅馬史的歷史文學作品，以及少量的歷史記錄，如共和晚期編寫的《大年代記》（現已失傳）和當時收藏在神廟中的公職人員名錄，加之他在史料性質的辨識上沒有達到修昔底德、波里比烏斯的水準，無論對援引的一手史料還是二手史料都沒有足夠認真地進行考據辨偽或證實，常常大段大段地直接抄寫，這就難免以訛傳訛，出現一些年代、地理位置、史實方面的硬傷。此外，他同所有古典史家一樣，不能容忍在缺乏證據因而應該保持沉默的歷史空白之處，像文學家一樣進行大膽的文學虛構，他的歷史人物心理和在場人物群體的心態越微妙複雜，他的筆下人物的直接引語越多，他的虛構成分也就越大。比如古代沒有答錄機，李維又不是當事人，卻能夠在第二十八卷用大量篇幅引述法比烏斯同西庇阿的辯論詞與場景狀態，顯然是虛構的產物。這種虛實結合的寫法，可以說是所有古典史家的通病。但無論如何，《羅馬史》仍然是拉丁史學的傑作。

　　羅馬史學繁榮時期最傑出的拉丁史家是塔西陀（Tacitus，約56-120年），他的代表作是他晚年撰寫的大作《歷史》與《編年史》，另有篇幅不大的三個作品傳世，即《演說家的對話錄》、《阿古利可拉傳》和《日爾曼尼亞志》，其中後兩部屬史學作品。

塔西陀是外省騎士家庭出身，後到羅馬從業，娶執政官阿古利可拉的女兒為妻，從此仕途一路順風順水，曾任稅務官、大法官、執政官、行省總督，同他岳父一樣，歷經克勞狄王朝、弗拉維王朝、安敦尼王朝多個王朝，始終身居要津。在《阿古利可拉傳》中，他雖然為其岳父辯護，應對一些人對其岳父躲過三王朝多次暴君、昏君的政治清洗與迫害一事的指責，但實際上也是在為自己辯解。他說：

> 有些人專門崇拜藐視權威的人物，但他們應該知道，就是在暴君之下，也有偉大的人物；溫順服從如果能和奮發有為的精神結合在一起的話，也自可達到高貴的境地。

塔西陀反對一概而論的片面做法，認為即使是暴君的黑暗時代，仍然存在人性光輝的一面，這是一種對具體人和具體問題進行具體分析的方法，是歷史研究不可缺少的正確分析法。

《日爾曼尼亞志》則是迄今流傳下來的專門描述古代日爾曼人的開篇之作。雖然作者並沒有到過日爾曼人居住的地區，但畢竟是轉述同代人的傳聞，其中也包括一些世紀考察的印象，因此其史料價值無與倫比，是後人認識古代日爾曼人歷史、社會、風俗習慣和地理分布狀況的基本依據。作者在書中指出羅馬曾多次對日爾曼人用兵但收效甚微，認為日爾曼人將是羅馬人的大敵，最好保持分裂狀態。歷史證實了塔西陀的預見，西羅馬帝國正是亡在日爾曼人手裡。

給塔西陀帶來史學聲譽主要是《歷史》和《編年史》。前者作於約一百至一百一十年之間；後者作於塔西陀生命的最後幾年，沒有完成。兩書嚴格按時間順序展開事件的敘述。《歷史》從六十九年寫到九十六年，原書大約十二卷，現僅存一至四卷和部分第五卷。《編年史》從奧古斯都去世的十四年寫至六十八年，現有一至四卷、十一至十五

卷全部，另有第五卷開始部分、第六卷大部分以及十六卷的前半部分。兩部書如同兩尊殘破的精美大理石雕像，整體雖失，美妙尤在。

　　與以往希臘和拉丁史學著作不同，《歷史》和《編年史》的視野比較小，塔西陀把「鏡頭」始終對準集國家大權於一身的元首和宮廷陰謀及權力鬥爭，不再關注或很少關注傳統記述物件公民大會、元老院、聲勢浩大的外戰和內戰。這使他有充分地篇幅精雕細刻羅馬頂層統治集團一些代表人物的神態和形態，加之他善於觀察與深入思考，遣詞用句精練、考究、雅致、準確，在生動地敘述中不斷穿插一些關於人物事件本質特徵的、耐人尋味的格言警句，不僅為後人留下了不少活龍活現的反正面人物形象和難得一見的歷史場景（如元首提比略的裝模作樣，尼祿之母的無恥之極，尼祿病態般的殘忍惡毒，母子陰謀奪權、弒夫弒父以及反目後尼祿弒母的可怕），而且給人一嘆三歎、回味無窮的感動，讀者很難不被塔西陀所感染，愛他之所愛，恨他之所恨。《歷史》和《編年史》可以說是西方敘述史的傑作。

　　這種具有高度感染力的歷史描述通常要以犧牲歷史真實為代價。但塔西陀較其他史家更自覺地意識到敘述真實對史學的重要意義，在兩部著作的開頭都提出了自己的基本寫作原則，就是以一種「超然」的客觀態度、擯棄「個人愛憎之見」以及為後世負責的態度來撰述他本人經歷過或近距離觀察過的宮廷史。這是一種前所未有的客觀主義治史原則，標誌西方古典史學的思想方法發展到了理性的新高度，我們將在後面的專論中加以詳細分析。

　　在史學價值論上塔西陀也有出色的貢獻。他強調歷史的社會功能，如教諭功能，懲惡揚善功能。他認為歷史的生命是恆久的，因為人的記憶不滅，所以即使某個時期暴君當道也無法改變或摧毀人的記憶。他在《編年史》中記述了一位正義的元老柯爾杜斯。這位元老由於撰寫了一部稱頌共和派領袖凱西烏斯和布魯圖的書而受到審判。他

在元老院義正詞嚴地指出：「如果我被判有罪，那人們將會像記住凱西烏斯和布魯圖一樣記住我。」[252]他沒有意識到歷史記載是可以通過人為的刪除而化為灰燼的，即青史成灰是也。他自己的是濁也沒有完整傳世便是證明。

塔西陀與波里比烏斯不同，並不特意強調追尋原因的史學要求。他在需要說明事件發生原因時往往局限於人的內心世界。在他看來，一位歷史人物的行善還是行惡，都源於這個人的天性，或遲或早總要暴露出來。繼承奧古斯都皇位的提比略雖然在即位前沒有顯露妄自尊大和殘忍的性格，但那只是比較隱蔽而已。登基前後的表現不同並非性格本身的變化，而是外在條件的變化。六十八年開始的內戰則源出於當事人心態的變化，如城市衛戍部隊因沒有得到賞賜而心存不滿，看到和平不能帶來實利而產生叛亂情緒。共和後期的內戰則因人們固有的對權力的渴求欲，在帝國疆界擴大後，這種欲望受到刺激和滋長，導致突破約束。[253]此外，他也願意把原因歸結於超自然的力量，如神靈和命運。他相信神是公正的法官，對人的懲罰多於救贖。

當然，一個具有獨立思考能力的嚴肅的學者，也往往會對天命產生懷疑。他在敘述暴君尼祿的荒淫無道時指出其間發生過多次凶兆，尼祿仍然安然無恙。因此他懷疑朕兆的有效作用，[254]反映塔西陀可貴的一面——質疑精神。

5 普魯塔克〔傳記著作與史評〕

普魯塔克（Plutarch，約46-126年）是希臘優秀史學傳統的繼承與發展者，是早期帝國時期最優秀的傳記體歷史家。在他之後雖有一

---

252 〔古羅馬〕塔西陀：《編年史》，IV, 35.
253 〔古羅馬〕塔西陀：《歷史》，I, 6; II, 38.
254 〔古羅馬〕塔西陀：《編年史》，XIV, 12.

位傑出的拉丁傳記家蘇埃托尼烏斯，但後者撰述的廣度和深度均不能
與普魯塔克相比。普魯塔克是中希臘彼奧提亞地區凱羅尼亞人，生在
貴族之家。少年時代的普魯塔克依循當時的求學慣例到雅典讀書，後
到地中海的另一個文化教育中心埃及的亞歷山大里亞遊學，在哲學和
歷史方面似乎見長。學業完成後他在羅馬的希臘總督麾下任職，曾多
次去羅馬出差，見過安敦尼王朝的兩位賢明的元首圖拉真與哈德良，
並進入過羅馬上流貴族的社交圈。這些經歷表明他同絕大多數古希
臘、羅馬的史學家一樣具有相當長時間的從政經驗。但他的後半生顯
然一直居住在家鄉，擔任過據他的出生地不遠的特爾斐阿波羅神廟的
祭司，有比較長的平靜時間進行省思和寫作。古人估計他的作品達二
百七十七篇，目前傳下來一百餘篇，分別收在《名人傳》和《道德
篇》兩部集子中。我們不能確知他的這些作品的確切寫作時間，可能
《名人傳》作於其晚年，對人生的感悟更為成熟與深刻。普魯塔克自
陳他的寫作目的在於揚善致用的道德追求：

> 我開始撰寫我的《名人傳》是出於他人的緣故。但我發現當我
> 繼續這項工作並為此感到快慰時，便也有了我個人的理由，即
> 我把歷史當作一面鏡子來使用，努力以某種方式安排我的人
> 生，使之與其中描述的各種美德相適應。[255]

　　他在整個書中也的確在努力為讀者塑造值得、也能夠加以模仿的
傑出歷史人物。因此他的注意力集中在傳主個人的生衰際遇、性格特
徵、內心世界、言談舉止、軼聞趣事等非常個性化的題材之上，並不
刻意去渲染傳主參與或指揮的重大歷史事件，從而刻畫出一批栩栩如
生的人物肖像，成為後世了解古希臘羅馬重大歷史人物個人史的主要

---

255 〔古希臘〕普魯塔克：《提摩隆傳》，I, 1.

史料來源。這是《名人傳》的史學價值之一。

普魯塔克是西方史學家當中第一個自覺提出並運用歷史比較方法的人。雖然此前的希臘史家都在不停地運用比較方法，因為沒有比較就不可能有鑑別和價值分析，但在普魯塔克之前的史家對比較方法沒有自覺認識。只有普魯塔克在理性上意識到歷史比較的意義。他在《弗基昂傳》中指出：

> 我進行比較不僅是因為他們（指弗基昂與加圖──作者注）具有共同之處，都為人甚好並均有政治家的才能⋯⋯除了那些小到不能再小的差別之外，這兩個人的美德展示了一種單一的特徵、形式以及與他們的性格混合在一起的相同的色彩⋯⋯以致要求非常精微細緻的討論，作為區分和發現他們不同之處的手段。

在普魯塔克看來，比較是為了更好地認識自己的研究物件，通過在具有高度可比性的人們之間所進行的異中求同和同中求異的分析，發現事物的共性和特性。特別是在共性基礎上尋找細微的差異，發現兩個極其類似的事物之間的不同之處，從而揭示事物的統一性與多樣性，為後來的人提供參考借鑑的深刻樣本。這就大大加深了我們對複雜人性的認識，避免了思想的簡單化。

《名人傳》的布局反映了這種自覺的比較。普魯塔克把兩個出身、經歷、結局、歷史作用看上去非常相似的著名人物作為比較物件，一個希臘人對應一個羅馬人，如雅典國家的奠基人提修斯對應羅馬城的奠基人羅慕洛，雅典民主的開拓者梭倫對應羅馬共和的創建人普布利柯拉，雅典政治家兼大富人尼西阿斯對應羅馬巨富兼政治家克拉蘇等等，這樣的對子共有二十個。另有一組四人對比，二希臘人與

二羅馬人，即悲劇性的改革家斯巴達國王阿基斯、克萊奧蒙尼與羅馬的背景改革家格拉古兄弟。每對的排列順序大多為希臘人在前，羅馬人在後，單獨成篇，最後有類似「太史公曰」的總結性比較，也就是合論，評說傳主不同的成敗得失與人生教訓。但也有兩對人物的順序為羅馬人在前，希臘人在後，即柯拉奧拉努斯與阿爾基比亞德斯、埃米里烏斯和提摩隆。這也許是亞歷山大里亞學者整理的產物。此外，另有五個名人的單傳，如雅典傑出的演說家和政治家德摩斯提尼、波斯國王阿塔薛西斯傳。

　　普魯塔克也是西方史學史上第一自覺提出並運用歷史心理分析方法的人。由於他的目的在於刻畫對於讀者有借鑑意義的個人，特別是提供道德上的正面和反面教員，所以他把注意力集中在筆下人物的心理活動、性格特徵、言談舉止之類與宏大主題相比似乎是細微末節的東西上。他認為人的德行修養總是通過小事體現出來的：

> 最顯赫的業績不一定總能表示人們的美德或惡行，而往往一椿小事，一句話或一個笑談卻比成千上萬人陣亡的戰役，更大規模的兩軍對壘，或著名的圍城攻堅戰，更能清楚地顯示人物的性格和趨向。因此，正如畫家通過最能表現人物性格的面孔和眼神就能畫出逼真的肖像，而無需斤斤計較於人體的其他部分一樣，我也必須得到讀者的許可，俾能專心致志於人物靈魂的特徵及其表現，並借此描繪每個人的生平業績，而將他們的赫赫戰功政績留給別人去寫。[256]

　　基於這種由小見大、知微見著的認識，普魯塔克特別致力於揭示

---

256 〔古希臘〕普魯塔克：《亞歷山大傳》，前言。

人物的心理活動。他的作品當中經常會出現一兩個相關的術語,如心靈(psyche)、天性或生性(Physis)、性格(ethos)。心靈在他筆下有靈魂和思想的雙重含義,在當靈魂解時係指人和神之間的唯一聯繫。這是一種來自神靈、與肉體結合的東西,待人死後與肉體分離,飛返天堂。[257]有時它又當思想感覺解,如共和末期的羅馬將領馬略在想到一場新戰爭時感到了 psyche 的震顫。[258]在普魯塔克看來,心靈與道德是血脈相連的,具有美德的人心靈是純潔的,缺失美德的人心靈被玷污,連肉體都是污穢不堪的。

天性在普魯塔克看來是一種與生俱來的品性,也在精神和肉體、生理和心理方面體現出來。如亞歷山大天性暴躁,在生理上表現為膚色發紅,心理上表現為豪飲易怒;羅馬獨裁官天性殘忍和捉摸不定,生理上表現為滿臉雀斑。這樣一來,天性便成為人的生理和心理特點。至於性格,普魯塔克處理為天性的延伸,常常是天性的代換詞。當史家把筆觸集中在這樣一些心理特徵的發掘與描寫上時,他筆下的人物便鮮活靈動起來,這是普魯塔克的《名人傳》能夠得到同時代的羅馬人以及文藝復興以來西方讀者的喜愛的基本原因。雖然進入二十世紀後半葉,隨著讀物膨脹和資訊爆炸以及對英雄崇拜的批判、對崇高的解構,以傑出歷史人物為中心的普魯塔克的《名人傳》日益失去西方讀者的注意,但由於古今的基本人性不變,因此今人實際上在反覆複製著古人的追求、嚮往、焦慮和恐懼,普魯塔克塑造的古代傑出人物的群像將始終具有參考借鑑的價值。

然而當涉及《名人傳》的可信程度問題時,讀者必須小心謹慎。古典史學雖然確立了求真求實的原則,但在具體執行上沒有一個史家

---

257 〔古希臘〕普魯塔克:《羅慕洛傳》,XXVIII, 8.

258 〔古希臘〕普魯塔克:《馬略傳》,XXXXV, 4.

解決了現代史學所要求的言必有據（人證、物證、書證）的要求。即使最嚴謹的史家如修昔底德、波里比烏斯也沒有在虛構和記實之間劃清界限，雖然他們會交待演說、對話之類直接引語是自己創作的產物。這種狀況的發生不僅在於古代缺乏系統化的在場的歷史記載意識，而且在於古代記載工具的局限。古代沒有攝影器材、答錄機，甚至沒有發展出速記技術，因此對一個歷史事件的描述總是存在大量的證據空白。作為古代史學的基本表現形式的敘述史又必須要求明確的時間、地點、人物、人物思想與對話等基本要素，在這種無法逾越的客觀困難面前，古代的史家只好採取捕風捉影般的文學虛構，以便填補空白。這樣一來，古代史書均是虛實結合體，出色的史家會說明資訊的來源和虛構的提示，一般史家則對虛構部分保持沉默。

普魯塔克《名人傳》作為史作的基本缺陷便在這裡。他與自己筆下的所有人物都有相當大的時間與空間距離，因此不得不依賴前人的傳說與記載，如荷馬史詩、赫希俄德的詩歌、希羅多德的《歷史》、亞里斯多德的《雅典政制》等作品。而這些記載亦非信史。在許多情況下他甚至不明確交待資訊的來源，簡單地使用「有人說」、「據說」之類不確定性的話語。有些「據說」他自己也不相信，比如《梭倫傳》中梭倫與呂底亞國王克洛伊索斯的會見，梭倫死後遺體焚化，骨灰撒在薩拉米島上等。在缺乏一手史料的情況下，普魯塔克把人物形象刻畫得越精微細緻，距離客觀史實就可能越發遙遠，越具有「詩性」。

6 阿庇安與阿里安

阿庇安（Appian，約95-165年）是出生於埃及教的希臘人，著有二十四卷本《羅馬史》，從王政時代寫起，結束於二世紀圖拉真皇帝統治時期。現完整存留十卷，另有第一至五卷、第八、九卷殘篇，截

止於晚期共和國時期的百年內戰。

如果說普魯塔克是融合希臘羅馬歷史文化的史學家，阿庇安則是羅馬化的希臘史家。他不是從異族人或旁觀者的角度寫《羅馬史》，而是從羅馬人角度似乎在寫自己國家和民族的歷史。這也許與他認同羅馬價值觀並在羅馬統治時代成功進入羅馬上流社會、官至埃及總督有關。

阿庇安的《羅馬史》在編寫體例上有創新之處，他採用紀事本末方式，按照時間和空間順序將羅馬歷史上的重大事件分別以專題分卷，以一般的作者序開始，然後從第一卷王政時期展開敘述，先介紹義大利，再敘述薩姆尼特史、高盧史、西西里與其他島嶼史、西班牙戰爭、漢尼拔戰爭、敘利亞戰爭、內戰等等，時間由遠至近，空間由近至遠。由於許多歷史事件在時間與空間上的重疊，因此各卷中不時出現一些重複的內容，這是大事記式的體例不可避免的缺陷，但在對一件大事的完整認識上，紀事本末體也許是最好的表達方式。

在歷史分析方法上，阿庇安也有獨特的視角，這就是力求從經濟因素去解釋重大歷史事件發生的原因。雖然在他之前，修昔底德、李維、普魯塔克等史家均注意到經濟因素的歷史作用，但像阿庇安那樣把經濟因素作為羅馬內戰爆發與演進的基本動力的做法還很少見。他認為土地改革之所以被羅馬風雲人物視為自己的主要政策之一，就是因為大小土地所有者之間的利害衝突是羅馬社會的基本矛盾之一。所以認真讀過阿庇安《羅馬史》的歷史唯物主義者馬克思、恩格斯特別欣賞阿庇安的方法，他們評價說：

> 在關於羅馬共和國內部鬥爭的古代史料中，只有阿庇安一人清楚明白地告訴我們，這一鬥爭歸根結柢是為什麼進行的，即為了土地所有權進行的。

　　阿庇安極力要窮根究底地探索這些內戰的物質基礎。[259]對於奴隸
起義這樣的重大歷史事件的歸類處理也顯示阿庇安不同凡響的史識。
在羅馬世界，奴隸是公民社會的消極的「舞臺臺柱」，被排除於所有
公民生活和歷史記述物件之外。以往的古希臘和羅馬歷史家沒有一個
有意識地專門記載奴隸的重大歷史活動。只有阿庇安在自己的著作中
把斯巴達克思奴隸大起義放入「內戰」史大類中，並用重筆描述起義
的整個過程。而且在整個陳述當中，阿庇安對奴隸沒有任何階級偏見
和優越感，甚至對斯巴達克思充滿欣賞和敬意。閱讀有關段落，讀者
感受的是奴隸起義軍的英勇無畏和克拉蘇的殘忍無情。關於這次奴隸
大起義，沒有人比阿庇安提供了更多的史料。這種超越了階級分野的
客觀平等意識在古代史學中可謂難能可貴，我們很難解釋阿庇安這
樣做的原因，因為缺乏可資評析的證據。但希臘知識分子中的確有一
些非主流的學者對奴隸制持批評態度，認為奴隸也是常人而非低等
人。比如智者學派的希皮亞斯認為所有人是天生而非因法律成為同
胞親友，[260]安提豐則明白無誤地表達了無分希臘人蠻族，眾生平等的
思想：

　　　　我們讚美和尊敬那些一父所生的人，同時我們卻不讚美並崇敬
　　　　那些不屬於同一家庭的人。我們這樣做，就使我們自己變成了
　　　　蠻族人，因為我們大家，無論是蠻族還是希臘人，都是由大自
　　　　然以同一種方式造成的……總之，沒有人註定是蠻族人或希臘
　　　　人。我們全都用嘴和鼻孔呼吸，我們全都用手吃飯。[261]

259　《馬克思恩格斯選集》第4卷，第395頁；《馬克思恩格斯全集》，第30卷，人民出
　　　版社1974年版，第159頁。
260　〔古希臘〕柏拉圖：《普羅塔哥拉斯》，337c.
261　奧克塞紙草（Pap. Oxy11），1364.

阿庇安是希臘人，可能受到智者學派反奴隸制思想的影響。但這只是沒有實證的猜測而已。

羅馬史學繁榮時期的另一位傑出代表是希臘史家阿里安（Arrian，約96-180年）。他的經歷與阿庇安相似，生於羅馬俾提尼亞行省的城市尼科米狄亞（現土耳其西北部），曾在希臘學習哲學，後進入羅馬政界，供職於高盧行省等地，擔任過卡帕多客亞行省的總督、軍團指揮，深得皇帝哈德良賞識，仕途相當成功。哈德良死後，阿里安辭去官職，定居雅典，寫出他的代表作《亞歷山大遠征記》（Anabasis）。雖然阿里安在書中提到在他的時代還能看到許多有關亞歷山大的史書，但只有他的這部著作流傳下來，成為完整記述亞歷山大遠征西亞、南亞歷程的唯一作品，史料價值彌足珍貴。

作者以求實的態度刻畫一代天驕亞歷山大，沒有明顯的溢美塗飾掩醜，給後人留下了一個具有自身弱點的天才和英雄的形象，這是阿里安非常值得稱道之處。由於這種求實的態度，他對一手史料具有少見的自覺。他認為有關亞歷山大的作品雖多，但相對較為可靠的是托勒密和阿瑞斯托布拉斯二人的記述，因為兩人是亞歷山大的部將，是遠征過程的參與者。阿里安還分析托勒密記述的可信性，認為托勒密後來當了國王，編造歷史較他人更丟人。而且兩人在撰寫亞歷山大歷史的時候，亞歷山大已經去世，因此沒有人會強制他們說假話，他們說假話也得不到什麼好處。[262]所以阿里安採信這兩個人提供的資訊。當然，阿里安把托勒密的國王身分作為他不會扯謊的理由未免牽強，但作者重視當事人和目擊者提供的史料表明他已經認識到一手史料與二手史料在品質上的差別。

---

262 〔古希臘〕阿里安：《亞歷山大遠征記》，I，前言。

7 基督教史學的興起與古典史學的終結

　　安東尼王朝是羅馬帝國的鼎盛階段，也是史學的繁榮階段。在安東尼王朝末期，特別是第五代皇帝奧里略在位時期，社會經濟、政治危機的前兆顯現出來：不斷的人禍天災，如邊患頻仍，農民起義，奧里略在位二十年幾乎都在征戰之中。同時大洪水、地震、瘟疫等自然災害接踵而來，造成國庫空虛，財源窘困。奧里略顧此失彼，窮於應付，心情的低沉和厭世為羅馬皇帝所僅見。奧里略去世後，帝國陷入一個世紀的危機，國內兵連禍結，邊疆風煙四起。一個又一個短命的皇帝只考慮權宜之計，對社會橫徵暴斂，造成經濟凋敝，民不聊生。在這種兵匪如毛的大動亂中，人們只圖自保，沒有心思和條件著書立說，已確立的各門知識學科，無論是哲學、史學、政治學、修辭學、科學等，都無可挽回地衰落下去，其表現就是著述鮮見，即使有個別作品，品質也遠不能與鼎盛時期相比。三世紀及以後的羅馬，傳統世俗史作匱乏，新的基督教史作卻開始興起。

　　小亞尼凱亞市生人狄奧・凱西烏斯（Dio Cassius，約155-235年）和敘利亞安條克生人安米阿努斯・馬塞里努斯（Ammianus Marcellinus，約330-395年）是古典史學最後的兩位出色史家。前者經歷同一般古典史家，是做過高官（執政官）的元老貴族。他二十二年「磨一劍」，用希臘文寫就一部八十一卷本的《羅馬史》，從傳說中的羅馬祖先埃涅阿斯寫起，一口氣寫到他擔任執政官的二二九年，可謂最後一部古羅馬人寫的古羅馬通史。做官不誤寫作，一寫竟寫了二十多年，其鍥而不捨的精神可圈可點。目前僅完整保存下來三十五至五十四卷，另有少量其他卷的殘片，除了史料價值之外，在史學思想與方法上沒有什麼新的建樹。

　　馬塞里努斯的作品《事業》續寫塔西陀的《歷史》，自九十六年起筆到三七一年羅馬皇帝瓦倫斯在與蠻族戰爭中落敗身亡，共三十一

卷，現存十四至三十一卷，編年範圍在三五三至三七八年。這本書不
僅給後人留下了有關羅馬帝國晚期政治、經濟、軍事、外交領域的珍
貴史料，而且還力求踐行古典史學的求真求實的優良傳統，可以說是
古典史學的最後一位傑出代表。他對歷史家提出了極高的道德要求，
這就是：

> 一個有意對一些事件避而不提的史家與那些始終不寫已經發生
> 了的事情的人一樣，是在欺騙。[263]

在馬塞里努斯的時代，基督教已經成長合法的宗教，基督教學者
對歷史的解釋工作也已經開始，並顯然在不斷排擠世俗的古典史學，
瑪律凱里烏斯之後，已不見古典史家和史作。如果注意從狄奧到馬塞
里努斯的時間跨度，九十多年裡史家寥落，可見羅馬世俗或人本主義
史學衰落和整個羅馬世界基督教化之廣泛與深刻。

基督教秉持嚴格的一神論，不能容忍除上帝之外的任何其他形式
的宗教。對於基督徒來說，歷史遠比基督教悠久的其他多神教的崇拜
物件都是邪惡的魔鬼，必須予以廢止。基督教的大恩人君士坦丁雖然
扶持基督教並主持了尼西亞基督教主教大會，但他並沒有否定帝國其
他傳統宗教的合法地位。然而，在馬塞里努斯去世後不久，羅馬皇帝
開始動用國家力量確立基督教的思想統治地位，從取消基督教徒厭惡
的公共獻祭到私人獻祭，再到剝奪異教神職人員享受的免稅權利。至
三九二年則開始搗毀異教神廟和神像，取締異教的慶典活動。古典史
學隨著這種徹底的基督教化在帝國西部壽終正寢。在帝國東部，雖然
在一定程度上保持了古典史學的傳統，並在五世紀末出現了古典史學
的絕唱——拜占庭史家左西莫斯（Zosimus）的帝國史綱、四卷本的

---

263 〔古羅馬〕瑪律凱尼烏斯：《事業》，XXIV, 1, 15.

《新歷史》，但這只是青光一閃。

　　羅馬帝國的第一位基督教史家是阿非利卡努斯（Julius Africanus，約2世紀末-3世紀上半葉），他的著作《編年史》（5卷本）基本失傳，按照《聖經》的史話思路，從上帝造天地日月、動植物、人類寫起，止於作者所在的二二五年，開創了一套基督教敘史的基本程式。之後的教會史之父攸西比烏斯（Eusebius，約260-340年）按基督教歷史觀撰寫了多部史作，如《君士坦丁傳》、《編年史》、《教會史》、《巴勒斯坦殉道者行傳》。以後一千年左右，西方史學發生了根本變化。在這一時期的史家眼裡，人類社會的歷史不再是自發的過程，而是上帝編導的一齣戲劇；史學的基本任務不再是對真實的過去的追求，而變成對《聖經》與早期教父們的論述的證明與詮釋。在這種思想指導下，歷史被基督教史家任意剪裁，按照個人需要塞入主觀設定的各種模式之中。嚴格說來，基督教史學不是真正的史學，因為它背離了西方史學形成時便已確立的求真求實的基本原則，回到了前史學的神本主義狀態。

第二節　專論

一　《尚書》的歷史認同觀念

　　在世界文明史上，中國文明與其他文明相比較，有一個非常顯著的特點，即歷史的發展具有連續性。歷史發展的連續性與自古以來中國人就有的歷史認同觀念是分不開的。中國古代歷史上的王朝更替，不乏異族推翻漢人政權的事例，可是後起的異族政權，很快就認同與前代政權的聯繫，逐漸形成以朝代更迭為主線的歷史認同觀念。古代中國的歷史認同觀念，在《尚書》的《周書》中就已經表現出來。

　　追憶往事，是古代世界先民共有的傳統。中國古代文獻多有上古先民追述往事的記載。《詩・商頌・玄鳥》曰：「天命玄鳥，降而生商」，記載了商之先祖契誕生的傳說。《詩・大雅・生民》追述了周之先祖後稷的事蹟。《尚書・盤庚》載盤庚語：「肆上帝將復我高祖之德，亂越我家。朕及篤敬共承民命，用永地於新邑。」[264]盤庚把自己遷居新都之舉與復興高祖之德，治理殷國聯繫起來。不過，此類對往事的追憶大體還表現為對某些具體史事的認識，尚未形成歷史的觀念[265]。本文所謂歷史觀念，指的是客觀歷史在人的思維中留存的形式，而非限於對某些具體史事的認識。以歷史認同觀念而言，其涵義指的是歷史認同的形式，即對歷史認同內容的內在聯繫以及對歷史之「同」本質屬性的認識。所以，歷史認同觀念較為深刻地反映了人們對歷史認識的自覺性。

　　現今流傳的二十八篇漢代今文《尚書》有一個共同的特點，即反映了上古時期人們重視歷史的變化，尤其是政治權力之更替。漢代史家司馬遷謂：「《書》記先王之事，故長於政」[266]，甚為得當。《堯典》等篇記載了堯、舜、禹時代的禪讓傳位制度。《夏書》、《商書》和《周書》諸篇所述之事，大多與統治權力的變更有關係。《商書》載有商湯滅夏前的誓言：「夏王率遏眾力，率割夏邑，有眾率怠弗協」[267]，所以商湯奉天命而滅之。據《尚書》記載，周人攻占離殷都不遠的黎國後，祖伊深感有亡國的危機，力諫紂王。可是，殷紂王卻

264　《尚書》，阮元校刻：《十三經注疏》。本文對文字之解釋，參見顧頡剛、劉起釪：《〈尚書〉校釋譯論》，中華書局2005年版。

265　「觀念」作為哲學術語，最初譯自柏拉圖的idea，但並未能表達idea的原意。（見〔清〕孫寶瑄：《忘山廬日記》等）之後，此詞被賦予多種涵義。本文「觀念」一詞的涵義，參見《中國大百科全書・哲學卷》「觀念」條和「思維」條。

266　《史記・太史公自序》。

267　《尚書・湯誓》。

稱：「我生不有命在天」，認為其王位來源於天授，是不會喪失的。祖
伊的看法則不同，他說「惟王淫戲用自絕，故天棄我」[268]。祖伊的話
得到了應驗，殷被周邦滅亡了。從《虞書》、《夏書》和《商書》的內
容來看，人們對歷史變化的認識，對政治權力更替的認識，大體還僅
限於前後兩個政權之間。在《周書》中，這種認識已有了宏觀思考的
意思，其中貫穿的就是歷史認同觀念。

　　周人繼承了前人從政治權力變化來認識歷史變化的思想。周人認
為，夏、殷、周三代是先後相承的。他們說：「相古先民有夏，天迪
從子保；面稽天若，今時既墜厥命。今相有殷，天迪格保；面稽天
若，今時既墜厥命。今沖子嗣則無遺壽耇，曰：『其稽我古人之德，
矧曰其有能稽謀自天。』」[269]古代先民夏族，受到天的保佑，努力考
求天道，可是已經失去了天命。殷人也曾受到天的保佑，可是也喪失
了天命。現在年輕的成王繼位，不要遺棄老人。老人不僅能識古人之
德，而且還能尋求天道。周人對歷史變化的認識，包含了對夏、殷、
周三代之間聯繫的認識，而不是僅限於與殷代的聯繫，遂「構成了三
代相承的系統」[270]更值得重視的是，周人對歷史的認同，實際上還含
有突破三代相承的思想，表述了對未來的認識。在《周書》中，周人
反反覆複地表述了對周邦未來命運的憂慮。周人說：「天降喪於殷。
殷既墜厥命，我有周既受，我不敢知曰厥基永孚於休。若天棐忱，我
亦不敢知曰其終出於不祥。」[271]天將喪亡之禍降給了殷人，殷人於是
失去了天命。但是，周邦接受了天命後不能說會永久地美好下去，也
不能說周邦未來的命運是不美好的，因為天命是會變化的。周人還指

268　《尚書·西伯戡黎》。

269　《尚書·召誥》。

270　許倬雲教授亦據金文資料對此作問題作了論述，參見許倬雲：《西周史》，第98-99
　　　頁。

271　《尚書·君奭》。

出：「惟王受命，無疆惟休，亦無疆惟恤。」[272]周王接受了天命，美好無窮無盡，憂患也是無窮無盡的。在周人看來，未來可能是變化的，而且是難以確定的。如果說周人認同與夏、殷的聯繫是把過去和現在聯繫起來，他們對未來的認識則把現在和未來聯繫起來。儘管未來是不可確定的，但都會以某種形式與周代聯繫起來。這種對歷史變化連續性的認識，已具有宏觀思考的意思。

可是，周代政權怎麼能與夏、殷政權以及未來聯繫起來？歷史變化連續性的形成怎麼可能？這點在周人看來並不是問題，因為他們認為，在變易的歷史中存在某種共性。這裡需要指出的是，對歷史共性的認識乃出於相異者的認識，如果認識者不相為異，也就沒有認同的必要。也就是說，周人的歷史思維是從異中見其所同。夏、殷、周三代政權先後更替，在時空上是相異的，執政者亦來源於不同的部族，但是周人能從異中見其所同。此所謂「同」就是上引周人反反覆覆強調的天命！歷史的變化源於天命，政治權力的更替承之於天命，政權的更替是皇天上帝改其元子：「皇天上帝改厥元子，茲大國殷之命，惟王受命。」[273]人間王權皆來源於天命的思想，並非周人的首創，在《虞書》、《夏書》和《商書》中均有反映，但是周人的天命思想與前人的不同之處在於：周人所謂天命與歷史變化的連續性聯繫起來了。天命作為不斷變易的歷史中具有共性意義的東西，已成周人認識歷史的基點。只有天命的存在，過去、現在與未來才有可能聯繫起來；只有天命的存在，變易的歷史之「同」才有可能被認識。這點不僅是上引《周書》篇章的思想，而且是貫穿於全部《周書》的中心思想。

不過，周人雖然認為人間王權源於天命是不變的，天命作為異中

---

272 《尚書・召誥》。

273 《尚書・召誥》。

之「同」是不變的，然而此不變只是相對的，因為天命授予何人是會發生變化的。夏、殷、周三代政權之變，就是天命的變化，源於天授的周代政權也可能發生變化。所以周武王滅殷後夜不敢寐，曰：「我未定天保，何暇寐」[274]；所以周初諸王及臣下會反覆地發出「天畏（威）棐忱」[275]「天命不易，天難諶」，「天不可信」[276]之類的感歎。

　　天命是否有不變的可能？這就是周武王滅殷後苦苦思考的問題：周人是否能「定天保」？對於天命變與不變的問題，上引《商書》已經表現出兩種不同認識。殷紂王所謂「我生不有命在天」，認為天命是不變的。這是一種迷信的自信。祖伊則指出，「惟王淫戲用自絕，故天棄我。」祖伊認為，紂王的行為將引起天命的變化。祖伊的思想，已有了人文的因素。這種人文因素，在周人那裡有了大大的發展。這從兩個方面可以看出。一是，周人明確意識到天命之得失最終取決於人的行為。周人說：「惟乃丕顯考文王克明德慎罰，不敢侮鰥寡，庸庸祗祗威威顯民，用肇造我區夏，越我一二邦，以修我西土。惟時怙冒聞於上帝，帝休。」[277]周文王明德慎罰，不欺侮鰥寡，任用當用這人，尊敬當敬之人，威攝當威攝之人，彰顯德行於民。他締造華夏地區，與幾個友邦共同治理西方之地。周文王的行為被上帝知道了，上帝很高興，「乃大命文王殪戎殷」[278]周文王之所以能得天命，是由於他的明德行為被上帝知道而且得到上帝的讚賞，他的行為是源於他自己的意志而非天的意志。這點應該引起高度的重視。根據這點，我們可以看出周人所深信的天命背後起作用的實際上是人，天與

274　《史記‧周本紀》。

275　《尚書‧康誥》。

276　《尚書‧君奭》。

277　《尚書‧康誥》。

278　《尚書‧康誥》。

人聯繫的起點在人而不是在天，天命之得失最終取決人的行為。二是，周人的人文思想是出於對歷史宏觀的思考，而不像祖伊那樣出於對某一事件的思考。周人指出，「皇天無親，唯德是輔」[279]，皇天並非輔佑某位明德之王，而是輔佑所有的明德之王。他們還進一步指出，「天視自我民視，天聽視我民聽」[280]，「民之所欲，天必從之。」[281] 天是否授王權給人間的君王，要看君王是否有德，而君王是否有德均須從民心中反映出來，「民之所欲，天必從之」。由此可見，蘊含在周人天命說中的人文思想已具有普遍性的意思。對周人天命說所蘊含的人文思想作出分析，是很重要的。如果周人的天命說完全建立在迷信的基礎上，如果他們所得出的歷史異中之「同」——天命完全充斥迷信的內容，那麼他們的歷史認同思想就沒有多大的價值了。

上引周人對天命與君王、民之間關係的認識，似乎已經解決了周武王所謂「定天保」的問題。君王只要選擇明德的行為，就能得民心從而得到天命。這點，在《尚書》之《酒誥》、《召誥》等篇列述夏、殷諸賢王明君的事蹟中也屢屢提及。可是，另一方面《周書》又表述了對周未來之命運深深的憂慮。（見上引（《召誥》、《君奭》等篇文字）因為周人意識到，歷史上也有荒淫亂政的君王，君王也有可能選擇棄德而行暴政的行為。他們指出：殷紂王壓迫人民，招致人民怨恨，「故天降喪於殷，罔愛於殷，惟逸。天非虐，惟民自速辜。」[282] 上天將喪亡的苦果降給殷，並不是不喜歡殷，而是殷人淫樂的緣故。天並不暴虐，是殷人自己招來的罪過。夏代的情況也是如此。「相古先民有夏，天迪從子保。」[283] 夏之祖先，得到天的撫順和慈保。可是

---

279 《左傳・僖公五年》引《周書》。

280 《孟子・萬章》引《尚書・泰誓》。

281 《左傳・襄公三十一年》引《尚書・泰誓》。

282 《尚書・酒誥》。

283 《尚書・召誥》。

夏桀卻大肆淫樂，不肯恤問百姓，不循天之道，所以「天惟時求民主，乃大降顯休命於成湯。」[284]周人此類說法後面蘊含了相當深刻的思想，涉及到兩個重要的問題，用現代歷史理論的話語來說，一個是人的自由意志問題。君王的行為出於他們自己的選擇，而他們的選擇源於他們自己的自由意志，而非受某種客觀必然性的支配，所以無論他們選擇善行抑或惡行，都要對自己的行為負責。另一個是人的自由意志與歷史變化的關係問題。君王的意志是自由的，意志的自由使他們有自由選擇自己行為的可能。他們可以選擇理性的行為，如夏、殷之諸賢王；他們也可以選擇非理性的行為，如桀、紂之類所為。所以，在周人看來，周之未來命運是難以確定的。據此我們就不難理解，為什麼周人深信天命，然而他們分析政權更替的原因，最終還是歸於人的行為而非天意；據此我們也不難理解，為什麼周人認識到把握天命的途徑，卻還要反反覆覆地強調這點，這是因為他們意識到周代君王（及諸侯王）並非沒有重蹈夏桀、殷紂覆轍的可能。在《周書》中，我們看不出周人有永「定天保」的自信，也看不出以政權更迭為主線的歷史變化將在周代終結的思想。在周人看來，過去是變化的、現在和未來也完全有發生變化的可能。

殷周之際，是中國古代歷史發生重大變革的時期。在思想方面，最突出的表現就是周人歷史觀念的形成。這種歷史觀念，不是表現為某些零散的歷史思想，而是表現為一種有內在聯繫的歷史思維形式。這種思維形式，已具有宏觀思考的意思，其中貫穿的就是對歷史的認同：不斷變易的歷史中有相對不變的「同」天命，天命使歷史的連續性成為可能；相對不變的「同」——天命，最終要落實在人的行為之上，落實在人的自由意志之上，從而使歷史的變易成為可能。深藏於

---

[284] 《尚書·多方》。

迷信外衣之中的歷史之「同」的本質屬性實際上是人的自由意志。以上對周人歷史認同觀念的討論，是對《周書》文本文意和文字後面所蘊含意思的思考，也可以說是對周人歷史思維的建構。這種建構是把周人思想置於《周書》文本和中國古代歷史思維的特點之下作出的思考。我認為，儘管中國古代歷史認同觀念隨著歷史的發展而在不斷地豐富，然而其建立在人文基礎之上從異中見同以及從變化中把握相對不變真理的思維特點，已經濫觴於周人的歷史思維之中。這種歷史思維特點與古希臘人從邏輯中把握真理的思維特點[285]，是有重大區別的。

二　司馬遷的「考信於六藝」說

司馬遷《史記》敘史，上起黃帝，下至漢武太初年間，所涉及的史料極為廣博。班固對此頗為讚譽，稱「其涉獵廣博，貫穿經傳，馳騁古今，上下數千年，斯以勤矣。」[286]司馬遷引錄史料，有自己的考信原則。《史記・伯夷列傳》稱：「夫學者載籍極博，猶考信於六藝。」[287]此所謂「猶考信於六藝」，是司馬遷考辨史料的一條極為重要的原則，其中蘊含了十分深刻的思想。本文擬對此問題作一些討論。

（一）

先秦文獻，經過長時間的流傳，已頗為蕪雜。《史記・十二諸侯年表》談到《春秋》的流傳時說，即使親受孔子傳指的「七十子之徒」亦難免「各安其意，失其真」，更遑論「各往往捃摭《春秋》以

---

285 參見易寧：《關於西方古代史學「實質主義的」思考》，載《史學史研究》2008年
　　第4期。
286 《漢書・司馬遷傳》。
287 《史記・伯夷列傳》。

著書」的戰國諸子。秦漢人對先秦文獻的解釋，則更是歧義紛出。例如《尚書・高宗肜日》之「高宗肜日，越有雊雉」句[288]，《尚書大傳》釋作「武丁祭成湯，有雉飛升鼎耳而雊。」[289]《書序》則曰：「高宗祭成湯，有飛雉登鼎而雊」[290]。《書序》言祭祀者為高宗，而不言武丁。對於紛亂複雜的史料，司馬遷提出了「猶考信於六藝」的原則。此條原則是司馬遷考信史料，尤其是三代史料的重要原則之一。司馬遷提出此條原則，大概出於兩方面考慮：一是，「六藝」為上古流傳下來的聖賢之作，成書時間較早，更具有可信性。司馬遷談到「六藝」製作時說：「伏羲至純厚，作《易》八卦。堯舜之盛，《尚書》載之，《禮》、《樂》作焉」[291]；《春秋》乃孔子所作，詩三百篇亦為古之聖賢發憤之所為作也，云云。二是，對儒家宗師孔子的敬仰。司馬遷以為「六藝」經過了孔子的整理，稱：「孔子布衣，傳十餘世，學者宗之。自天子王侯，中國言六藝者折中於夫子，可謂至聖也。」[292]

司馬遷「考信於六藝」，以「六藝」為標準辨析其他史料所載史實是否具有真實性，是其說重要內容之一。此可謂對史實真假的判斷。《尚書・金縢》較為詳細地記載了周初傑出政治家周公的事蹟。不過，此篇經文有語焉不詳處。經文云：「武王既喪，管叔及其群弟乃流言於國，曰：『公將不利孺子。』周公乃告二公曰：『我之弗辟，

---

288 《尚書・高宗肜日》，阮元校刻：《十三經注疏》。
289 陳壽祺：《尚書大傳輯校・高宗肜日》，《清經解續編》本。
290 《尚書・高宗肜日・序》，阮元校刻：《十三經注疏》。關於《書序》是今文抑或古文，其作者及製作年代，學術界有較多的爭議。這個問題可以進一步討論。本文只是將《書序》作為漢人的一種說法。
291 《史記・太史公自序》。
292 《史記・孔子世家》。

我無以告我先王。』周公居東二年，則罪人斯得。」[293]此段經文所云
「周公居東二年」，是指周公「東避」抑或「東征」，在經學史上頗有
爭議。漢代學者就有兩種不同的說法。《尚書大傳・金縢》曰：「周公
居攝，一年救亂，二年克殷，三年踐奄」，以為周公攝政後即行東
征。《韓詩外傳》曰：「武王崩，成王幼，周公承文武之業，履天子之
位，聽政於天下。周公東征夷狄之亂，誅管蔡之罪，抱成王而朝諸
侯。」[294]此說謂周公「居天子之位」，與《大傳》攝政說不同，但在
周公東征事上則無異議。後漢王充《論衡・感類篇》、蔡邕《琴操》、
《白虎通・封公侯篇》等均主東征說。許慎《說文》亦引《金縢》文
「我之不辟」，並釋「辟」作「法」，其意為「我不以法治管蔡」，[295]
亦持周公東征說。不過，許氏《五經異義》又錄古《尚書》說釋「居
東」為「東避」。其文曰：「武王崩，成王年十三，後一年管蔡作亂，
周公避之。」[296]馬融、鄭玄亦主「東避」說。《釋文》引馬融說：
「辟，馬融為避居東都。」[297]鄭玄《尚書注》謂：「武王崩，成王年
十歲，服喪三年畢，成王年十二，明年將踐祚，周公欲代之攝政，群
叔流言，周公辟之居東都。」[298]其實，對周公「居東」之解釋，在先
秦時就有流傳。《墨子・耕柱篇》云：「周公旦，非關叔，辭三公東處
商蓋。」（按關、管古字可通假）清儒俞樾指出，此即指《金縢》「周
公居東」事。商蓋即奄，蓋與掩古通。奄單言之曰奄，纍言之曰商
蓋[299]。張守節《史記・周本紀正義》云：「兗州曲阜縣奄里，即古奄

---

293 《尚書・金縢》，阮元校刻：《十三經注疏》。

294 《韓詩外傳》卷七，中華書局1985年版。

295 孫星衍：《尚書今古文注疏・金縢》。

296 陳壽祺：《五經異義疏證》卷二，《清經解續編》本。

297 陸德明：《經典釋文》，上海古籍出版社1984年版。

298 《禮記正義・明堂位》孔穎達疏引，阮元校刻：《十三經注疏》。

299 俞樾：《群經評議・尚書三》，《清經解續編》本。

國之地。」漢人所謂「東避」說，可能與《墨子》說有聯繫。而周公「東征」事，見於《尚書·大誥》、《逸周書·作雒解》。《大誥》載周公語：「我有大事，休，朕卜並吉，肆予告我友邦……。」此所謂「大事」即指東征事。周公告訴友邦國君及諸官員，將興兵討伐那些叛亂的「殷遘播臣」[300]。又云：「矧今卜並吉，肆朕誕以東征，天命不僭，卜陳惟若茲。」此段話意為東征乃奉天命行事。《作雒解》云：「周公、召公內弭父兄，外撫諸侯。元年夏六月，葬武王於畢。二年又作師旅，臨衛、政殷。殷大震潰。降辟三叔。」對於「東避」與「東征」兩說，司馬遷顯然持後說。《史記·魯世家》云：「周公乃告太公望、召公奭曰：『我之所以弗辟而攝行政者，恐天下畔周，無以告我先王』。」司馬遷釋經文「辟」釋作「避」，「我之弗避」作「我之所以弗辟（管蔡及群弟流言）而攝行政」，將經文「周公居東二年，則罪人斯得」，釋作：「管、蔡、武庚等果率淮夷而反。周公乃奉成王命，興師東伐，作《大誥》，遂誅管叔、殺武庚，放蔡叔，收殷餘民……寧淮夷東土，二年而畢定。」儘管關於周公東征的時間，在經學史上是有爭議的問題。但司馬遷敘管蔡武庚之亂不提東避事，而且將東征、「居東二年」與作《大誥》聯繫起來。顯而易見，《大誥》所敘東征事，是司馬遷否定「東避」說的主要依據。而據《墨子·耕柱篇》所言，周公在管蔡武庚即將作亂之時，還到叛亂的主要參與國商蓋（奄）去避居，此說不僅於經典無證，而且於情理也難以通達。

司馬遷「考信於六藝」，以「六藝」來判斷其他史料所蘊含思想之是非，是其說另一項重要內容。此亦可視為價值的判斷。司馬遷寫

---

300 《尚書·大誥》中「王若曰」之王應為周公。參見劉起釪：《古史續辨》，中國社會科學出版社1991年版，第342-352頁。

殷代歷史，殷王紂是其著力描寫的歷史人物。他引用《尚書》等文獻，列舉這位被世人唾棄的暴君之罪行。《周本紀》云：「今殷王紂，仍用其婦人之言，自絕於天，毀壞其三正，離逖其王父母弟，乃斷棄其先祖之樂，乃為淫聲，用變亂正聲，怡說婦人，故今予發，維共行天之罰。」這就是說，殷紂王偏信婦人之言，棄朝中「三正」（諸大臣）[301]，離棄父系和母系的兄弟，不行對祖先的祭祀，廢棄古之雅樂而以俗樂為淫聲，實系荒淫亂政之暴君。周武王伐之，乃奉天之命。此類說法亦見於《詩經》等文獻。《詩‧大雅‧蕩》云：「匪上帝不時，殷不用舊；雖無老成人，尚有典刑；曾是莫聽，大命以傾。」鄭玄箋：「此言紂之亂，非其生不得其時，乃不用先王之故法之所致。」[302]紂王不用舊人，不遵先王之舊典，專橫獨行，最終被周所滅。然而，先秦文獻中也有與經文相異之說。《論語》載子貢語：「紂之不善不如是之甚也，是以君子惡居下流，天下之惡皆歸焉。」[303]在子貢看來，紂之惡行並不像傳說的那樣，只是他被君子視為「下流」者，所以人們將天下之惡集於其一身。子貢雖為孔子親傳弟子，然其言顯然與經文思想不合。子貢的說法，在先秦時期並非孤說。《荀子‧正論》載有世俗之言，以為紂失其位乃周武王「篡而奪之」。也就是說，紂之亡國，並非如經文所云，乃失民心而失天命。此類與經文不合之思想，均未見載於《史記》。司馬遷分析殷亡周興的原因，與經文的思想是完全一致的。《史記‧太史公自序》云：「維棄作稷，德盛西伯，武王牧野，實撫天下。」周德之盛乃天下皆服的原因。正如《泰誓》所云：「皇天無親，唯德是輔。」[304]天只輔佑有德者，所

---

301 「三正」之釋，參見劉起釪：《古史續辨》，第212頁。

302 《毛詩正義‧大雅‧蕩》孔穎達疏引，阮元校刻：《十三經注疏》。

303 《論語‧子張》，國學整理社編：《諸子集成》本，中華書局2006年版。

304 《孟子‧滕文公》引《尚書‧泰誓》，《諸子集成》本。

以得天命者皆積善累德之帝王，無德亡朝者均係無德亂政之暴君。

　　司馬遷「考信於六藝」，以「六藝」判斷史實真實性及史料所蘊含思想之是非。就此而言，「六藝」是作為判斷的標準而被司馬遷採納的。不過，以「六藝」為判斷標準，也有很大的局限性。「六藝」記事多有缺略，而且在文字上也有不少難以讀懂的地方。所以，司馬遷理解經文時，往往採用以經文互證的方法。上文所舉司馬遷釋經文「周公居東二年」之例，既是以《大誥》文辨其他史料載事是否具有真實性，亦是用《大誥》文補《金縢》載事之缺略。關於司馬遷採用經文互證之方法，前輩學者已多有列舉。此處再舉一個頗有爭議的例子來作分析。《尚書・甘誓》有一句話：「予則孥戮汝」[305]。《史記・夏本紀》作「予則帑僇女」。段玉裁以為，戮乃僇之假借字，《墨子・明鬼篇》引此句經文作僇，經文原字應作僇。而《夏本紀》之帑字，段玉裁以為乃後人妄改，經文原字應作奴。他說：「唐初孔傳本或作帑，尚屬六書假借，至衛包改作孥，斷不可從」，班固、鄭司農等引經文均作奴。「鄭司農釋《尚書》之『奴』為奴婢。假令如今本《尚書》作孥，則鄭司農何至釋為奴婢，故知孥是俗字。」[306]孫星衍、陳喬縱、皮錫瑞等家說，大抵與段氏同。段氏謂經文原字作奴，可從。不過，他以為，《夏本紀》之帑字乃後人妄改，則未見有確鑿證據。裴駰《史記集解》釋此帑字作子，並引偽《孔傳》說：「非但止汝身，辱及汝子，言恥累也。」我以為，裴氏說有一定的道理。司馬遷引經文作帑，是對奴字之訓釋。在古字中，奴、帑兩字音同，「帑，假借為奴字，亦作孥。」[307]經典中帑多作子或子孫意。《詩・常棣》：「樂爾妻帑」。《毛傳》：「帑，子也。」《禮記・中庸》：「樂爾妻帑」。

---

305 《尚書・甘誓》，阮元校刻：《十三經注疏》。

306 段玉裁：《古文尚書撰異・甘誓》，《清經解》本。

307 朱駿聲：《說文通訓定聲》，中華書局1984年版。

鄭玄注:「古者謂子孫曰奴。」陸德明《經典釋文・詩・常棣》謂:
「帑,經典通為妻帑字。今讀音奴,子也。」在《史記》中,奴、帑
兩字區別明顯。奴從本義作奴(或奴婢)。《宋微子世家》:「(箕子)乃
被髮詳狂而為奴」;《梁孝王世家》:「(彭離)私與其奴、亡命少年數十
人行剽殺人。」「帑」則作子或子孫意。《殷本紀》引《尚書・湯誓》
「予則帑僇女」。《孝文本紀》:「除收帑諸相坐律令」。裴駰《集解》
引應劭曰:「奴,子也。」關於《甘誓》:「不用命戮於社,予則孥戮
汝」之意,段玉載引《周禮》鄭注「戮於社」云:「《周禮・大司寇》
『大軍旅,蒞戮於社』。鄭司農說以書曰:『不用命戮於社。』」可
是,《大司寇》之戮字,孔穎達、賈公顏、孫詒讓皆訓「殺」[308]。若
依段氏說,《甘誓》之「戮於社」只能訓作辱而不能訓殺,否則與
後句「予則孥戮汝」文意不相連,但辱於社究竟為何義,頗令人費
解。若依司馬遷說,奴作帑,訓子(或子孫),此句經文意思為:不
聽命者在社主前殺死,不但殺死你們,還要殺死你們的兒子(或兒
孫),文意就很通暢了。司馬遷可能參考了《詩經》等先秦文獻,以
「帑」字作子(子孫)之意來作解釋。此說也有史實方面的證據。
《甘誓》此句經文反映的是上古時代之誅連制。此制度屢見於先秦文
獻。如《尚書・盤庚》載盤庚威脅不滿其遷都的民眾語:「我乃劓殄
滅之,無遺育,無俾易種於茲新邑。」此句話意為:我將滅絕那些反
對遷都者,不留下他們的後代,不讓他們在這個新的國家裡延續種
族。《史記・殷本紀》完整地引錄《盤庚》此句經文,記載了上古時
期的誅連制。

　　根據以上分析,司馬遷「考信於六藝」,或以「六藝」為判斷其

---

308 《尚書・甘誓》孔穎達疏、《周禮・大司寇》賈公顏疏(阮元校刻:《十三經注
　　疏》本)、孫詒讓《周禮正義・大司寇》(中華書局1987年版)。

他史料真實性及思想是非之標準，或採用經文互證方法解釋經文，均表達了對文獻的批判思想。就前者而言，「六藝」作為司馬遷的考信標準，決定了其他史料的可信性及其價值；後者則表述了另一層意思，即「六藝」不僅是司馬遷考信史料的標準，而且它自身也有成為考信對象的可能。也就是說，「六藝」作為考辨史料的標準並非恆定不變的，其自身存在變化的因素。

（二）

司馬遷對「六藝」的認識，更為充分地反映在其「成一家之言」說上。《史記・太史公自序》云：「以拾遺補藝，成一家之言，厥協六經異傳，整齊百家雜語。」司馬貞《索隱》謂「遷言以所撰，協六經異傳，諸家之說耳，謙不敢比經藝也。」司馬貞的解釋，有一定道理，因為司馬遷確實沒有將其「一家言」比之於「經藝」。然而司馬遷明言「拾遺補藝」，是一家之言，而其「一家言」建立在對六經、異傳和雜語的協調和整齊之上。這就是說，不僅異傳和雜語而且包括經文在內所有入史的文獻，都要經過他「稽合同異，折衷取捨。」[309]「六藝」與其他史料一樣都要成為考信的對象。

考察《史記》引用儒家經典，多有補其缺者。例如《尚書・高宗肜日》「高宗肜日，越有雊雉」句。此句經文未言高宗為何人，亦未明肜日為何祭。司馬遷釋作「帝武丁祭成湯，明日，有雉登鼎耳而雊。」[310]司馬遷釋高宗為武丁，引自《尚書大傳》[311]。其謂商之肜祭

---

309 王先謙：《漢書補注・司馬遷傳》。

310 《史記・殷本紀》。又王國維著《高宗肜日說》一文，據甲骨卜辭和文獻兩重證據考辨高宗肜日事，否定了今文家的武丁祭成湯說，指出此事乃祖庚肜祭武丁。拙作《〈史記・殷本紀〉釋〈尚書・高宗肜日〉考論》（載《大陸雜誌》第九十九卷第二期）從王氏說，並辨析司馬遷是在無其它史料可徵引的情況下，採用今文家說的，他引用史料時有無法選擇的一面。最近讀到李學勤教授的文章《試譯楚簡

乃祭祀次日之再祭，可能出自《爾雅》等文獻。《爾雅・釋天》曰：
「繹，又祭也，周曰繹，商曰肜，夏曰複胙。」《爾雅》以為，商之
肜祭與夏之「複胙」、周之「繹」是同一類祭祀。《春秋・宣公八年》
曰：「辛巳，有事於太廟……壬午，猶繹。」《公羊傳》云：「繹者
何？祭之明日也。」《穀梁傳》曰：「繹者，祭之旦日之享賓。」司馬
遷解釋「肜日」，可能綜合今文諸家之說。

　　關於司馬遷引《尚書》今古文問題，前賢已有深入的分析。清儒
臧琳云：「《史記》載《尚書》今文為多，間存古文義。」[312] 段玉裁、
陳壽祺等家說大抵與臧氏同。司馬遷引經確實與漢代經師大有不同，
他非專主一家一師之說，而是博採眾家之言。如上引《尚書大傳》在
釋雊鳴事後，接著說：「（野鳥）今升鼎者，欲為用也。遠方將有來朝
者乎？故武丁內反諸己，以思先王之道。三年，編髮重譯來朝者六
國。孔子曰：『吾於《高宗肜日》，見德之報之疾也』。」《史記・殷本
紀》釋雊鳴事，盡刪《大傳》所謂「來朝者六國」及孔子語，云：
「武丁懼，祖己曰：『王勿憂，先修政事』」，「祖己嘉武丁以祥雊為
德」。司馬遷為什麼不取《大傳》說？這可能與《大傳》所云於史無
證有關。據《漢書・五行志》和王充《論衡・異虛篇》所載，漢人釋
雊鳴之事頗有爭議。劉向、劉歆父子的看法就不一致。劉向以為凶
兆，云：「野鳥自外來，入為宗廟器主，是繼嗣將易也」，「野鳥居鼎
耳，小人將居公位，敗宗廟之祀」，「野鳥入廟，敗亡之異也。」[313] 其
子歆則以雊鳴為吉兆。然而，他們均未載「六國來朝者」等事及孔子

〈鮑叔牙與隰朋之諫〉》（載《文物》2006年第9期）。李學勤教授據楚簡及其它文
　　獻，考定《高宗肜日》中的高宗實為武丁。可見，關於高宗肜日事仍需作進一步
　　的研究。

311　陳壽祺：《尚書大傳輯校・高宗肜日》。

312　臧琳：《經義雜記》之《五帝本紀書說》、《金縢今古文說》，《清經解》本。

313　《漢書・五行志》。

語。劉向、劉歆父子之言，可能是有來源的，至少劉歆與今文家說有相同之處，以雉鳴為吉兆，儘管在具體的解釋上有所不同。對司馬遷的解釋，清人皮錫瑞亦以為吉兆[314]。我認為，司馬遷的解釋並未言明凶兆或吉兆，他只是將雉鳴釋為異象，以明勸王修德之理由。（《封禪書》載此事及《殷本紀》載「桑穀共生」事同）上引司馬遷語「祖己嘉武丁以祥雉為德」之「祥」，是一個中性詞，作善亦可作惡，不附具體事實，一般表示異象或兆頭。此類解釋多見於《左傳》。《左傳·昭公十八年》：「將有大祥」。孔穎達疏：「祥者，善惡之證」，「祥，有惡有善。」《左傳·僖公十六年》：「周內史叔興聘於宋，宋襄公問焉（按指宋國發生隕石落，六鶂退飛事），曰：『是何祥也？凶吉焉在？』對曰：『今茲多大喪，明年齊有亂，君將得諸侯而不終。』」叔興所言之事，是得到應驗的。《左傳》記載有關天變異象之事，採取了無證不信的態度，這是《左傳》思想的一個重要特點[315]。司馬遷釋雉鳴事，正是繼承了先秦史家這種無證不信的撰史精神。值得注意的是，司馬遷博採眾說以補經文之缺佚，與上述採用經文互證方法解釋經文有很大的不同。因為，在此類「拾遺補藝」中，今文等家說之所以被採納，其說與經文之間聯繫之所以能被確定，是出於司馬遷對經文和經說所作的綜合考慮。換言之，對「六藝」異傳說之真實性作出判斷所依據的標準已經不是經文，而是司馬遷自己的歷史思維。

司馬遷對「六藝」的認識，在分析和運用經文所載史實上也有充分的反映。殷周之際，乃古代歷史之巨變。司馬遷用相當多的文字，敘述了此歷史之變化。例如，《史記·周本紀》敘述周文王對外征伐活動，云：「諸侯聞之（按，指質虞芮之訟事），曰：『西伯蓋受命之君。』明年，伐犬戎；明年，伐密須；明年，敗耆國。殷之臣祖伊聞

---

314 皮錫瑞：《今文尚書考證·高宗肜日》，中華書局1989年版。
315 劉家和：《古代中國與世界：一個古史研究者的思考》，第424-425頁。

之，懼，以告帝紂。紂曰：『不有天命乎？是何能為！』」「明年，伐
於；明年，伐崇侯虎，而作豐邑，自岐下而徒豐都。明年，西伯
崩。」關於文王征伐活動，經文多有記載。《詩・文王有聲》：「文王
受命，有此武功，即伐於崇，作邑於豐」，說的是文王受命後，征伐
崇國，徒都於豐。《詩・皇矣》：「帝載明德，串夷載路。」《毛傳》
曰：「徒就文王之德。」鄭玄箋：「串夷即混夷，西犬國名也。」
（《詩・采微・序》亦有「文王之時，西有昆夷之患」語）。此所謂串
夷、混夷，即指犬戎或畎夷[316]。文王伐密須載於《皇矣》。而文王伐
於國事，則見於《孟子・滕文公下》引《尚書・泰誓》語：「我武維
揚，侵於之疆，則取於殘，殺伐用張，於湯有光。」此役乃文王用兵
極盛的一次[317]，故云其功績比成湯還要輝煌。文王伐耆（即黎國），
載於《尚書・西伯戡黎》。然而據現存文獻，將文王征伐活動聯繫起
來作說者最初始於《尚書大傳》。但《大傳》所載文王征伐過程與司
馬遷的記載多有不同之處。《大傳》說：文王一年質虞芮之訟，後依
年伐于、密須、畎夷（被囚）、（獲釋）伐耆，伐崇並稱王。此處所謂
文王稱王等問題較為複雜，容在另文中討論。這裡主要談文王征伐活
動。關於文王所征諸國之地望，文獻上有所記載。在西周初活動頻繁
的犬戎，據王國維《鬼方昆夷獫狁考》考證，西周初年在「汧」、
「隴」之間，由宗周之西而包其東北。終西周之世，它都活動在今陝
西北部洛河流域的較大區域[318]。密須國，《漢書・地理志》「安定郡陰
密縣」下云：「《詩》密人國。」顏師古注：「即《詩・皇矣》所云：
密人不恭，敢拒大邦者。」其地在今甘肅靈臺縣西南[319]。《史記・周

---

316 王國維：《鬼方昆夷獫狁考》，《觀堂集林》（附別集）；劉起釪：《古史續辨》，第
　　504頁。
317 章炳麟：《古文尚書拾遺定本》，章氏國學講習會1937年印本。
318 劉起釪：《古史續辨》，第504頁。
319 劉起釪：《古史續辨》，第504頁。

本紀》：「明年敗耆國。」《正義》云：「即黎國也。」《說文‧邑部》：
「𨛡，殷諸侯國，在上黨東北。」《後漢書‧郡國志》上黨郡：「壺
關，有黎亭，故黎國。」注：「文王戡黎即此也。」黎國在今之山西
長治南面壺關境內[320]。於國，即古之邘國。俞樾謂：「既伐於崇，於
字即邘之假借字也。」[321]《漢書‧地理志》：「河內郡‧埜（野王縣）
王縣」下云：「孟康曰：『故邘國也。』」又《史記‧正義》引《括地
志》云：「故邘城，在懷州河內縣西北二十七里，故邘國城也。」漢
野王縣，即今之河南沁陽[322]。崇國，《漢書‧武帝紀》載有崇高
（山）。《郊祀志》和《地理志》「潁川郡」作「崈高」（山）。顏師古
注：「崈古崇字耳，以崇奉嵩高之山，故謂之崈高奉邑。」王念孫
謂：「崇高即嵩高，師古分崇、嵩為二字，非也。古無嵩字，以崇為
之，故《說文》有崇而無嵩。經傳或作崈，或作崧，皆是崇之異
文。」[323]崇國位於今之河南登封附近嵩山一帶[324]。

　　根據以上所列文王征伐諸國之地望，《大傳》有關文王征伐活動
的說法有不合情理之處：文王征伐離殷都不遠的於國，紂王卻無動於
衷，其伐密、犬戎後才惡而囚之。此其一。文王擴張勢力，先東渡孟
津，長途跋涉攻打於國，然後再回軍歧周，征伐周邊的密須、犬戎，
以圖鞏固後方。此其二。據司馬遷的記載，文王先質虞、芮之訟，攻
犬戎，伐密須，穩定周邊地區，建立穩固的大後方。繼而揮師東渡，
戡定距殷都朝歌不遠的黎國。此舉使殷臣祖伊大為恐慌，故對紂王說
了「天既訖我殷命」之類的話。但是，在殷都朝歌周圍還有一些殷的

320 顧頡剛、劉起釪：《尚書校釋譯論‧西伯戡黎》。

321 俞樾：《群經平議‧毛詩四》，《清經解續編》本。

322 王國維：《殷虛卜辭所見地名考》，《觀堂集林》（附別集）；章炳麟：《古文尚書拾
　　遺定本》。

323 王念孫：《讀書雜誌》，江蘇古籍出版社1985年版。

324 劉起釪：《古史續辨》，第509-510頁。

附屬國。因此文王又發動了攻打於、崇等戰役，並為加強統治，東遷
都至豐[325]。可以認為，司馬遷敘述文王的征伐活動，是對經文作了深
入思考的。他細緻地分析經文所載史實之間的聯繫，拋棄《尚書大
傳》的說法，對文王征伐過程作了合理的敘述。司馬遷棄《大傳》說
以及對經文所載史實作出編排，表明經文與《大傳》說一樣，其作為
歷史證據最初只有某種可能，而這種可能之所以能夠成為現實，其最
作為歷史的證據最終能夠在《史記》中被呈現出來，則是出自司馬遷
的判斷和考信。就此點而言，司馬遷「考信於六藝」又是以對「六
藝」考信為前提的。

　　司馬遷對「六藝」的考信，更為深刻地表現在揭示經文文本後面
蘊涵的意思。《尚書・西伯戡黎》記祖伊諫紂未果而返，云：「嗚呼，
乃罪多參在上，乃能責命於天？殷之既喪，指乃功，不無戮於爾
邦？」此幾句經文意為：紂之罪多得積累到天上去了，怎能要求上天
再賜予天命？殷王朝將要滅亡。紂王的所作所為發展下去，還能不毀
滅自己的國家嗎？司馬遷以「紂不可諫也」一語取代經文[326]。司馬遷
所言，並非經文字面意思，而是闡發經文文字後面所蘊涵的意思。紂
王積惡甚多，為上天所棄，當不可再諫。司馬遷的取捨，可謂深得經
文意旨。又，司馬遷引《西伯戡黎》言明殷紂王乃荒淫亂政之暴君，
將被天所棄。但為什麼失民心者必將亡國？要說明此點，還需要有另
一層思想，即積善累德者必得天命。漢代今文家亦注意到這點，卻以
虛妄之語加以附會。如《尚書大傳》云：「文王至磻溪，見呂望。文
王拜之。尚父曰：『望鉤得玉璜刻曰，周受命，呂佐檢德，合於今昌

---

325 學者們一般認為，司馬遷排列文王伐黎等國的順序，是可信的。見呂思勉《先秦
　　史》，上海古籍出版社1986年版，第120-121頁；顧頡剛、劉起釪：《尚書校釋譯
　　論・西伯戡黎》；許倬雲《西周史》，第90頁，等等。
326 《史記・殷本紀》。

來提』。」今文家以為天降符瑞，授大命於文王，令太公呂望相佐。
此類虛妄之語，司馬遷俱棄之不用。他致力於從人事上說明文王得
「天命」的原因。他說：西伯「陰修德，諸侯多叛紂而往歸西伯。西
伯滋大，紂由是稍失權重。」又以「互見」之筆法，在《周本紀》中
舉「西伯善養老」，賢明之士往歸之，以及西伯決虞芮之訟等史實，
以明「西伯蓋受命之君」之緣由。應該指出的是，此類有德者得天命
的思想，在儒家其他文獻中是能夠見到的。但是，司馬遷在這裡所作
的敘述，並非因為經典中有這樣的思想，而是出於表達自己思想的需
要。他以經文作者思考的問題為出發點，揭示其沒有表達出的思想，
進而通過經文思想來表達自己的思想。

　　司馬遷對包括經文在內的歷史文獻的批判和運用，表現出一種獨
立的歷史思維。這種獨立的歷史思維，無疑源於他撰寫表述自己「一
家之言」歷史的需要。以《殷本紀》敘述殷末歷史來作分析。關於此
段歷史內容，先秦至漢代文獻多有記載，但均為零章碎事，略無連
貫。最早較為完整地描寫此段歷史的是司馬遷。在《殷本紀》中，司
馬遷引錄《尚書》之《西伯戡黎》和《微子》所載若干史實，如紂拒
祖伊之諫而自以為「我不有命在天」，拒微子之諫而使眾賢叛離等
等，反映紂乃一代暴君。他以此為基點，廣採六經之異傳和百家雜
語，或引文字或取文意，以補充經文之說。其中可考者[327]，如紂王嬖
於婦人，愛妲己，採自《國語・晉語》；紂王命師涓作新淫聲，設炮
烙之刑，引自《韓非子》；紂以酒為池，錄自《六韜》；紂醢九侯，脯
鄂侯出自《戰國策》；文王受崇侯虎之譖被囚，採自《呂氏春秋》；西
伯之臣閎夭之徒求美女奇物善馬以獻紂，紂乃赦文王，引自《尚書大

---

327 參見：《史記會注考證附校補・殷本紀》，上海古籍出版社1986年版；王叔岷：《史
　　記斠補・殷本紀》，中華書局2007年版。

傳》；武王伐紂，紂兵敗登鹿臺赴火而死，採自（逸）《周書》，等等。另一方面，他記載西伯「陰修德行善，諸侯多叛紂，而往歸西伯」等事，以明周之興起過程。對這些六經異傳和百家雜語所載史實，司馬遷作出協調，在時間和空間上定位，表現出它們之間的聯繫，從而展現出一幅生動的殷末歷史畫面。此歷史畫面，是司馬遷在自己的思想中重現的歷史，是對已逝去歷史的重構。司馬遷對歷史的重構，不是依靠經文，而是依靠他自己獨立的歷史批判思維。司馬遷的歷史批判思維，無疑表現出自我解釋、自我證明和自我授權的特點。這種歷史批判思維，貫穿於《史記》全書之中。正是出於這種歷史批判思維，司馬遷撰史才能成「一家之言」。司馬遷的歷史批判思維，表現出中國古典史學獨立於經學時所具有的最重要特點。

最後，還有一個問題需要回答，即司馬遷提出「考信於六藝」說，但在文獻考信中，為什麼往往又有違此說。我以為，這點與「考信於六藝」說的性質有關係。「考信於六藝」說實際上出於司馬遷對部分經驗事實的認識，而其面對的將是司馬遷尚未作出考辨的極為廣博的經驗事實。所以，「考信於六藝」說只是一種假設。也就是說，司馬遷提出此說時，已經預設了此標準並非恆定不變的，而是有變化的可能。（儘管司馬遷本人不可能從理論上論證這點）但這種可能之所以能成為現實，則取決於司馬遷撰史的需要，取決於司馬遷史學思想的自主性和一位偉大歷史學家所具有的求真精神。

三 司馬遷的「疑則傳疑」說
——以《史記》載「高宗亮陰，三年不言」為例的分析

「疑則傳疑」，是司馬遷敘史的一條重要原則。《史記・三代世表・序》曰：「（孔子）序《尚書》則略，無年月，或頗有，然多闕，

不可錄。故疑以傳疑，蓋其慎也。」對孔子敘史「疑則傳疑」，司馬遷給予了高度評價。他繼承了孔子的這種思想，並且運用於歷史的敘述之中。下面，以司馬遷載「高宗亮陰，三年不言」為例來具體分析司馬遷的「疑則傳疑」說。

（一）

殷代國王武丁，是歷史上一位頗有作為的君王。他在位之時，殷朝大興，故舊史將其與商湯、太甲、祖乙並稱為「天下之聖君」。關於武丁的事蹟，司馬遷《史記》作了較為詳細的記載，其中就有後世流傳甚廣之「高宗亮陰，三年不言」事。然而，關於此事之「亮陰」意，學術史上一直存在爭議。

司馬遷記載殷王武丁事，見於《史記》之《殷本紀》和《魯周公世家》。《殷本紀》曰：「帝小乙崩，子帝武丁立。帝武丁繼位，思復興殷，而未得其佐，三年不言，政事決於冢宰，以觀國風。」《魯周公世家》曰：「其在高宗，久勞於外，為與小人。作其即位，乃有亮闇[328]，三年不言，言乃讙，不敢荒寧，密靖殷國。至於小大無怨，故高宗饗國五十五年。」[329]此兩段文字皆云武丁繼位後有「三年不言」事，然而《殷本紀》以為，武丁三年不言與思復興殷有關，《魯周公世家》則謂武丁有亮闇（按，亮闇即為亮陰，詳下文）事而三年不言。

司馬遷所載武丁三年不言事之異，已見於先秦文獻。《尚書·無逸》曰：「其在高宗，時舊勞於外，爰暨小人。作其即位，乃或亮陰，三年不言。其惟不言，言乃雍。不敢荒寧，嘉靖殷邦。至於小

---

328 為辨析亮、諒、梁、陰、闇、雍、饗等字古今字之別，這些字在此段及下兩段文中皆用繁體字寫出。

329 司馬遷：《史記》，中華書局1959年版。

大，無時或怨，肆高宗之享國五十有九年。」[330]《論語・憲問》、《國語・楚語》和《呂氏春秋・重言》等也載有此事。《憲問》云：「子張曰：『高宗諒陰（按，諒陰即為亮陰，詳下文），三年不言』，何謂也？子曰：『何必高宗，古之人皆然。君薨，百官總己以聽於冢宰三年。』」[331]（類似說法亦見於《尚書大傳》引孔子語：「孔子曰：古者君薨，王世子聽於冢宰三年，不敢服先王之服，履先王之位而聽焉。」）[332]《國語・楚語》載此事則不同於《憲問》，曰：「昔殷武丁能聳其德，至於神明，以入於河，自河徂亳，於是乎三年默以思道。卿士患之，曰：『王言以出令也，若不言，是無所稟令也。』武丁於是作書，曰：『以余正四方，余恐德之不類，茲故不言。』」（高誘注：類，善也）[333]《呂氏春秋・重言》云：「高宗，天子也，即位諒闇，三年不言。卿大夫恐懼，患之。高宗乃言曰：『以余一人正四方，余唯恐言之不類也，茲故不言。』」[334]據以上引文，先秦時期有關高宗亮陰事的流傳已多有歧義。然而分析此歧義，也見有兩類同者。《國語・楚語》與《呂氏春秋・重言》皆將「亮陰」與思複殷道相聯繫，或作默以思道（儘管《重言》未明言亮陰，但文中所指當為此事），或作慎言。《論語・憲問》等，則將亮陰三年不言與居父之喪相聯繫。根據以上先秦傳世文獻，大體可考見司馬遷記載的史料來源。《魯周公世家》所云，無疑引自《無逸》。而《殷本紀》所云，則是對《憲問》文字有所刪取，可能也參考了《國語・楚語》和《呂氏春秋・重言》的有關說法。這裡有一個問題需要解釋，《魯周公世

---

330 《尚書正義・無逸》，阮元校刻：《十三經注疏》。

331 《論語・憲問》，《諸子集成》本。

332 陳壽祺：《尚書大傳輯校・毋逸》，《清經解、清經解續編》本。

333 《國語・楚語》。

334 《呂氏春秋・重言》。

家》引《無逸》經文，對「亮陰」未作訓釋，而《殷本紀》采孔子釋「諒陰」之「聽於冢宰」語，卻對「諒陰」一詞刪而不錄。為什麼司馬遷如此引用文獻？我以為，司馬遷對文獻的處理，蘊含了深刻的思想。他不贊同孔子的「居喪三年不言」說，然而對於「亮陰」之義，他自己也無法作出解釋，故疑則傳疑。關於這點，列舉以下四證：

　　其一，司馬遷對經文有訓釋，然而對「亮陰」則不置一詞。《史記‧魯周公世家》所引經文，與今本《無逸》文字已有不同，其所引乃出自漢代今文尚書，如經文「舊」字，司馬遷作久，雍作讙，嘉作密、邦作國，享作饗，皆古今字之別。對此，清儒臧琳、惠棟、王鳴盛、陳喬樅等人分別有詳考，且未見有爭議。《無逸》「亮陰」一詞，《左傳‧隱西元年》孔穎達疏載杜預議喪服事引《書傳》文：「亮，信也。陰，默也。」[335]王鳴盛以為，西晉時偽《孔傳》尚未出，此《書傳》當「定為馬（融）《傳》」[336]。孫星衍等家說大抵同。可知，漢代出自杜林漆《古文尚書》之馬融本作「亮陰」，與偽《古文尚書》本同。又，漢代今文《禮記‧喪服四制》以及《春秋繁露‧竹林》引經文作「諒闇」，與馬融本有別。《春秋公羊傳‧文公九年》何休注引《論語‧憲問》同於今文《無逸》亦作「諒闇」，與今本《論語‧憲問》作「諒陰」不同。臧琳、潘維城以為，「諒闇」乃引自《魯論》，「諒陰」則出自《古論》，可為一說[337]。值得注意的是，《魯周公世家》引經文作「亮闇」，與現今可考之今文與古文皆異。此引用是否其所據今文本尚存古文，尚無可考定。不過，「亮闇」決非司馬遷訓釋之語，因為司馬遷不可能引用有爭議之今古文字（詳下文）

335　《春秋左傳正義‧隱西元年》孔穎達疏引馬融注，阮元校刻：《十三經注疏》。

336　王鳴盛：《尚書後案‧無逸》，《清經解、清經解續編》本。

337　臧琳：《經義雜記‧論語古文今文》，《清經解、清經解續編》本。潘維城：《論語古注集箋‧憲問》，《清經解、清經解續編》本。

來作訓釋。所以，清儒惠棟、江聲、王鳴盛、段玉裁、孫星衍、皮錫瑞乃至治《史記》之名家梁玉繩等人，皆未出訓釋說。需要指出的是，司馬遷引用《無逸》此段經文，並非引而不釋。經文「爰暨小人」，《魯周公世家》作「為與小人」。孫星衍以為，爰暨作為與，乃古訓字[338]。孫氏有說，但未詳其證據。今案，爰、為，上古音元歌陰陽對轉，匣母雙聲。爰與為通假之例，亦見於其他文獻。《玉篇》：「爰，為也。」[339]又經文「暨」字，《一切經音義》、《史記・夏本紀索隱》皆曰：古文作臮。[340]此臮字，亦見於日本內野本《尚書》（以偽《古文尚書》「宋齊舊本」為底本）、敦煌《尚書》殘本（伯二七四八）和薛季宣《書古文訓》[341]。由此可知，暨為今文，古文則作臮。古暨字常訓作與，《爾雅・釋詁》：「暨，與也。」《春秋公羊傳》：「會與暨，皆與也。」[342]《史記・夏本紀》引《尚書・皋陶謨》「暨益奏庶鮮食」作「與益予眾庶稻鮮食」。可見，孫星衍的訓釋是有依據的。司馬遷引經文，對爰、暨之類的虛詞都作訓釋，為什麼對經文中極為重要且存爭議的「亮陰」一詞卻不作任何訓釋？司馬遷此舉當有其深意。

其二，漢儒釋「亮陰」以字訓為據，其義則大異。上文談到，先秦時期有關「亮陰」之釋，已出現歧義。漢儒釋「亮陰」，與先秦說有同亦有異。以其同者而言，大體不出居喪三年說和思複殷道兩說；

---

338 孫星衍：《尚書今古文注疏・無逸》。

339 顧野王：《大廣益會玉篇》，卷二十九，中華書局1987年版。

340 慧琳：《一切經音義・太子本起瑞應經音義》，臺灣大通書局1985年版。參見金德建：《經今古文字考・〈史記〉引今文本〈尚書〉考》，齊魯書社1986年版。

341 參見劉起釪：《尚書源流及傳本》，第九章，遼寧大學出版社1997年版；顧頡剛：《尚書文字合編・無逸》，上海古籍出版社1996年版；薛季宣：《書古文訓・無逸》，《通志堂經解》本，江蘇廣陵古籍刻印社1996年版。

342 《春秋公羊傳注疏・隱西元年》，阮元校刻：《十三經注疏》。

以其異者而言，今古文家均有從文字訓詁方面尋找依據者。關於這點，今文家可以《尚書大傳》為代表。其文云：「《書》曰：『高宗梁闇，三年不言。』何謂梁闇也？《傳》曰：『高宗居倚廬，三年不言。』」[343]《尚書・無逸》孔穎達疏引鄭玄注曰：「諒闇轉作梁闇。楣謂之梁；闇，廬也。」[344]又《禮記・喪服四制》鄭玄注：「諒，古作梁，楣謂之梁。闇讀如鶉鷸之鷸。」[345]依鄭氏之見，伏生《大傳》之「梁闇」乃「諒闇」之轉，諒，古作梁即楣，闇讀如鷸即廬，伏生「居倚廬」說當緣字訓而來。漢代古文家說，現僅存馬融說：「亮，信也。陰，默也。」馬融師承杜林，其說與前漢孔安國古文說的聯繫，尚無從考定，但馬融的訓釋是有依據的。段玉裁指出：「諒、涼、亮、梁，古四字同音，不分平仄也。闇、陰，古兩字同音，在侵音，不分侵、覃也。《大傳》釋梁闇為居廬。鄭注：『闇讀如鶉鷸之鷸，謂廬也。』其注《禮記》、《尚書》皆用《大傳》說。上字讀為梁，讀為者，易其字也；下字讀如鷸，讀如者，釋其音也。《大雅》：「涼彼武王」，《韓詩》作「亮」。《白虎通》釋『禪於梁甫』之義云：『梁，信也。』然則古同音通用之法可見矣。」[346]按，馬融訓「陰」作「默」之例，亦見於其他文獻。《尚書・洪範》：「惟天陰騭民。」偽《孔傳》：「騭，定也。天不言而默定下民。」[347]陸德明《經典釋文》亦訓陰字作默。「默」有「不言」義。《春秋穀梁傳・文公六年》：「下闇上聾。」范寧《集解》：「臣闇不言，君所無聞。」[348]根據上引訓詁之說，可知漢代今、古文家所作的文字訓詁皆通，然其釋義

343　陳壽祺：《尚書大傳輯校・毋逸》，《清經解、清經解續編》本。

344　《尚書正義・無逸》，阮元校刻：《十三經注疏》。

345　《禮記正義・喪服四制》，阮元校刻：《十三經注疏》。

346　段玉裁：《尚書今古文注疏・無逸》，《清經解、清經解續編》本。

347　《尚書正義・洪範》，阮元校刻：《十三經注疏》。

348　《春秋穀梁傳注疏・文公六年》，阮元校刻：《十三經注疏》。

則大異。此二種訓釋均無法否定對方的釋義。我以為，這可能就是司馬遷引經據今文本，卻對伏生說棄而不用，同時也沒有作出類似馬融釋義的原因。

其三，漢儒釋「亮陰」說，並無確鑿的史料證據。《尚書・無逸》所載之「亮陰」事，屢見徵引於文獻，如戴聖採孔門七十子後學授《禮》語而纂成之《小戴禮記》（《禮記》）曰：「高宗者，武丁。武丁者，殷之賢王也。繼世即位，而慈良於喪。當此之時，殷衰而復興，禮廢而複起，故善之。善之，故載之書中而高之，故謂之高宗。三年之喪，君不言。書云：『高宗諒闇，三年不言。此之謂也。』」[349]《春秋繁露・竹林》云：「先王之制，有大喪者三年不呼其門，順其志之不在事也。」[350]此兩段文字，大體依孔子居喪三年說而略申己意，並未用史料增益孔說。又《尚書大傳》訓釋「諒陰」作「梁闇」後又云：「高宗居倚廬，三年不言。百官總已以聽於冢宰而莫之違。此之謂梁闇。子張曰：『何謂也？』孔子曰：『古者君薨，王世子聽於冢宰三年，不敢服先王之服，履先王之位而聽焉。』」[351]《大傳》所載孔子「不敢服先王之服，履先王之位」語，為《白虎通》所引用，且被發揮為居喪三年後，乃「即位統事，踐阼為主」[352]。漢代今文家說，對「亮陰」最有發明者，當屬伏生的「居廬」說。可是，無論孔子說抑或伏生等家對孔說的發揮，均不可否定馬融的「信默」說。後漢大儒鄭玄注經博采今古文，其注「高宗亮陰，居喪三年」採伏生說，也僅見引用伏生緣字訓而出之「居廬」說，而未見引用其所謂「居喪三年後履位」說。馬融的「信默」說，可能亦參考了《國語・

349 《禮記正義・喪服四制》，阮元校刻：《十三經注疏》。

350 《春秋繁露・竹林》。

351 陳壽祺：《尚書大傳輯校・毋逸》，《清經解、清經解續編》本。

352 陳立：《白虎通疏證・爵》，中華書局1994年版。

楚語》的說法，然其又謂「信默」為「聽於冢宰信默而不言」[353]，亦引用了孔子的一些說法。由此可知，漢儒釋「亮陰」並無定說，有關「亮陰」的解釋，均無確鑿的史料證據。

其四，司馬遷載有「居喪三年」事，卻與殷史無關。有關「居喪三年」事，在《史記》中也有記載。《五帝本紀》曰：堯崩「百姓悲哀，如喪父母，三年，四方莫舉樂，以思堯。」《夏本紀》曰：「帝舜薦禹於天，為嗣。十七年而帝舜崩。三年喪畢，禹辭辟舜之子商均於陽城。天下諸侯皆去商均而朝禹。禹於是遂即天子位」；「帝禹東巡狩，至於會稽而崩。以天下授益。三年之喪畢，益讓帝禹之子啟，而辟居箕山之陽。禹子啟賢，天下屬意焉。及禹崩，雖授益，益之佐禹日淺，天下未洽。故諸侯皆去益而朝啟，曰：『吾君帝禹之子也。』於是啟遂即天子位。」此三段文字所述，多有不同。堯崩三年喪期「四方莫舉樂」事，未見載於舜、禹崩之喪期。帝禹崩時，益已為天下共主，而不像孔子所說的「不敢服先王之服，履先王之位」，而且益並非禹之子。更值得注意的是，司馬遷如此詳載堯、舜、禹時期居喪三年事，卻隻字不提殷代王位繼承有類似事。顯而易見，他不認為殷代有此制度的存在。

根據以上四證，我以為，漢儒釋經所作文字訓詁皆通，然其所徵引的史料皆不可為確鑿的證據，此即其爭論的原因所在。在漢代，關於「亮陰」一詞的真實意思，是很難確定的。這大概就是司馬遷引用《無逸》經文，對「亮闇（陰）」之義存疑，且疑以傳疑的原因。

（二）

在以上討論中，我們將司馬遷載高宗「諒陰」事置於漢代學術背

---

353 《春秋左傳正義・隱西元年》，孔穎達疏引馬融注，阮元校刻：《十三經注疏》。

景下作出考察，以了解司馬遷載此事疑以傳疑的原因。下面，我們再將司馬遷載高宗「亮陰」事置於學術發展史中作出考察，從而更深入地認識司馬遷敘史「疑以傳疑」所蘊含的思想。

在學術史上，對「高宗亮陰，三年不言」事一直存在爭議。自兩漢以降，學者們有關此事的訓釋，眾說紛紜。擇其要者，大體可歸納為以下三類。

其一，承《尚書大傳》說及鄭玄釋，且多有發揮。上文談到，鄭玄從《大傳》「居廬」說，並從文字訓詁上考辨「居廬」義之由來。賈公彥《儀禮疏》、蔡沈《書經集傳》、王夫之《四書稗疏》、惠士奇《禮說》、江聲《尚書集注音疏》、王鳴盛《尚書後案》、孫星衍《尚書今古文注疏》、宋翔鳳《過庭錄》、陳喬樅《今文尚書經說考》、皮錫瑞《今文尚書考證》、胡培翬《儀禮正義》、劉寶楠《論語正義》以及近人于省吾先生的《雙劍誃尚書新證》等皆從「居廬」說。其中發明甚多者，當屬賈、惠、于三氏。關於「居廬」之義，鄭玄於經文他篇亦有注。《儀禮‧既夕禮》：「居倚廬」，鄭注：「倚木為廬，在中門外東方北戶。」[354]《儀禮‧喪夫》：「居倚廬，既虞，剪屏柱楣。」鄭注：「楣謂之梁，柱楣所謂梁闇。」[355]賈公彥疏云：「既虞之後，乃改舊廬西向，開戶剪去戶傍兩相屏之餘草。柱楣者，前梁謂之楣，楣下兩頭豎柱施梁，乃夾戶傍之屏也。」[356]賈氏之說，意在牽合鄭玄柱楣即為倚廬之處所，以及並言居倚廬柱楣說。此說當不可為殷代之制。清儒惠士奇則另闢途徑，從文字訓詁而達經義，曰：「古之闇，今之庵也。《釋名》曰：『草屋曰蒲，又謂之庵。庵，掩也，所以自覆掩也。』誅茅為屋，謂之剪屏，非庵而何。庵讀為陰，猶南讀為任，古

---

354 《儀禮注疏‧既夕禮》，阮元校刻：《十三經注疏》。
355 《儀禮注疏‧喪夫》，阮元校刻：《十三經注疏》。
356 《儀禮注疏‧喪夫》，阮元校刻：《十三經注疏》。

今異音。」[357]于省吾先生在文字訓詁上則更有創獲。他贊同鄭氏釋闇為廬，然對其釋梁為柱楣則有異議。他指出，「梁乃荊之訛，《貞毀》：『貞從王伐荊。』荊作，錢坫、阮元、吳式芬、劉心源、吳大澂均釋作梁。」于先生還舉金文中荊訛作梁字之多例，指出荊、梁兩字形極相近，故前人多誤釋。又謂：「闇、庵，古今字」，「亮陰者，梁闇也。梁闇者，荊奄也。荊奄者，以荊草覆廬也。鄭氏誤以《儀禮》之柱楣釋梁，蓋自《大傳》已釋荊為梁，沿訛久矣。」[358]于先生釋梁為庵字，不同意鄭玄「梁」為柱楣之釋，可為一說，然而其對《大傳》的「居廬」說，則是沒有異議的。可是，于先生的訓釋與鄭玄的解釋實際上有相同之處，即均從文字訓詁而達經義，所以其說難以否定馬融的說法。

其二，承馬融說，且有所發揮。何晏《論語集解》、偽《孔安國傳》、杜預、邢昺《論語正義》等皆從馬融的「信默」說，其中發明甚多者，當屬杜預。《晉書・禮志中》載杜預議喪服制，謂：「古者天子諸侯三年之喪始同齊斬，既葬除喪服，諒闇以居，心喪終制，不與士庶同禮」；「《傳》稱三年之喪自天子達，此謂天子絕期，唯有三年喪也，非謂居喪衰服三年，與士庶同也。故後、世子之喪，而叔向稱有三年之喪二也。周公不言高宗服喪三年，而云諒闇三年，此釋服『心喪』文也。」[359]邢昺從杜預「三年心喪」說。杜預、邢昺所謂「心喪」事，古代可能有之。司馬遷亦載類似事。《史記・孔子世家》曰：「孔子葬魯城北泗上，弟子皆服三年。三年心喪畢，相訣而去，則哭，各復盡哀，或復留，唯子贛廬於冢上，凡六年，然後去。」可是，古之「心喪」與殷制究竟有什麼聯繫，並無任何確鑿的

---

357 惠士奇：《禮說・廬舍》，《清經解、清經解續編》本。
358 于省吾：《雙劍誃群經新證・尚書・無逸》，上海書店1999年版。
359 《晉書・禮志中》，中華書局1974年版。

證據可以說明。所以，雖然杜預對馬融說頗有增益，卻也很難否定《大傳》和鄭玄的說法。

其三、「亮陰」為「不言症」新說。此說為郭沫若先生在《駁說儒》中對「亮陰」之義作出的解釋：他在文中列舉甲骨卜辭四例：（1）癸未王卜貞：酒肜日自上甲至於多後，衣。亡它自尤。在四月，惟王二祀。（2）□□王卜貞：今由巫九咎，其酒肜日（自上甲）至於多後，衣。亡它在尤。在〔十月〕又二。王稽，曰大吉。惟王二祀。（3）癸巳王卜貞：旬亡尤。王稽，曰吉。在六月，甲午，肜芌甲。惟王三祀。（4）癸酉王卜貞：旬亡尤。王稽，曰吉。在十月又一，甲戌，妹工典，其蒐，惟王三祀。郭沫若先生指出：此四例卜辭由字體及辭例看，是帝乙時代的記錄。卜辭意思大體是明白的。第一、二例的「衣」是「五年而再殷祭」之殷，古人讀殷聲如衣，這是一種合祭。此兩例所稱之祭都在「王二祀」，即王即位後的第二年，一在四月，一在十二月。而且王即位後的第二年，為王者已在自行貞卜，自行稽疑，自行主祭。古者祭祀侑神必有酒肉樂舞，王不用說是親預其事了。這何嘗是「三年不言」？何嘗是「百官總己以聽於冢宰」，作三年木偶呢？郭沫若先生認為，經文陰字同闇，可假借為瘖，口不能言則謂之瘖，闇與瘖同從音聲，陰與瘖同在侵部。《文選・思玄賦》：「經重瘖乎寂寞兮」，舊注：「瘖古陰字」，可見此兩字後人還通用。經文所謂「亮陰」，說的是高宗患了真正的瘖啞症，不能夠說話。郭先生在此篇文章還有一「追記」，指出：「武丁時卜辭每多『今夕王言』或『今夕王乃言』之卜，往時不明其意者，今已渙然冰釋。」[360]郭沫若先生的見解，對於理解「亮陰」之義有重要的意義。他所列舉的帝乙時期四例卜辭可與司馬遷《殷本紀》所載「帝太

360 郭沫若：《青銅時代・駁〈說儒〉》，科學出版社1957年版。

丁崩，子帝乙立」構成「二重證據」，證明了帝乙時期王位繼承無
「父喪三年不言」制，這也就間接證明孔子所謂此制為古代定制說有
誤。不過，郭先生的見解雖然有很高的學術價值，但似乎也有值得進
一步思考的地方。他否定「父喪三年不言」為帝乙事或古代定制，但
並不能否定高宗時無「三年不言」事，所以他仍需對「亮陰」作出解
釋，並與「三年不言」相聯繫。可是，他訓闇字作瘖，也是從音訓入
手的。若闇作瘖，那麼亮字為何意？郭先生又指出：「亮和諒雖然不
好強解，大約也就是明確、真正的意思吧。」可見，郭先生自己似乎
也覺得此訓釋有些勉強。退一步說，既使郭先生的訓釋能夠成立，其
從訓詁而達經義的路數，也無法否定鄭玄、馬融的訓釋，為什麼不可
以武丁繼位後居廬三年，或信默三年後又言（今夕王言）呢？還有一
點更為重要的是，郭沫若先生所列舉的數例卜辭，並不可作為武丁得
了「不言症」的確鑿證據。

　　以上對兩漢以後學者解釋「亮陰」之事作了分析，可以認為，這
些學者訓釋經文的路數與漢儒相同，或從文字訓詁而達經義，或並舉
訓詁義和史料解釋經文。近年來仍時見有學者釋「高宗亮陰」之事，
則多為引用簡接史料而出其說。以訓釋經文的方法而言，似乎還不如
漢儒的方法。漢儒及後世經史學家著力於經文文字訓釋，其訓詁義皆
通且文從字順，然而釋義則大異，究其原因，就在於他們引征的史料
皆缺乏準確的時間和空間定位。對儒家經典的訓釋需要有歷史的證
據，此乃中國古代學術的傳統。[361]所以無論孔子、漢儒以及後世經史
學家，大多都注意到釋經需引用史料論證，可是他們所徵引的史料在
時間和空間上卻沒有一條能與武丁直接聯繫起來。所以，他們所出之

---

361 參見劉家和師：《史學與經學》，載《古代中國與世界：一個古史研究者的思考》；
　　《孟子和儒家經傳》，載《史學、經學與思想》。

結論只是一種可能成立的結論，而不可為必然成立的結論。司馬遷在沒有確鑿史料可以解釋「亮陰」之意的情況下，寧可存而不議，傳之以疑，不失為卓然之見。

司馬遷對孔子是極為尊崇的，稱「中國言六藝者皆折中於夫子」。可是，他不取孔子的「居喪三年不言」說，釋「亮陰」之義不「折中於夫子」，那麼他憑藉什麼對「亮陰」事存疑且傳則以疑？換言之，司馬遷「疑則傳疑」的思想形成如何可能？關於這點，可以從兩方面作出理解：一是，司馬遷對史實真實性的判斷有自己的標準。他採孔子「政事決於冢宰」說，而不取「居喪三年不言」說，可能亦參考了《國語・楚語》「默以思道」說，而未取「自河徂亳」說，等等。這就說明，司馬遷對史料真實性的判斷，有自己獨立的思考。這點，更為深刻地反映在司馬遷對殷代乃至上古歷史的重構中[362]。自孔子以來，大多數經史學家釋「亮陰」事可能都有一個預設的前提，即孔子所言「居喪三年不言，古之人皆然」，進而由「古之人皆然」推斷出武丁亮陰為居喪。司馬遷不贊成孔子的說法，就要對孔說之前提作出否定。在《史記》中，我們可以看到，司馬遷載古代王位繼承制，或言從禪讓制至世襲制、或言兄終弟及制和父死子繼制，皆未出「居喪三年不言」為古之常制說。上文談到，他記載堯、舜、禹時期有「三年居喪」事，然其載殷代歷史卻對此不置一詞，其否定孔子的說法是顯而易見的。二是，司馬遷有能力對經文作出自己的理解。《無逸》此段經文之「亮陰」一詞雖不可釋，然而不釋此詞，對司馬遷引用經文並無大礙。此段經文意思大體還是清楚的。武丁繼位後，三年不言，出之以言，殷人皆歡。他不敢荒廢政事，著力安定殷邦，從百姓到群臣，無有怨言。將經文中所謂三年不言，與思複殷道聯繫

---

362 參見易寧：〈論〈史記〉釋〈尚書・西伯戡黎〉〉，《史學史研究》2002年第2期。

起來，亦可為一家之說。司馬遷在《魯周公世家》中引用經文，在《殷本紀》中則對經文大致意思作出解釋，此乃以互見之筆法表達疑則傳疑的思想，其用意頗為深遠。以上兩個方面有著內在的聯繫，而且表現出一個共同點，即司馬遷疑則傳疑思想的形成最終取決於他作為一位傑出歷史學家所具有的史學思想的自主性。這種史學思想的自主性，一方面表現為史學思想的自由，另一方面表現為以求真為基礎的史學思想的自律（自我約束）。我以為，此乃司馬遷撰史得以其「成一家之言」最重要原因。

　　以上對司馬遷疑則傳疑思想的分析，實為對其疑則傳疑思維過程的一種建構，所以只能說是筆者自己的一點思考。最後還有一點需要說明，中國古代修史疑則傳疑的思想，至少在孔子時代就已經出現。《春秋穀梁傳》云：「春秋之義，信以傳信，疑以傳疑。」[363]司馬遷亦盛讚孔子「序《尚書》則略，無年月，或頗有，然多闕，不可錄。故疑以傳疑，蓋其慎也。」[364]司馬遷疑以傳疑的思想無疑是對孔子思想的繼承，然而其亦多有發明者。至於司馬遷與孔子的疑以傳疑思想之異同何在，這是一個需要作出深入論證的問題，筆者擬在另文中作出討論。

四　司馬遷和波利比烏斯的歷史思想

　　司馬遷和波利比烏斯，是古代中國和希臘傑出的歷史學家。他們的史學代表了西元前二世紀中國與希臘史學的最高成就。這裡，我們對司馬遷和波利比烏斯的歷史思想作出比較。通過比較研究，不僅可

363　《春秋穀梁傳注疏・桓公五年》，阮元校刻：《十三經注疏》。

364　《史記・三代世表序》。

以更為深入地理解司馬遷的歷史思想，而且可以認識古代中國與希臘歷史思想之異同。

（一）

司馬遷和波利比烏斯的歷史思想相當豐富，其中最重要的而且能作出相對應比較的，主要在兩個方面，即對天（或命運）人關係和古今歷史之變的認識。前者探討影響和支配人類社會發展變化的是什麼，究竟是人、神抑或其他什麼東西。後者則是對歷史變化的過程及其特點作出分析。

司馬遷敘史，尤其是夏、殷、周三代歷史的變化時，常常提到天命的作用。《史記・殷本紀》說：「有夏多罪」，商湯伐夏桀是「行天之罰」。殷紂王荒淫亂政，以至於眾叛親離，卻仍以為「我生不有命在天乎」[365]。然而天並不佑殷，其終被周所滅。《周本紀》說，武王得天下後，「自夜不寐」，謂：「我未定天保，何敢寐」，「定天保，依天室，悉求夫惡，貶從殷王受，日夜勞來，定我西土，我維顯服，及德方明。」司馬遷敘述三代歷史，常提及天命的作用，其意是表現當時人們對天人關係的認識。夏、殷、周之時，人們深信天意對人類社會的影響和支配作用。所以殷紂王在行將亡國之時，仍相信天的保佑。但是，也有人意識到天命與人自身的行為有關。在這一方面，周人的認識尤為深刻。《尚書》說：「皇天無親，唯德是輔」[366]，「天視自我民視，天聽自我民聽」[367]。在周人看來，君王欲得天命，須慎修己德，贏得民心。天命是從民心中反映出來的。所以周武王得天下後，仍為如何懲治惡人，安定西土，施德於四方之事而焦慮不安。司

---

365 《史記・殷本紀》。

366 《左傳・僖公五年》引《尚書》，阮元校刻：《十三經注疏》。

367 《孟子・萬章上》引《泰誓》，阮元校刻：《十三經注疏》。

馬遷敘史反映了當時人們的天命觀，同時又明確地表述了自己的認
識。《史記‧太史公自序》論夏之所以亡，乃「夏桀淫驕」；殷之所以
滅，乃「帝辛湛湎」；周之所以興，乃「維棄作稷，德盛西伯，武王
牧野，實撫天下」，概不涉及天命。在司馬遷看來，三代之興亡完全
取決於帝王是否行善政，得民心，所謂「天命」實際上就是民心。在
考察王朝更替之類重大事件時，司馬遷都是立足於人事作出分析，肯
定支配歷史發展的是人類自身而非天命和神意。不過，司馬遷還沒有
否定天命鬼神的存在。在分析某些具體事情時，他還提到這一類東西
的影響。《史記‧韓世家》說，韓傳國十餘世，是積「陰德」的結
果。《田敬仲完世家》述田氏專齊政之經過，以為是「事勢之漸然」，
而《讚語》又說：「非必事勢之漸然也，蓋若遵厭兆祥雲」，表現出一
種矛盾的認識。但是，天命鬼神一類的東西，在司馬遷的歷史思想中
占的地位並不重要，未形成實質性的影響。

　　波利比烏斯的《歷史》也經常提到神或神性之命運的作用[368]。例
如，第二次布匿戰爭期間，羅馬軍隊在伊帕裡擊敗迦太基軍。正當
羅馬人乘勝追擊，欲全殲敵軍時，天突然下起傾盆大雨。因此，羅
馬人不得不收兵回營。波利比烏斯說：「這是神的干涉挽救了迦太基
人」[369]。又如，第三次馬其頓戰爭結束後，帕加瑪人以為可以過上和
平安寧的生活，不料突遭蠻族高盧人的進攻，從而再度捲入戰禍。波
利比烏斯說：「命運完全可以用一種出乎意料的行為衝擊合理的願
望。」[370]不過，波利比烏斯對神或命運的作用，自有一番解釋。他

---

368 希臘文「命運」（Túxη）是一個多義詞，有運氣、機遇和神的賜予與安排（神性之
　　命運）等多種涵義。神性之命運是其中最重要的涵義之一。參見H. G.Liddell and R.
　　Scott, Greek - English Lexicon, p. 1592, With a revised supplement, Oxford , 1996. J.
　　B.Bury, The Ancient Greek Historians, p.200, London, 1920.

369 F. W. Walbank, A Historical Commentary on Polybius, Vol.II, p.296, Oxford, 1967.

370 Polybius, The Histories, XXIX. 22.

說，人類社會所發生的事情都是有其原因的，歷史學家對此應加以探究。但有些事情的原因十分複雜，要作出解釋「是不可能的或困難的，這樣我們歸之於神或命運使然，以擺脫困難，或許是合理的」[371]。這就是說，波利比烏斯把歷史事件歸於神或命運使然，是從人事上作出解釋感到困難時所為。換言之，是他對歷史事件的原因「無法解釋時的一種手段」[372]。（上述對羅馬軍隊進攻時遭大雨所阻，高盧人攻擊帕加瑪的解釋都是出於這方面的考慮。）可以認為，波利比烏斯雖然沒有否定神或神性之命運的存在，而且也承認其作用，但明確地強調「這種作用的功能是嚴格受到限制的」[373]，是限制在為人們所利用的範圍之內。這一思想，在他對宗教的分析時，也有清楚的表述。他說，人類社會盛行的宗教活動是很「恥辱的事情」，但它又確有存在的必要。因為「對鬼神的信仰和對陰間的恐懼」，能抑制人們「易變的情感，充滿放縱的欲望，無理智的衝動，強烈的憤怒……」[374]波利比烏斯認為，人們敬奉神靈，並不能得到神靈的保佑，然而宗教活動在現實生活中又有重要的作用。它能抑制人們違反社會規範的思想行為，從而有利於保持社會秩序的穩定。這種思想是相當深刻的。如果說，司馬遷對某些具體歷史事件的分析，還有點相信鬼神的作用，波利比烏斯則清醒地排除這一類東西的影響。

司馬遷分析三代之興亡，以為帝王所得之天命實則為民心。然而他論述戰國至漢代歷史的演變，如秦漢之興，卻沒有用民心來解釋。在分析秦一統天下的原因時，司馬遷說：「秦始小國僻遠，諸夏賓之，比於戎狄，至獻公之後常雄諸侯。論秦之德義不如魯衛之暴戾

---

371 Polybius, The Histories, XXXVI. 17.

372 J. W. Tompson, A History of Historical Writing, Vol. l, p.57, New York, 1942.

373 〔英〕柯林武德：《歷史的觀念》，何兆武、張文傑譯，第46頁。

374 Polybius, The Histories, VI.56.

者，量秦之兵不如三晉之強也，然卒並天下，非必險固便形埶利也蓋
若天所助焉。」[375]又說：「說者皆曰魏以不用信陵君故，國削弱至於
亡，余以為不然。天方令秦平海內，其業未成，魏雖得阿衡之佐，曷
益乎？」[376]秦以一偏遠落後之小國終得以平定海內，蓋得天助。秦所
得之天命，當不為民心。論秦之德義尚不如魯衛之暴戾者，其何德之
有？何能得民心？那麼，司馬遷所說的「天」究竟指的是什麼？對
此，司馬遷自有解釋。他分析戰國形勢時說：「及田常殺簡公而相齊
國，諸侯晏然弗討，海內爭於戰功矣。三國終之卒分晉，田和亦滅齊
而有之，六國之盛自此始。務在強兵並敵，謀詐用而從衡短長之說
起。矯稱蜂出，誓盟不信，雖置質剖符猶不能約束也。」[377]司馬遷認
為，山東六國為謀私利而相互爭鬥。它們也曾聯合抗秦，但又各懷鬼
胎，「雖置質剖符猶不能約束」，結果是一盤散沙，反倒為秦各個擊破
提供了條件。對於魏國來說，即使得到信陵君這樣的賢臣，也不能挽
救其覆滅的命運。秦滅六國「乃六國自相滅也」[378]。六國為謀求自身
利益的活動，卻為秦的統一掃清了道路。這當然不是六國的目的，也
非秦的意志所能左右。這難道不是天命？司馬遷分析漢之興，提出了
同樣的認識。他說，秦始皇統一後，患兵革不休，墮壞名城，銷毀兵
器，打擊豪強，以圖維萬世之安。然而這些措施恰恰促使了漢的興
起，「王跡之興，起於閭巷，合從討伐，軼於三代，鄉秦之禁，適足
以資賢者為驅除難耳。」[379]秦維萬世之安的措施，卻導致了自身的滅
亡，為劉邦由布衣而登帝王之位提供了條件。這也不是秦的目的，更

---

375 《史記·六國年表·序》。

376 《史記·魏世家·贊》。

377 《史記·六國年表·序》。

378 汪越：《讀史記十表》，《史記漢書諸表補訂》，第27頁。

379 《史記·秦楚之際月表·序》。

非劉邦的意志所能左右。對此，司馬遷大為感歎地說，「豈非天哉！豈非天哉！」可見，司馬遷通過對秦、漢歷史演變的分析，對天人之間的關係作出了新的解釋：天是源於人們為謀求自身利益的行動和欲望之中，又不以人的意志為轉移而必然出現的歷史趨勢[380]。

波利比烏斯分析羅馬征服地中海世界這一歷史巨變時，也頻繁地使用了命運一詞。他說：「我們所處時代特點的最非凡之處在於，命運迫使幾乎所有世界上的事件都朝著一個方向發展，並服從同一目標（即羅馬的征服）。」[381]波利比烏斯所謂「命運」，並非一種托詞。因為他對羅馬征服成功的原因，已有深入的分析。他說，羅馬政體由君主制、貴族制和民主制三種因素混合而成，具有極大的優勢。依靠這種政體，羅馬人追求的「任何目標都能實現」[382]。羅馬軍隊由公民組成，較之迦太基的雇傭軍具有更強的戰鬥力。宗教在「保持羅馬國家的凝聚力」上起了相當重要的作用[383]。這些分析，都是切切實實地立足於人事之上的。而且從波利比烏斯的話語來看，其所謂「命運」是有深刻涵義的。他稱「命運」「迫使世界上所有的事情都朝著一個方向發展」，這就是說地中海地區被羅馬人征服並非出自羅馬人的意志，而包括羅馬在內的地中海所有國家的活動都受到命運的驅使。波利比烏斯所謂命運之涵義，從其敘史中已經表述出來了。對羅馬征服的過程，波利比烏斯是通過一系列重大戰爭來展現的。在他看來，這些戰爭都是由羅馬敵對國為謀求自己的利益而引發的。例如，他指出，自第二次布匿戰爭始，羅馬有了明確向外擴張的目的。而這場戰

---

380 參見劉家和：《對於中國古典史學形成過程的思考》，載《古代中國與世界：一個古史研究者的思考》，第276-278頁。

381 Polybius, The Histories, I.4.

382 Polybius, The Rise of the Rome Empire, p. 317, I.S.Kilvert, ed, Penguin Books, 1979.

383 F. W.Walbank, A Historical commentary on Polybius, vol. I, pp.741-742, Oxford, 1957.

爭卻是由於迦太基人在西班牙地區的擴張而引發的。也就是說，迦太基人的擴張勢力，卻引發了羅馬人有目的的對外擴張。又如，希臘亞加亞聯盟首領乘羅馬人忙於在迦太基作戰，西班牙等地爆發反羅馬起義之機，企圖擺脫羅馬的控制，結果以失敗告終。波利比烏斯說，亞加亞聯盟首領錯誤的決定，「帶給希臘人的是迅速的失敗」[384]。不僅羅馬的敵對國，甚至一直是羅馬盟國的帕加瑪等，最終也難免淪為羅馬附庸。總之，地中海國家為了謀求自己的利益，或與羅馬對抗或與羅馬結盟，結果卻無不事與願違。而羅馬人「正是通過別人的錯誤決定使自己得益，發展並確立了自己的權力。」[385]地中海國家為謀求自身利益的活動，卻促使了羅馬征服的成功。這不是它們的目的，也非羅馬人的意志所能左右。這就是命運，這就是「迫使幾乎世界上所有事情都朝著一個方向發展，並服從同一目標的命運」。由此可見，波利比烏斯的命運與司馬遷的天有大體相同的涵義。

司馬遷和波利比烏斯在天人關係問題上得出了大體相同的認識，並不是偶然的，而是他們繼承前輩史家的思想，對歷史進行深入研究後所得出的必然結果。在中國，春秋以來的史學家已經意識到，殷周時期人們所謂天命，實際上就是民心。國運與君權之興亡，不在神而在於民（見《左傳》桓公六年、莊公三十二年、僖公五年、襄公十四年，《國語·周語上》等）。而古希臘修昔底德等史家能夠解釋歷史事件的原因時，都斷然地拒絕考慮神和命運的作用。這種重人事的思想，已表現在司馬遷和波利比烏斯對某些歷史階段或事件的解釋中。然而作為傑出的史學家，司馬遷和波利比烏斯並不滿足於對傳統思想的繼承，而是力求提出新的、更有價值的思想。他們對歷史演變的解

---

384 Polybius, The Historics, XXXVIII.18.

385 Polybius, The Historics, XXXI.10.

釋，已經蘊含了這樣的意思：人類歷史表現為人的活動，而人的活動
又是為了謀求自身的利益。換言之，是人的需要、熱情，即人的欲望
推動了歷史的發展。人們都有自己的欲望，並為滿足自己的欲望而彼
此相互衝突地活動著，結果卻順應了與自己意志相違背而必然出現的
歷史趨勢——天。天源於人的活動之中，又不以人的意志為轉移，高
居於人的意志之上。司馬遷和波利比烏斯的認識，涉及到歷史哲學上
的重要問題：人類歷史是在矛盾、衝突和鬥爭中向前發展的；歷史的
發展不以人的意志為轉移，卻又是人意志的結果；「惡」（欲望）在推
動歷史的發展。當然，司馬遷和波利比烏斯的認識還限於直觀經驗之
上，他們沒有從理論上來認識這些問題，也沒有把這些思想貫穿於對
各歷史階段發展變化的解釋之中。但這些問題的提出，已足見其非凡
的歷史意識，代表了中西古典史家對天（或命運）人關係的最深刻的
認識。

（二）

　　對古今之變的認識，是司馬遷和波利比烏斯歷史思想的另一個重
要方面。歷史的進程與天人關係兩方面是緊密聯繫的。對天人關係的
研究，是認識古今之變的前提。只有清楚地理解人類歷史的內容、動
因，才能對歷史的發展變化及其特點作出深入的解釋。

　　對中華民族歷史的發展，司馬遷注意從兩方面作出考察，一是歷
史發展的連續性，二是具體的歷史人物活動及其與歷史發展連續性的
關係。

　　司馬遷對歷史發展連續性的認識，在《史記》的《本紀》和《年
表》中有鮮明的體現。《史記》十二《本紀》敘事，以各王朝順序為
篇，前後相蟬聯。各《本紀》分別觀之，可見一朝一代盛衰之變化。
十二《本紀》合而觀之，則從各王朝興替更迭之中見出歷史發展的進

程。《史記》的《十表》則據歷史發展之大勢劃分出前後相聯的五個
階段。《表》前有序,「用簡短的文句概括了所要說明的時代的歷史,
並對整個形勢進行了精彩的評論」[386],表現出更為深刻的思想。

　　《十表》的前四表,即《三代世表》、《十二諸侯年表》、《六國年
表》、《秦楚之際月表》,劃分黃帝至漢代的歷史為五帝三代、春秋時
期、戰國時期和秦的短暫統一、秦楚之際四個歷史階段。後六
《表》,即《漢興以來諸侯王年表》等,專記漢代史事,以漢為一歷
史階段。司馬遷在《表》序(亦在有關紀傳)中,對五個歷史階段的
特點作了論析:五帝三代是帝王君臨天下時期,得天下者皆積善累德
之聖明帝王;亡朝滅國之君,均係無德亂政之暴君。王朝之興亡,取
決於帝王是否行德政而得民心。春秋時期,王權衰微,天下分裂,力
征代替德政,春秋五伯先後稱雄。戰國時期,諸侯勢衰,陪臣執國
命,大夫世祿,七雄並立,兼併戰爭愈演愈烈,最後秦滅六國,一統
天下。秦楚之際,戰亂再起,從秦亡到漢興,五年之間號令天下的陳
涉、項羽、劉邦皆系布衣平民。漢代六《表》著重記載漢中央王朝與
諸侯王分裂割據勢力的鬥爭,以及中央集權制日益鞏固的過程。司馬
遷對歷史階段的劃分,主要的依據有兩點:一是統一、分裂;二是各
類政治力量的興衰。伴隨歷史發展進程的是各類政治力量的興衰和權
力形式的變化,執國命者由五帝三代的帝王而諸侯,由諸侯而卿大
夫,由卿大夫而布衣平民。《史記》十《表》,從政治發展之大勢上表
現出歷史發展的連續性。歷史發展之「通」中見「變」,「變」中見
「通」。

　　波利比烏斯在其書《歷史》中,對歷史的進程也表述了認識。
《歷史》一書分《引言》(第1、2卷)和《正文》(第3-40卷)兩大部

---

386 白壽彝:《史記新論》,求實出版社1981年版,第64頁。

分。《引言》簡略地敘述了西元前二二〇年以前地中海地區發生的一些重大事件。自正文始，採用編年史體例，以奧林匹亞德紀年為序，詳細敘述西元前二二〇年至前一四五年地中海地區發生的重大事件。波利比烏斯意在以西元前二二〇年為界，把歷史劃分為兩個階段。他說：西元前二二〇年以前，「世界上的事情都是分散的。每一件事無論就其目的、結果和發生的地方而言，都是孤立的，彼此間沒有什麼聯繫。而這一時期以後，歷史已成為一個有機的整體，義大利和非洲發生的事也牽涉到亞洲和希臘，而所有發生的事都趨向於一個目標。」[387]在這段話中，波利比烏斯不僅把地中海地區的歷史劃分為兩個階段，而且指出了其不同的特點。在前一階段，歷史事件之間是沒有聯繫的；而後一階段，歷史成為一個有機的整體，各地發生的事都聯繫在一起，並趨向一個目標——羅馬征服的成功。在波利比烏斯看來，這兩個歷史階段是沒有直接聯繫的。因為，一個由無聯繫的事件構成的歷史階段，不可能成為一個「有機整體」歷史階段形成的前提。所以他聲稱，《正文》所述的歷史是「一個單獨的整體，有一個公認的開始，一個被確定的過程，一個無可爭議的結果。」[388]可見，波利比烏斯是把羅馬征服地中海地區的這段歷史，從地中海全部歷史發展過程中割裂出來作考察的。當然，波利比烏斯對具體史實的分析中，並未完全否定前二二〇年前後兩個歷史階段的聯繫。他在《引言》中敘述一些史實，也意在表現這種聯繫。例如，他說，敘述希臘克拉昂米尼戰爭，是為了使人們了解西元前二二〇年前希臘和馬其頓的情況。第一次布匿戰爭、羅馬與凱爾特人的戰爭與第二次布匿戰爭之間存在著某些聯繫。但是波利比烏斯沒有從宏觀上考察這兩個歷史

---

387 Polybius, The Histories, I.3.

388 Polybius, The Histories, III.1.

階段之間所存在的必然聯繫。也就是說，在他的歷史思想中沒有構建歷史發展連續性的觀念。在這方面，波利比烏斯與司馬遷的認識表現出重大的差異。

司馬遷不僅在《本紀》和《表》中展現出歷史發展連續性和階段性，而且在《書》、《世家》、《列傳》等中表述了各歷史階段豐富多彩的內容，以及與歷史發展連續性的關係。例如，《史記》敘西周史，《周本紀》與吳、齊、魯、燕、蔡、衛、宋、晉等《世家》有相對應的關係。周初諸侯國皆為周王所封，或為王室親族，或為開國功勳，或為前代王室後裔，皆以周王為天下共主。諸侯多為積善累德者。魯周公「憤發文德，天下和之」[389]；齊太公主國修政，「人民多歸齊」[390]；燕召公「治西方，甚得兆民和。」[391]這些人物的活動，反映出周代以德治天下的特點。西周末年政治腐敗，導致春秋時期天下分裂，政出五伯局面的形成。齊桓公九合諸侯，霸功顯彰；晉文公作王宮於踐土，會盟諸侯；楚莊王陳兵周郊，觀兵問鼎。吳、越亦先後執牛耳於中原。司馬遷記五伯爭霸之時，大量穿插其他國家人物的活動，反映齊、晉、秦、楚等國力量不斷強大，「文武所襃大封，皆威而服焉」[392]。而諸侯勢力在爭霸戰爭中漸被削弱，卿大夫的力量不斷壯大。三家分晉，田氏滅齊，春秋一變而為戰國。司馬遷寫春秋史，不僅反映春秋時期天下分裂，諸侯力征的時代特徵，而且說明下一歷史階段形成的原因。於戰國時代，司馬遷增設韓、趙、魏、田敬仲完《世家》，以示七雄並立局面的形成。《列傳》所載戰國士大夫人物多達百餘位，有四公子及呂不韋等權貴政要，有蘇秦、張儀、范睢、蔡

389　《史記·太史公自序》。

390　《史記·齊太公世家》。

391　《史記·燕召公世家》。

392　《史記·十二諸侯年表·序》。

澤等謀臣策士，有孫臏、樂毅、白起等兵家戰將，有商鞅、吳起、李斯等變法人物，有莊子、孟軻、鄒衍等諸子人物。從這些人物的活動中，見出士大夫縱橫捭闔於政治舞臺，陪臣執國命的時代特點，同時亦見出各國之間的交往不斷發展，小國不斷被大國兼併，戰國時期的分裂中，已孕育著秦的統一。秦統一後為維萬世之安，打擊六國舊貴族勢力，又為平民布衣登上歷史舞臺提供了條件。歷史再變而入秦楚之際。司馬遷立《項羽本紀》、《陳涉世家》等，表明政治權力轉移到這些「無尺土之封」的草莽英雄之手；與之相呼應的是一大批布衣平民徒手取卿相之尊。司馬遷為蕭何、曹參、陳平、韓信、樊噲、灌嬰等立傳，正反映了秦漢之際巨大的政治風暴震撼整個社會，說明漢高祖得以統一天下的原因。司馬遷寫秦漢史，還從政治、經濟、文化等方面人物的活動來描寫郡縣制確立，中央集權制建立和鞏固的情況，以顯示秦漢時期的統一與三代的帝王君臨天下之不同特點。總之，司馬遷敘史，力求從變化中考察歷史的進程。他從歷史人物活動及其聯繫中顯示歷史階段的不同特點；又從歷史人物活動的變化中，說明下一歷史階段形成的原因，從而揭示了歷史縱向發展之「通」與「變」是由橫向空間歷史人物的活動、聯繫及其變化所決定的。這是司馬遷考察古今之變所表述出的最為深刻的思想。當然司馬遷沒有也不可能從理論上對這一思想作出闡述，而且大概由於史料的缺乏，他對某些歷史階段（如五帝時期、西周向春秋時代過渡）的敘述還有些欠缺，但他敘史時表現出了這一思想，則是無疑義的。

　　上文談到，波利比烏斯沒有從宏觀上構建起歷史發展連續性的觀念。他把羅馬征服地中海世界的歷史作為一個「單獨的整體」來考察，但這並不意味波利比烏斯以為歷史是靜止不變的。他也強調變化，而且特別重視從歷史人物活動中展現地中海諸國之間錯綜複雜的

聯繫。他說，他的《歷史》是真正的「普世史」（General History）[393]，
並自稱是「第一位寫普世史的作家」[394]。波利比烏斯所言，正是從其
書內容橫向廣通地中海世界來說的。他觀察地中海諸國的聯繫，又與
羅馬征服的進程結合起來。他以四次重大戰役，即第二次布匿戰爭、
第二次馬其頓戰爭、敘利亞戰爭和第三次馬其頓戰爭為主線，把羅馬
征服過程分為四個階段，並指出這四個階段之間存在著聯繫。他說，
「我們可以看到，羅馬和安提柯的戰爭源於和腓力的戰爭，和腓力的
戰爭源於漢尼拔的戰爭……戰爭和戰爭之間雖有許多不同性質的事件
發生，但都趨向於一個目標（即羅馬的征服）。」[395]另一方面，波利
比烏斯又從廣闊的層面描寫歷史人物的活動。他說，羅馬與迦太基的
第二次布匿戰爭爆發後，地中海地區其他國家紛紛投向交戰的雙方。
馬其頓與迦太基聯盟，埃陀利亞與羅馬人合作，小亞細亞的國家「或
派使者去羅馬，或派使者去迦太基」[396]。馬其頓國王腓力在迦太基人
的支持下，入侵伊里利亞、科林斯，占領埃及海外領地阿比都斯。馬
其頓勢力的膨脹，引起地中海許多國家的強烈不滿，也嚴重地威脅了
羅馬人的利益，所以在第二次布匿戰爭期間，羅馬與腓力戰爭的原因
已顯現出來了。地中海地區矛盾的焦點從迦太基與羅馬逐漸轉變為羅
馬與馬其頓。第二次馬其頓戰爭期間，塞琉古國王安提柯三世曾答應
羅馬的要求，不介入戰爭，卻乘羅馬與腓力交戰之時，侵占敘利亞南
部、小亞細亞南岸部分地區和色雷斯沿岸的一些城市，與這些地區的
國家發生了尖銳的衝突。而羅馬人也認為，安提柯的擴張實際上是準
備進攻羅馬。這樣，地中海地區新的矛盾焦點──羅馬與塞琉古的鬥

---

393 K.Sacks, Polybius on the Writing of History, p.105, California University Press, 1981.

394 Polybius, The Histories, I.4.

395 Polybius, The Histories, III.32.

396 Polybius, The Histories, V.105.

爭逐漸形成。敘利亞戰爭後不久，第三次馬其頓戰爭爆發。這場大戰同樣導源於上一次戰爭。羅馬與安提柯的戰爭爆發後，馬其頓國王腓力曾派兵支持羅馬，但同時又在希臘和色雷斯等地擴張勢力。這不僅引起與帕加瑪、特撒利亞人的衝突，也直接威脅到羅馬在希臘地區所建立的控制權。羅馬與馬其頓的矛盾，終於演為第三次馬其頓戰爭。馬其頓人最終遭到慘敗。波利比烏斯說，這次大戰後「整個世界都臣服於羅馬人的統治之下」[397]。總之，波利比烏斯把羅馬征服過程劃分為四個階段，從具體人物活動的聯繫及其變化中，反映四個階段的不同特點（矛盾的焦點）及其聯繫，從而揭示了羅馬征服地中海地區在時間上的連續性。但是，波利比烏斯這一思想僅表現在對一段歷史的分析上，而不是對地中海世界全部歷史發展的思考。更需要指出的是，波利比烏斯觀察這段歷史內容的變化，也有一個依據。他聲稱，地中海地區統一於羅馬是「一個被確定的過程」，所有的事件都「趨向於一個目標」[398]。這就是說，所有歷史事件的發生及其聯繫最終都應確定在羅馬必定征服的目標之下。顯而易見，波利比烏斯是以自己親見羅馬征服地中海世界這一「無可爭議的結果」來推定歷史人物活動的聯繫，從一個靜止不變的基點來認識歷史進程。正是出於這一認識，他斷然以為西元前二二〇年以前所發生的事都是「分散的」、「孤立的」，而沒有意識到以此年為界前後兩個歷史階段所存在的必然聯繫。也正是出於這一認識，波利比烏斯敘史的視野雖置於整個地中海世界，卻無法認識歷史橫向空間內容的變化與歷史縱向發展連續性的關係。在對歷史進程的認識上，波利比烏斯與司馬遷是難以相提並論的。

---

397 Polybius, The Histories, III. 3.
398 Polybius, The Histories, III.32.

　　波利比烏斯與司馬遷對歷史進程認識上的不同，與中西古典史學的傳統有關。中國古代思想家和史學家重視對歷史知識的運用，據文獻史料來考察歷史的演變，意識到歷史進程具有連續性和階段性（見《論語》的《為政》、《季氏》等篇、《韓非子・五蠹》等）。而歷史的發展又表現出變化，從變中見通，通中見變。《易・繫辭》所謂：「窮則變，變則通，通則久」，就是對這一思想精闢的闡述。在古希臘，史學家則強調依據親身見聞的資料來考察歷史，偏重於當代史的研究。在修昔底德等史家看來，即使前一代的歷史也覺得時間上遙遠了[399]。更重要的是，希臘史學受到希臘思想「知識論」的影響。希臘思想家認為，真正的知識是永恆不變的，任何變動的東西不可能成為知識，而只能成為意見。所以史學家考察歷史運動，也力求尋找某種恆定不變的東西（如修昔底德歷史思想中的人性不變論），從一個不變的基點來認識歷史的演變。司馬遷和波利比烏斯對歷史演變的認識，都繼承了傳統的思想。但他們對傳統思想又大大地加以發展。西元前二世紀中國和西方發生從分裂到統一，從小國到帝國（或向帝國過渡）的歷史之巨變，無疑極大地開拓了他們的歷史思維。司馬遷以其恢宏的歷史視野和深邃的史識，考察中華民族歷史的發展，揭示了歷史縱向發展之「通」和「變」與橫向空間歷史人物活動的關係。波利比烏斯則將西元前二世紀上半葉地中海世界各國歷史人物的活動涵納於其宏篇巨著之中，從橫向空間展示了一個「有機整體」的內在聯繫。他們都提出超越前人的、極富價值的思想，對中西古代歷史思想的發展產生了深遠的影響。

---

399 Thucydides, History of the Peloponnesian War, I.1, translated by C. F. Smith, London and New York, 1928.

五 《漢書》中的通史精神

作為「廿四史」中第一部的《史記》，其體例是通史，即從黃帝開始直到司馬遷所在的漢武帝時期。緊接《史記》的班固《漢書》，則一變其體例為斷代史，即僅敘述西漢一代的歷史。唐代史家劉知幾很讚賞《漢書》的體例，並說「自爾及今，無改斯道。」[400]實際直至《明史》所用都是沿著《漢書》而來的斷代紀傳體。《清史稿》亦復如此。宋代史家鄭樵則與劉知幾的看法相反。他認為：「司馬氏世司典籍，工於製作，故能上稽仲尼之意，會《詩》、《書》、《左傳》、《國語》、《世本》、《戰國策》、《楚漢春秋》之言，通黃帝、堯、舜，至於秦漢。……自《春秋》之後，惟《史記》擅製作之規模。不幸班固非其人，遂失會通之旨。司馬氏之門戶自此衰矣。……孔子曰：『殷因於夏禮，所損益可知也；周因於殷禮，所損益可知也。』此言相因也。自班固以斷代為史，無複相因之義。雖有仲尼之聖，亦莫知其損益。會通之道，自此失矣。」[401]劉、鄭二家之同，在於都認《漢書》為斷代史；其異，則在於劉氏不知斷代史可以具有通史精神，而鄭氏又未能從《漢書》中看出通史精神。這篇文章的目的，就恰恰是要指出作為斷代史的《漢書》是充滿通史精神的[402]。

這樣就出現了一個不能不回答的問題。在「廿四史」中，除了《史記》以外，二十三部都是斷代史（如按鄭樵之說，連「會通之道」都失去了），那麼，作為中國傳統史學一大特色的通史精神如何

400 《史通・六家》；見浦起龍：《史通通釋》，卷一，世界書局1935年版，第11頁。

401 鄭樵：《通志總序》，見《通志略》，上海古籍出版社1990年版，第1-2頁。

402 例如，在與吳懷祺教授交談中，他也曾說，班固作《漢書》是有通識的；近讀喬治忠教授的《中國史學史》，其中也有大致相同的說法。參見喬治忠：《中國史學史》，中國人民大學出版社2011年版，第86頁。

能在這些斷代史中得到體現？也就是說，人們公認的中國歷史發展的長期連續性在歷史學上又如何得以體現？

　　本文試圖以《漢書》為例來作一些分析探討。如果《漢書》的問題能夠有所解決，那麼《漢書》以下各正史，儘管著述水準參差不齊，但大體精神是一脈相承的，所以對以上問題也許就可以匯出解答的途徑。

（一）班固撰《漢書》的自我期許與斷代史體例之間的矛盾

　　根據什麼判斷《漢書》體例屬於斷代史呢？因為它首先列出十二帝紀，從漢高帝到漢平帝，一朝十二帝的編年大事一覽無餘。在紀傳體史書中，帝紀或本紀以編年形式表述以帝王為中心的國家大事。它是按照時間的經度來表述一代國家大事之經的。從這一角度來看，《漢書》無可懷疑百分之百地是斷代史書。

　　不過，如果由此就說它是純粹的斷代史體例的書，那也是有問題的。

　　劉知幾在《史通・斷限》中說：「子曰：『不在其位，不謀其政。』若《漢書》之立表志，其殆侵官離局者乎。考其濫觴所出，起於司馬氏。按馬記以史制名，班書持漢標目。《史記》者，載數千年之事，無所不容。《漢書》者，紀十二帝之時，有限斯極。固既分遷之記，判其去取，紀傳所存，唯留漢日，表志所錄，乃盡犧年。舉一反三，豈宜若是？膠柱調瑟，不亦謬歟？」[403]劉氏熟讀《史記》、《漢書》，看出了《漢書》只在帝紀方面與《史記》劃清了界限，斷代分明，可是一到「表」和「志」方面就又沿襲《史記》的貫通古今體例。在劉氏看來，這是班固的思考未能舉一反三，因此帝紀改為斷

403　《史通通釋》，卷四，第8頁。

代，表志卻走了《史記》通史體例的老路，犯了體例不純的弊病。

那麼，劉知幾的說法對嗎？應該說，劉知幾的說法在現象層面上是對的。可是，他沒有能夠細緻了解班固撰《漢書》的深層思考。

他以為班固是因為不細心而犯了體例不純的錯誤。其實，正是劉知幾因為不細心而犯了不能了解班固著書本意的錯誤。

班固《漢書》這樣的體例「不純」，不是粗心大意造成的，而是精心設計而成的。請看證據。

班固《漢書》的末卷末篇是《敘傳》，如《太史公自序》之於《史記》，乃自述家世並表明著述體例及總體布局與各篇要旨的導論。如欲了解班固《漢書》宗旨及大要，那麼必須把握此篇文字。而此篇之末又係全書畫龍點睛之筆，內容尤為重要。其文云：

> 凡《漢書》，敘帝皇。（十二紀也。）列官司，建侯王。（張晏曰：百官表及諸侯王表也。）准天地，統陰陽。（張晏曰：准天地，天文志也。統，合也。陰陽，五行志也。）闡元極，步三光。（張晏曰：闡，大也。元，始也。極，至也。三光，日月星也。大推上極元始以來，及星辰度數，謂律曆志。）分州域，物土疆。（張晏曰：地理及溝洫志也。）窮人理，該萬方。（張晏曰：人理，古今人表。萬方，謂郊祀志有日月星辰天下山川人鬼之神。）緯六經，綴道綱。（張晏曰：藝文志也。）總百氏，贊篇章。（師古曰：贊，明也。）<u>函雅故，通古今</u>。（張晏曰：包含雅訓之故，及古今之語。）正文字，惟學林。（師古曰：信惟文學之林藪也。凡此總說帝紀、表、志、列傳，備有天地鬼神人事，政治道德，術藝文章。泛而言

之，盡在漢書耳，亦不皆如張氏所說也。）[404]

　　這一段話表明了班固編撰《漢書》的宗旨與自我期許。就其氣勢而言，殊不下於司馬遷之「究天人之際，通古今之變，成一家之言」[405]。概括地說，《漢書》除帝紀論述西漢一代政治史之外，其餘表、志皆橫則包羅多科學術（天文、曆法、地理、水利、食貨、刑制、兵制、學術等等），縱則貫通古今（不僅表、志如此，其貨殖列傳亦超越漢代而始自春秋）。《後漢書》作者范曄認為《漢書》之志值得推究，「博贍不可及之」[406]，其原因就在於此。班固自詡之「<u>函雅故，通古今</u>」，實際是羅萬象、貫古今，正如顏師古所說，並非若張晏僅限之於雅訓之故、古今之語而已。

（二）《漢書》八表中的通史精神的展現

　　《漢書》八表（班固始作，其妹班昭續成）之框架大體皆損益《史記》十表而來。所損者三，即《三代世表》、《十二諸侯年表》、《六國年表》，因其時間不在《漢書》斷限之內。所益者一，即《古今人表》，其斷限又超乎《漢書》之外。其中頗有可以思考之處。《漢書》八表均以人物為中心，而八表之分類則又大體分為三類：

　　第一，以封爵為標準，以下又按爵位高低、封爵原因及時間先後作為細則，故有《異姓諸侯王表》、《諸侯王表》、《王子侯表》、《高、惠、高後、文功臣表》、《景、武、昭、宣、元、成功臣表》、《外戚恩澤侯表》等六表。此六表在時間上都是嚴格按照以漢王元年為斷限的。從這一點來說，《漢書》是嚴格遵行了斷代史體例的。可是其中

404　《漢書》，第12冊，中華書局1975年版，第4271頁。

405　《漢書‧司馬遷傳》，第9冊，第2735頁。

406　沈約：《宋書‧范曄列傳》，第6冊，中華書局1974年版，第1830頁。

的第一表（即《異姓諸侯王表》）中的十八王（甚至連劉邦作為漢王）都是在項羽主持下分封的，只說漢代歷史無法說明此事。而且，漢初為什麼會有這樣異姓諸侯王並存局面，這也不是只說漢代歷史就能說清楚的。所以班氏在「異姓諸侯王表序」裡基本上採用了《史記‧秦楚之際月表序》的論述，其主要論點是：虞夏商周之際，諸侯林立，一個王朝的興起，往往需要經過千百年長期的經營與努力，而秦以暴力起家也經歷了百年的奮鬥，可是漢高帝以布衣出身竟然在短短數年之間一躍而登帝位，這不能是偶然的。司馬遷在《史記‧六國年表序》中說明，是六國的相互鬥爭與削弱為秦的統一鋪平了道路，在《秦楚之際月表序》中又說，是秦因怕諸侯割據再起而廢封建、從而孤立無援，為漢的迅速統一掃清了道路。司馬遷對於這種大勢所趨的解說是「豈非天哉，豈非天哉！」[407]班氏的說法則是「其勢然也。故據漢受命，譜十八王，月而列之，天下一統，乃以年數。訖於孝文，異姓盡矣」[408]。漢初的異姓王的興衰有一個不依人的意志為轉移的過程，而要說明這個過程，則純粹的斷代史是無能為力的。

其實，中國歷史上從封建到郡縣的轉變也是有其曲折漫長的過程的。秦統一後想快刀斬亂麻式地解決，結果失敗。漢代則在懲秦之弊的基礎上利用封建，其結果如何？異姓諸侯王不可靠，漢乃大封同姓諸侯王，以為可以收周代分封長期保持王權之效。班氏在《漢書‧諸侯王表序》中既說明這些同姓諸侯王在初期的維護漢室之功，也說明他們在文、景以下之坐大，從而有文、景、武三朝之削藩，諸侯王之名存實亡。班氏的這些論述與司馬遷《史記‧漢興以來諸侯王年表序》大體相同。其不同處在於班氏認為同姓諸侯王之削弱實際上為王

---

407 《史記‧秦楚之際月表序》，第3冊，第760頁。

408 《漢書》，第2冊，第363-364頁。

莽篡漢造成了便利的條件[409]。在異姓王、同姓王以下是異姓與同姓的
侯，其表有《王子侯表》、《高、惠、高后、文功臣表》、《景、武、
昭、宣、元、成功臣表》、《外戚恩澤侯表》等，這些表敘述了西漢一
代諸侯的興衰，也分析了這些諸侯與周代諸侯的不同。班氏論事，嚴
格地按照斷代的標準，而其論理（封建制〔與郡縣制對應意義上的〕
盛衰之理）則是以通史的眼光出發的。正是在後一點上，他與司馬遷
是一致的。其實，試看《王子侯表》以下五表之事實，再結合《漢
書》廢「世家」以為「傳」來看，班固所要說明的無非封建諸侯之無
可奈何花落去的總趨勢，所以說《異姓諸侯王表》之序亦即六表之總
序，實亦無不可。

　　第二，八表中的第二類，即《百官公卿表（上、下）》。百官公卿
與王侯不同，王侯無職司而受封邑，可世襲；百官公卿則有一定職
守，位階與秩祿隨職守變化而轉移。《漢書》將百官公卿與王侯分別
開來單獨列表，這是有道理的。

　　此表專門論述西漢一代百官公卿，從其內容來說自然是斷代性
的。不過，此表實際上又分為上下兩篇：上篇的形式是文字的論述，
其中包括此表之序，以及有關職官之緣起、變更、職司、員數、秩祿
等的敘述，可以比擬於其他史書中的《百官志》或《職官志》；下篇則
為表本身，嚴格按編年體例列出在有關時期充任有關官職之人。相對
而言，與下篇的嚴格的斷代特色不同，上篇裡具有明顯的通史精神。

　　請看上篇作為序的部分的文字：

　　　《易》敘宓義、神農、皇〔黃〕帝作教化民（師古曰：「見
　　　《易·下系》。」），而《傳》述其官（師古曰：「《春秋左氏

傳》載郯子所說也。」按載在《左傳》昭公十七年。），以為
宓義龍師名官，神農火師火名，黃帝雲師雲名，少昊鳥師鳥
名。自顓頊以來，為民師而命以民事，有重黎、句芒、祝融、
后土、蓐收、玄冥之官，然已上矣。《書》載唐虞之際，命羲
和四子順天文，授民時；諮四嶽，以舉賢才，揚側陋；十有二
牧，柔遠能邇；禹作司空，平水土；棄作後稷，播百穀；离
（契）作司徒，敷五教；咎繇作士，正五刑；垂作共工，利器
用；益作朕虞，育草木鳥獸；伯夷作秩宗，典三禮；夔典樂，
和神人；龍作納言，出入帝命。（師古曰：「自此以上皆《堯
典》之文。」按自「《書》載唐虞之際」以下。）夏、殷亡聞
焉。《周官》則備矣。天官冢宰、地官司徒，春官宗伯，夏官
司馬，秋官司寇，冬官司空，是為六卿，各有徒屬職分，用於
百事。太師、太傅、太保，是為三公，蓋參天子，坐而議政，
無不總統，故不以一職為官名。又立三少為之副，少師、少
傅、少保，是為孤卿，與六卿為九焉。記曰三公無官，言有其
人然後充之，舜之於堯，伊尹於湯，周公、召公於周，是也。
或說司馬主天，司徒主人，司空主土，是為三公。四岳謂四方
諸侯。自周衰，官失而百職亂，戰國並爭，各變異。秦兼天
下，建皇帝之號，立百官之職。漢因循而不革，明簡易，隨時
宜也。其後頗有所改。王莽篡位，慕從古官，而吏民弗安，亦
多虐政，遂以亂亡。故略<u>表舉大分，以通古今，備溫故知新之
義云</u>。[410]

　　以上一段，乃是《史記》所未曾有的自伏羲至西漢末的一篇官制

---

[410] 《漢書》，第3冊，第721-722頁。按引用時標點略有改易。

通史要略。三代以上根據《周易・繫辭》、《左傳》。堯舜時期引據
《尚書・堯典》。夏商兩代資料缺乏。周代則據《周官》（即《周
禮》）之經古文說，又存或說即經今文說[411]以備考。此段沒有敘說秦
代官制，因為漢基本承秦代官制，其內容基本已經列述於下文中。不
過，漢代官制後來也有所變更，其淵源則在於古代官制。《百官公卿
表》上篇的下半部分即論述官制的部分中，大多數官職皆注明為「秦
官」，一部分官職則注明為「古官」。所以班氏說明寫作以上一大段文
字的目的是「故略表舉大分，以通古今，備溫故知新之義云」。在班
氏的思想中有一點是很明確的，即不放在通史的背景下，要說明西漢
一代的官制是不可能的。

　　第三，八表中的第三類，即《古今人表》。此表之序云：「自書契
之作，先民可得而聞者，經傳所稱，唐虞以上，帝王有號諡。輔佐不
可得而稱矣，而諸子頗言之，雖不考乎孔氏，然猶著在篇籍，歸乎顯
善昭惡，勸戒後人，故博采焉。（以下言人物分等之原則，略）……
因茲以列九等之序，究極經傳，繼世相次，總備古今之略要云。」[412]

　　將載籍所記歷代人物按善惡、智愚分為三階九等表出，以作為今
人之鑒戒。這是班氏作表之本意。然而在此《古今人表》竟然只有古
人而無今人。此表所列之第一人為太昊帝宓羲氏，而最後以項羽、陳
勝、吳廣終結。西漢一代竟不出一人。這樣怎麼能夠稱作「古今人
表」呢？難怪劉知幾說：「異哉，班氏之《人表》也。區別九品，網
羅千載，論世則異時，語姓則他族。自可方以類聚，物以群分，使善
惡相從，先後為次，何藉而為表乎？且其書上自庖羲，下窮嬴氏，不
言漢事而編入《漢書》。鳩居鵲巢，蔦施松上，附生疣贅，不知剪

---

411 請參閱王先謙《漢書補注》，上冊，第295頁，下欄。
412 《漢書》，第3冊，第861頁。

截，何斷而為限乎？」[413]單純從史書體例來說，劉知幾的話無可疑義。為什麼？《漢書》是西漢一代之斷代史，理應不記漢以前事。如果從通史精神來說，那就應該通貫古今，既記古代，又記漢代；可是《漢書》的這一篇「古今人表」竟然又有古而無今，簡直成了漢以前的斷代史。這樣就與《漢書》之斷代大相徑庭了。

難道班氏真是這樣的低能嗎？於是歷來學者作出了種種分析和推測。唐代顏師古注云：「但次古人而不表今人者，其書未畢故也。」[414]這只能是為班固作一種消極的辯護，而不能解決問題本身。因為即使班固未能完成此表，其妹班昭何以不繼乃兄之志而續之？王先謙《漢書補注》引清人諸說可資參考。何焯曰：「今人則褒貶具於書中。雖云總備古今之略，要實欲人因古以知今也。顏說非。」錢大昕曰：「今人不可表，表古人以為今人之鑒，俾知貴賤止乎一時，賢否著乎萬世。失德者，雖貴必黜，修善者，雖賤猶榮。後有作者繼此而表之，雖百世可知也。班序但云究極經傳，不云褒貶當代，則知此表首尾完具。顏蓋未喻班旨。」梁玉繩曰：「若表今人，則高祖諸帝悉在優劣之中，非班所敢出也。」[415]按此三人之說，皆有道理，而以錢大昕說最為精粹。所以，我們可以說，班氏的《古今人表》不是粗心大意而犯了違反斷代史書體例的錯誤，而是別有精心措意以為之。他們寧可在體例的形式上有所背謬（如劉知幾所指出），但是為了完成一部真有價值的斷代《漢書》，他們引而不發，他們所不能褒貶的漢代君臣，卻可以通過他們所設立的評判標準由後人來評判。寧可犯體例上的違規，也不放棄通史精神在理解斷代史上的重要作用，班固兄妹在這一點上實在是很出色的。

---

413 浦起龍：《史通通釋》，卷三，第1頁。

414 《漢書》，第3冊，第861頁。

415 以上三人之說，皆引自《漢書補注》，上冊，第336頁。

（三）《漢書》十志中的通史精神的展現

　　《漢書》十志之框架大體亦自損益《史記》八書而來，不過分篇區劃更為規整，內容也更為繁富；不僅與《史記》相似具有通史精神，而且其苦心孤詣甚至有過於《史記》者。本為斷代史書，而竟有如此之通史精神，實在值得深入研究。不過，《漢書》十志，所述大抵皆專家之學，限於主客觀條件，本文不能具體展開討論。請先錄陳《太史公自序》中之八書序，作一番大體的探討，然後再就《漢書》十志為何以《律曆志》居首以及其中的通史精神作進一步的探討與說明。

《太史公自序》	《漢書·敘傳》
維三代之禮，所損益各殊務，然要以近性情，通王道，故禮因人質為之節文，略協古今之變，作《禮書》第一。樂者，所以移風易俗也。自《雅》、《頌》聲興，則已好鄭衛之音，鄭衛之音所從來久矣。人情之所感，遠俗則懷。比《樂書》以述來古，作《樂書》第二。非兵不強，非德不昌，黃帝、湯、武以興，桀、紂、二世以崩。可不慎歟？司馬法所從來尚矣，太公、孫、吳、王子能紹而明之，切近世，極人變。作《律書》第三。律居陰而治陽，曆居陽而治陰，律曆更相治，間不容飄忽。五家之文怫異，維太初之元論。作《曆書》	元元本本，數始於一，產氣黃鐘，造計秒忽。八音七始，五聲六律，度量權衡，曆算攸出。宜失學微，六家分乖，壹彼壹此，庶研其幾。述《律曆志》第一。上天下澤，春雷奮作，先王觀象，爰制禮樂。厥後崩壞，鄭衛荒淫，風流民化，緬緬紛紛，略存大綱，以統舊文。述《禮樂志》第二。雷電皆至，天威震耀，五刑之作，是則是效，威實輔德，刑亦助教。季世不詳，背本爭末，吳、孫狙詐，申、商酷烈。漢章九法，太宗改作，輕重之差，世有定籍。述《刑法志》第三。厥初生民，食貨惟先。割制廬井，定爾土田，什一供貢，下富上尊。商以足用，茂遷有無，貨自龜貝，至此五銖。揚推今古，監世盈虛，述《食貨志》第四。昔在上聖，昭事百神，類帝禋宗，望秩山川，明德惟馨，

《太史公自序》	《漢書‧敘傳》
第四。星氣之書，多雜禨祥，不經；推其文，考其事，不殊。比集論其行事，驗於軌度以次，作《天官書》第五。受命而王，封禪之符罕用，用則萬靈罔不禋祀。追本諸神名山大川禮，作《封禪書》第六。維禹浚川，九州攸寧；爰及宣防，決瀆通溝，作《河渠書》第七。維幣之行，以通農商；其極則玩巧，並兼滋殖，爭於機利，去本趨末。作《平准書》第八。[416]	永世豐年。季末淫祀，營信巫史，大夫臚岱，侯伯僭時，放誕之徒，緣間而起。瞻前顧後，正其終始。述《郊祀志》第五。炫炫上天，縣象著明，日月周輝，星辰垂精。百官立法，宮室混成，降應王政，景以燭形。三季之後，厥事放紛，舉其占應，覽故考新。述《天文志》第六。河圖命庖，洛書賜禹，八卦成列，九疇攸敘。世代寔寶，光演文、武，春秋之占，咎征是舉。告往知來，王事之表。述《五行志》第七。坤作地勢，高下九則，自昔黃、唐，經略萬國，燮定東西，疆理南北。三代損益，降及秦、漢，革剗五等，制立郡縣。略表山川，彰其剖判。述《地理志》第八。夏乘四載，百川是導。唯河為艱，災及後代。商竭周移，秦決南涯，自茲距漢，北亡八支。文陻棗野，武作瓠歌，成有平年，後遂滂沱。爰及溝渠，利我國家。述《溝洫志》第九。虙羲畫卦，書契後作，虞、夏、商、周，孔纂其業，篹《書》刪《詩》，綴《禮》正《樂》，彖系大《易》，因史立法。六學既登，遭世罔弘，群言紛亂，諸子相騰。秦人是滅，漢修其缺，劉向司籍，九流以別。爰著目錄，略序洪烈。述《藝文志》第十。[417]

416　《史記》，第10冊，第3304-3306頁。
417　《漢書》，第12冊，第4241-4244頁。

　　以上列之各序對讀各該篇之文，可知序與文之要旨一致。因此，我們不妨就此來對《史記》之書與《漢書》之志作一番概略的比較。

　　第一，以上《史記》八書與《漢書》十志各篇之序，皆有貫通古今之通史精神，凡上文有底線處皆為具體之表現。《史記》志在通史，因此不足為異；而《漢書》屬斷代史，如此暢敘通史精神，自是不凡。

　　第二，前賢早已注意到《漢書》十志與《史記》八書間的因襲關係，如趙翼云：「八書乃史遷所創，以紀朝章國典。《漢書》因之作十志，《律曆志》則本於《律書》、《曆書》也，《禮樂志》則本於《禮書》、《樂書》也，《食貨志》則本於《平准書》也，《郊祀志》則本於《封禪書》也，《天文志》則本於《天官書》也，《溝洫志》則本於《河渠書》也。此外又增《刑法》、《五行》、《地理》、《藝文》四志。其後《律曆》、《禮樂》、《天文》、《地理》、《刑法》，歷代史皆不能無。」[418]趙翼之說，確有所見。不過，如果稍作仔細分析，便可看出，《漢書》並非簡單地增加了《刑法》、《五行》、《地理》、《藝文》四志，其實還包括對《史記》原有的一些有關各《書》作了很重要的調整或重組。例如，《平准書》僅論及工商業與貨幣、財政等，而《食貨志》則兼田制、租稅與農民、農業而論之。《漢書》此志為中國古代史書中的社會經濟通史奠定了初基，至唐代杜佑修《通典》，《食貨典》乃居諸典之首。《刑法志》並非完全是《漢書》所新加，其實《史記·律書》中已於兵、刑略有涉及，一帶而過。但是，《漢書·刑法志》也確實為中國古代兵制史與刑法史的通史化開了先河。《史記》無《地理書》，然《夏本紀》引《禹貢》，《貨殖列傳》備言各地區之地理、物產、世風、民俗，皆寶貴歷史地理資料。《漢書》立《地理志》，歷引《尚書·禹貢》、《周禮·夏官·職方氏》之文，

綜述三代地理歷史，然後述東周以下秦漢之統一，備列以漢平帝時為准之各郡國、縣邑、道、侯國之分布與數目，國土大致面積、可墾與不可墾田地面積、以及民人戶數、口數。最後又按十二次分野，分別論述其歷史沿革，物產民風等。故此志既為自古至漢的內容豐富之歷史地理通史，也為中國通史之作奠定了統一的地理學的基礎。《漢書‧藝文志》乃據西漢晚期劉向、歆父子在校讎宮廷藏書基礎上所作之《七略》而修成，按六藝、諸子、詩賦、兵書、術數、方技分類，備述各家著述之書名、篇卷之數，或亦簡注作者。每類著述之後，又簡述各類學術之歷史源流，立諸子出於王官之說。所以《漢書‧藝文志》實際是當時的一部學術通史，又為後世治學術史、目錄學、校讎學之濫觴。所以，如果說《漢書》十志沿襲了《史記》八書，那麼所沿襲的是《史記》的通史精神；如果說它還有所創新，那麼其所創新也在其通史精神。

第三，尤其值得注意的是，《史記》八《書》，以《禮》、《樂》、《律》、《曆》居首，蓋因禮、樂為立國之本，而律、歷次之。《漢書》則合《律》、《曆》為一《志》以居首，而合《禮》、《樂》為一《志》以次之。這樣就出現了兩個必須解答的問題：一則，律與曆二志為何可以合而為一？也就是其立論根據是怎樣形成的？再則，律曆為何竟可以先於禮樂？也就是其在歷史觀上的價值是什麼？

關於問題一。如果就今人所知而言，律與曆並無內在之關係。因為律所涉及的是律管長短與音階高低關係的音樂方面的問題，而曆所涉及的是地與日月星辰關係的天文方面的問題。二者本身並不相干。不過，在先秦（至少是東周）時期，隨著陰陽五行以及《易》數等思潮的興起，逐漸產生了一切現象之間皆有內在相關性的學說。《國語‧周語下》記周景王於二十三年（前522）「將鑄無射，問律於伶州鳩」事，伶州鳩以六律（黃鐘、大蔟、姑洗、蕤賓、夷則、無射）、

六間（即六呂：大呂、夾鐘、仲呂、林鐘、南呂、應鐘）為對[419]。按
六律為陽，依次與十一月、正月、三月、五月、七月、九月相應，六
呂為陰，依次與十二月、二月、四月、六月、八月、十月相應。《大戴
禮記·曾子天圓篇》云：「聖人慎守日月之數，以察星辰之行，以序
四時之順逆，謂之曆，截十二管，以宗八音之上下清濁，謂之律也。
<u>律居陰而治陽，曆居陽而治陰，律曆迭相治也，其間不容髮。</u>」[420]。
《呂氏春秋》「十二紀」、《禮記·月令》以及《淮南子·時則訓》敘
每月篇首之文，皆以十二律（呂）與十二月相對應。這樣就得出律
（12）與曆月（12）在數字上的相對應的關係，不過還沒有進一步與
曆法的資料掛上鉤。

　　據《漢書·律曆志》記，漢武帝太初七年，公孫卿、壺遂、司馬
遷等建言改曆，得到批准，已經作出初步成果時又出現了「不能為
算」[421]的問題。於是，又選鄧平、唐都、落下閎等多人造曆，「都分
天部，而閎運算轉曆。其法以律起曆。曰：『律容一龠，積八十一寸
則一日之分也。（孟康注：『黃鐘律長九寸，圍九分，以圍乘長，得積
八十一寸也。』）……律，法也。莫不取法焉。』與鄧平所治同。於
是皆觀新星度、日月行，更以算推，如閎、平法。法，一月之日二十
九日八十一分日之四十三。」[422]這就被認為是太初曆的所謂八十一分
曆的律的根據[423]。律與曆終於在資料上掛上了鉤。在此基礎上，「至

419　徐元誥著，王樹民、沈長雲校：《國語集解》，中華書局2002年版，第113-122頁。

420　王聘珍：《大戴禮記解詁》，第100-101頁。按此篇多陰陽家言，未必確為曾子之語。

421　關於這一個謎，張培瑜、陳美東、薄樹人、胡鐵珠著：《中國古曆法》（中國科學
　　技術出版社2008年版）第255-257頁有很好的解答。

422　《漢書》，第4冊，第974-976頁。

423　按漢初承用顓頊曆，即古四分曆之一。其法一回歸年含365+1/4日，一朔望月含
　　29+499/940日。太初曆一朔望月含29+43/81日，則一回歸年含365+385/1539日。應
　　該說其間資料差別不大。

孝成世，劉向總六曆，列是非，作《五紀論》，向子歆究其微眇，作《三統曆》及《譜》以說《春秋》，推法密要，故述焉。」[424]這也就成了《漢書・律曆志》能夠合篇的所謂內在的根據。當然，這一套見解中充滿了神秘的色彩，不過它反映了劉向歆企圖在理論上追求一個作為起點的大「壹」努力，正如他們在曆法上追求一個「太極上元」一樣。一切的發展皆始於壹，因此壹的發展自然也就是統一的發展。具體說來，班固於此志之序中首先說：「《虞書》曰：『乃同律度量衡』，所以齊遠近立民信也。」（注25，《漢書》，冊4，頁955。）這說明班固相當深刻地認識到，從春秋戰國的分裂到秦的統一，『乃同律度量衡』確實是一件大事，當然也是漢皇朝大一統的頭等大事。按律本為聲律，此志則由律引申至數，由數而引申至聲、至度、至量、至衡。其間又參以《易》數陰陽，附會殊多，神秘色彩甚濃。不過，其目的在於「修明舊典，同律，審度，嘉量，平衡，正准，直繩，立於五則，備數和聲，以利兆民，貞天下於一，同海內之歸。」[425]這說明班固把律的統一設定為度量衡統一的依據，其大一統意識比司馬遷更為鮮明。

關於問題二，亦即律曆為何竟可以先於禮樂？也就是其在歷史觀上的價值是什麼？現略陳於下。《史記》以《禮書》、《樂書》居八書之首，道理很簡明：按中國文明之傳統，禮樂為經國之要道大用，故應居首。那麼《漢書》為什麼首出《律曆志》呢？在劉歆看來，曆法涉及天時與農功之間的至為重要的關係，或者擴大地說，涉及天道與人事之間的至為重要的關係。這就是司馬遷所主張的「究天人之際」的修訂新版。再則，曆法的推闡本身固然已經可以為古今之流提供一

424　《漢書》，第4冊，第979頁。
425　《漢書》，第4冊，第972頁。

個時間座標，加之劉歆又以三統曆與「三統」、「五德」之說相參伍，從而演繹出《世經》，於是就又提供了一套完整的通史體系。這就又是司馬遷所主張的「通古今之變」的修訂新版。由此可見，《律曆志》必須放在其他九志之前，因為它是《漢書》十志的定音鼓、奠基石，它的具體內容雖然是律曆，但是在原則上它實際又是為十志總體產生著總導論的作用的。因此，如果說《律曆志》的內容在很大程度上是繼承劉歆的，那麼，以此志為十志之首或總領則是班固在史學上的創新。

　　以下再就此作一些具體的歷史說明。如果說律度量衡的統一是國家統一的必要條件，那麼曆的統一就是作為統一國家的漢代的歷史合法性的必要條件，或者說確定漢朝在連續的中國傳統之流中的重要地位的問題。班固在此志曆的部分的序裡，首先引據《尚書》略言五帝、三王皆有曆法，「三代既沒，五伯之末史官喪紀，疇人子弟分散，或在夷狄，故其所記，有《黃帝》、《顓頊》、《夏》、《殷》、《周》及《魯曆》。戰國擾攘，秦兼天下，未皇暇也，亦頗推五勝，而自以為獲水德，乃以十月為正，色上黑。」[426]按照中國古代傳統，一個統一的政權必有其統一的正朔，而每一次王朝更迭又必有改正朔、易服色（所謂以應天命）之舉，由此以表明本朝在整個歷史傳承系統中的合法地位，也就是所謂正統的地位。班固十分重視漢代之大一統與正統的歷史地位，所以也十分重視曆的問題。在這一點上，他與司馬遷是相同的。不過，其間也有不同之處。

　　司馬遷在《史記‧高祖本紀‧贊》中說：「夏之政忠，忠之敝，小人以野，故殷人承之以敬。敬之敝，小人以鬼，故周人承之以文。文之敝，小人以僿。故救僿莫若以忠。三王之道若循環，終而復始。

---

426 《漢書》，第4冊，第973頁。

周秦之間，可謂文敝矣。秦政不改，反酷刑罰，豈不繆乎？故漢興，承敝易變，使人不倦，得天統矣。」[427]他所採用的是夏（忠）、商（敬）、周（文）三統說。其淵源出自董仲舒的三統說。按董氏之說，夏曆歲首之月鬥建寅（立春所在月），為黑統；商曆歲首之月鬥建丑（夏曆十二月），為白統；周曆歲首之月鬥建子（夏曆十一月，冬至所在月），為赤統[428]。此一以黑、白、赤為標誌之三統說，無法與五行之五色相匹配。試讀《史記》，在《五帝本紀》中，除黃帝「有土德之瑞，故號黃帝」外，其餘四帝皆並未與五行（五德）之五色相對應[429]。《夏本紀》亦不記夏以何德王、尚何色的問題，便與董仲舒說有所不合。《殷本紀》言，「湯乃改正朔，易服色，上白，朝會以晝。」[430]與董生說合。《周本紀》記，武王東觀兵至於盟津，「武王渡河，中流，白魚躍入王舟中，武王俯取以祭。〔《集解》引馬融曰：『白者，殷家之正色，言殷之兵眾與周之象也。』〕既渡，有火自上複於下，至於王屋，流為烏，其色赤，其聲魄云。〔《集解》引鄭玄曰：『赤者，周之正色也。』〕」[431]這樣也就含蓄地說明周以火德王，色上赤。此說與秦始皇因代周而以水德王合，又與董生合。總而言之，司馬遷在《史記》中並未明確地給出一個三統與五行（五德、五色）相對應的完整系統。而在這一點上，班固在其《漢書》中卻解決了。

　　《漢書・律曆志》所依據的是劉歆的三統曆。劉歆在《太初曆》的基礎上造《三統曆》，仍以八十一為出發點。「統母：日法八十一。〔孟康曰：『分一日為八十一分，為三統之本母也。』〕元始黃種初九

427　《史記》，第2冊，第393-394頁。

428　蘇興著、鐘哲校點：《春秋繁露義證》，中華書局1992年版，第191-195頁。此為節要，其具體論述，恕不贅敘。

429　《史記》，第1冊，第6頁。

430　《史記》，第1冊，第98頁。

431　《史記》，第1冊，第120頁。

自乘，一龠之數，得日法。閏法十九，因為章歲。……統法千五百三十九。以閏法乘日法得統法。元法四千六百一十七。參統法，得元法。」[432]此乃三統曆的最基本也首列於前的四個資料。日法成立之理由已見前述。閏法十九來自十九年七閏之週期，十九也就成了一章的年數（章歲）。以章歲（閏法）乘日法（19乘以81），得一五三九為統法，亦即一個統的年數。（每經過一五三九年，冬至與合朔再次相會在同一日的夜半。）以統法（統歲）一五三九乘以三，即得四六一七，這就是一元之年數。（每經過4617年，冬至與合朔再次相會在甲子日的夜半。）或者說一元包括三統，一統包括八十一章，一章包括十九年。這就是曆數上的三統曆的最基本的幾個資料。由此再結合五星會合週期並夾入《易》數，從而推出一整套曆法資料。

　　劉歆再以此與漢代春秋學的三統相聯繫。「《經》曰：『春王正月。』《傳》曰：『周正月。』（按此出自隱西元年經傳）『火出，於夏為三月，商為四月，周為五月。夏數得天。』（按此出自《左傳》昭公十七年）得四時之正也。三代各據一統，明三統常合，而迭為首，登降三統之首，周還五行之道也。故三五相包而生。天統之正，始施於子半，日萌色赤。地統受之於丑初，日肇化而黃，至丑半日牙化而白。人統受之於寅初，日孽成而黑，至寅半，日生成而青。天施複於子〔按即冬至所在之十一月〕，地化自丑畢於辰，（如淳曰：『地以十二月生萬物，三月乃畢。』〔按即自建丑之月或十二月至建辰之月或三月〕）人生自寅成於申。（如淳曰：『人功自正月至七月乃畢。』）〔按即自建寅之月或一月至建申之月或七月，此皆以天時農功為說。〕故歷數三統，天以甲子，（李奇曰：『夏正月朔日。』）地以甲辰，（韋昭曰：『殷正月朔日。』）人以甲申。（李奇曰：『周正月朔

---

432 《漢書》，第4冊，第991頁。

日。』王先謙《漢書補注》引錢大昕曰:『李、韋說皆非也。三統術:天統首日甲子,地統首甲辰,人統首甲申,合於天施、地化、人生之數,故云。』[433]按錢說是,當從。)孟、仲、季迭用事為統首。三微之統既著,而五行自青始,其序亦如之。五行與三統相錯。……」[434]再結合五星會合週期並附會《易》數,不斷擴大公倍數,最後達到「太極上元」(23639040年,為五星、冬至、合朔再次重合於甲子日夜半)[435]。

這樣,我們就可以看到董生三統說與劉歆三統說在三統與五行(五色)關係上的異同:

董生三統說:周曆歲首建子,為赤統;商曆歲首建丑,為白統;夏曆歲首建寅,為黑統。

劉歆三統說:在承認《春秋》學中的以三代曆法歲首建子(周)、建丑(商)、建寅(夏)的三統同時,否定了標誌此三統的三色;而代之以曆數三統,即天統(始於子半,色赤)、地統(始於丑初經丑半而丑終,色由黃而白)、人統(始於寅初,經寅半至寅終,色由黑而青)。這樣,三統就與五色赤(火)、黃(土)、白(金)、黑(水)、青(木)成龍配套,另成一個與三統相聯繫的五行相生系統,當然其中有著與董生三統相似的神秘性質。可是其《世經》就是在這樣的基礎上建立起來的。

在《世經》序中,劉歆引據《左傳》昭公十七年郯子朝魯自言其祖少昊時所說,推出「少昊受黃帝,黃帝受炎帝,炎帝受共工,共工

---

433 見《漢書補注》,第410頁,下欄。

434 《漢書》,第4冊,第984-985頁。以上引文有底線處,中華書局校點本原標點不妥,故此處乃依愚意所改點。

435 關於此一太極上元是否有實際意義,張培瑜等先生在《中國古代曆法》中表達了明確的質疑,而認為實際有用的上元年數是143127,見此書第294-295、296-297頁。

受太昊。」又「稽之於《易》，炮犧（即庖犧、伏羲）、神農、黃帝相繼之事可知。」[436]於是就列出了這樣與五行相生次序一致的歷史系譜：太昊帝（炮犧氏）首出，以木德王（東方甲乙木，為五行相生之首）；木生火，炎帝（劉歆以《左傳》之說與《易繫辭》之說相應合，以為炎帝即神農氏，此與《史記》之說不合。前人已有辨析，於此不贅。）繼之以火德王；（共工雖在太昊帝與炎帝之間，然因其以水德王，失去了正統的規範，故僅為閏統，無歷史的合理性。）火生土，黃帝繼之以土德王；土生金，少昊帝繼之以金德王；金生水，顓頊帝繼之以水德王；水生木，帝嚳繼之以木德王；木生火，唐帝（即堯）繼之以火德王；火生土，虞帝繼之以土德王；土生金，伯禹（夏）繼之以金德王；金生水，成湯（商）繼之以水德王；水生木，武王繼之以木德王；木生火，漢高祖繼之以火德王。（秦雖在周、漢之間，但因其以水德王，故與共工同為閏統，亦無歷史合理性。）[437]劉歆以秦為閏統，也有其曆法上之根據。按三統曆僅承認夏商周三代之曆法合理性，即周以十一月（建子，一般為冬至所在月）為歲首，商以十二月（建丑）為歲首，夏以正月（建寅，一般為立春所在之月）為歲首，因為冬至點實為一個天文年之起點，而立春則為一個農事年之起點。秦以十月（建亥）為歲首，於理難通。當然，由劉向、歆父子所創始而由班氏《漢書》所發揮的秦為閏統說，其要點更在於用重新排列歷史連續之合理的系列的方法來進一步論證漢代政權的正統性。過去以周為火德王，從五行相克說，水克火，秦代周而為水德王。漢初在此問題上猶豫不定，武帝太初元年「夏五月，正曆，以正月為歲首。色上黃，數用五，定官名，協音律」[438]。所以在定太初曆

436　《漢書》，第4冊，第1011頁。

437　《漢書》，第4冊，第1011-1023頁。

438　《漢書》，第1冊，第199頁。

的時候，武帝正式確定的還是以漢之土德代秦之水德（以土克水）。
而《漢書・律曆志》則改從五行相生說，在重新安排的歷史序列中，
將漢定為以火德王，從而與上古的唐堯的火德相一致，以印證漢為堯
後之說。《漢書・高帝紀贊》引《左傳》（文公二十三年）所記蔡墨之
言為據，從而為布衣出身的劉邦找出了高貴的家世脈絡，「由是推之，
漢承堯運，德祚已盛，斷蛇著符，旗幟上赤，協於火德，自然之應，
得天統矣。」[439]當然，劉歆構造這一套五行相生體系看來似乎為了說
明漢朝乃應運而生，其實他也是在為王莽篡位做著意識形態之準備。
王莽自稱為虞舜之後，唐堯禪讓與虞舜，漢亦自應禪讓與王莽。《漢
書・王莽傳》記，莽篡位後即宣布以土德王，「服色配德上黃」[440]，
即為實據。班固之立場則與劉歆迥異。固父班彪（叔皮）年二十時逢
王莽失敗、光武帝新即位尚未完成統一大業之前，即作《王命論》以
譴責割據勢力而擁護光武之復興[441]。班固之所以取劉歆之說，正在於
論證東漢中興之合理性。

　　班固之所以將《律曆志》列於《漢書》十志之首，是為了給其他
志提供理論前提，從而使十志形成一個文化通史的有機整體。

（四）結語

　　以上，對於作為斷代史的《漢書》的通史精神，作了歷史事實的
梳理與討論，最後，再從理論層面來作一些思考。

　　第一，《漢書》是一部斷代史，這是無疑的。那麼，作為斷代史
是否必須具有通史精神呢？顧名思義，斷代史本身既為斷代而非通
史，那麼通史精神就並非其題中必有之義。的確，我們見到過許多並

439　《漢書》，第1冊，第81-82頁。
440　《漢書》，第12冊，第4095頁。
441　《漢書》，第12冊，第4207-4212頁。

不具有通史精神的斷代史，如著名的希羅多德的《歷史》（核心部分
作為希臘波斯戰爭）、修昔底德的《伯羅奔尼薩斯戰爭史》等，這些
都是斷代史中的經典性的作品。這一類的史書，就其積極方面而言，
是當時人的精神表述當時之史，因此能使讀者閱讀時體驗到當時之
人、之事的活生生場景。這也就是黑格爾所謂的「原始的歷史」[442]。
就其消極方面而言，正如科林伍德在其《歷史的觀念》一書中所言，
具有三種局限性[443]，而且具有實質主義的特點[444]。按實質主義在性質
上是與歷史主義相反的。

　　第二，通史精神對於斷代史而言，既非必要條件，那麼它對斷代
史而言是否有可能呢？上文已經就作為斷代史的《漢書》之富有通史
精神作了歷史事實的證明，此處不需重複。現在有待說明的是，由於
什麼條件，作為斷代史才具備了通史精神的可能。關於這個問題，首
先要考慮的是，《漢書》是在何種意義上被定義為斷代史的？必須說
明，《漢書》之作為斷代史是從政治史的角度定義的。從這個角度
看，《漢書》規規矩矩，只記西漢一代王朝之事。可是，《漢書》其實
是作為中國古代文明史的一段，即西漢一段，而呈現的；而且它是把
西漢一朝的政治史當作文明史的一個有機部分來呈現的。一個王朝，
有頭有尾，而作為其存在載體的文明，則是綿延不斷的。《漢書》與
《歷史》、《伯羅奔尼薩斯戰爭史》之以兩場戰爭為聚焦點不同，它要
呈現的是西漢時期文明的有機構成，政治史只是其劃段標誌而已。

　　第三，《漢書》既然具有通史精神，那麼，它是否也反映那個時
代的精神呢？關於這個問題，答案顯然是肯定的。許多史學專家已經
在這方面有了若干有價值的論著，如陳其泰教授所撰之《「過秦」和

442　〔德〕黑格爾：《歷史哲學》，中譯本，第39-42頁。

443　〔英〕柯林武德：《歷史的觀念》，何兆武、張文傑譯，第29-31頁。

444　同上書，第43-51頁。

「宣漢」》[445]，因此這裡可以不贅。上文中提到《漢書・敘傳》末段文字那種縱貫古今、旁羅萬象的精神，以及《漢書》諸表、志中的縱貫古今、旁羅萬象的論述，這就恰好是漢代那個時代精神的反映。

《莊子・天運》中有一段關於老子對子貢施教的寓言，說到從黃帝到禹的政治民風的變化（在道家看來當然是退化），而其原因就是「人自為種，而天下耳」。郭象對這段話作了一條注，其中有云「承百代之流而會乎當今之變」[446]。「承百代之流而會乎當今之變」，這就是通史精神與時代精神相契合的生動解說，《漢書》可謂有之。正是憑藉時代精神與通史精神的有機結合，《漢書》為中國歷史與史學的連續性傳統的形成作出了其歷史性的貢獻。

六　古代的史料和世界古代史

在我國史學話語中，沒有英文中的「文獻史料」（Documentary sources）和「文學史料」（Literary sources）的區別。我國現代世界古代史和中國古代史著作中常常提到的「文獻史料」（literature），實為非文獻史料（Non-documentary sources）和文獻史料的混稱，其中主要是指古代史家的著述，如希羅多德的《歷史》、李維的《羅馬史》、狄奧多洛斯的《歷史集成》等等。這種模糊的提法使得不少古史工作者誤以為主要以文學史料為內容的各種古代典籍便等同於第一手史料（First hand or primary sources）或原始資料（Original sources），只要自己的論著依託於古代典籍，做到無一句無出處，便自可達到信史的高度。所以，我們在許多史學工作者的學術著作、授課講稿和成果鑒

---

445 載《史學史研究》1990年第2期。
446 郭慶藩：《莊子集釋》，見《諸子集成》本。

定中常可看到、聽到這樣的表述：某書或本書依據可靠的第一手資料提出自己的看法……全書原始史料豐富扎實等等。但翻開有關史著卻發現，所謂「第一手史料」或「原始資料」大多並非第一手或原始性的，而基本上是非同代史家的描述。

類似的模糊認識也可在部分現代西方史家的著作中看到。在每年問世的眾多西洋古史著作的頁下或文後，都整齊排列著大段大段的注釋，標明論述中各種事實陳述和價值陳述的出處。其中頗具功力的作品可以說做到了有一分證據說一分話，有九分證據不說十分話。但相當一批史家只追問到荷馬、希羅多德、修昔底德、色諾芬、波里比烏斯等古典作家為止，不再認真地計較這些作家的資訊來源的可靠性。他們實際上把古典作家的記載同樣類同於一手或原始史料，而他們所從事的工作也同我國史家的工作一樣，力求在故紙堆中尋找能夠支持自己論點的論據，進而取得成一家之言或具有新意的文本解讀的學術成就。

這就需要澄清幾個史學研究的常識問題：什麼是一手史料？它和二手史料之間存在怎樣的區別？一手史料是否等同於歷史事實？如果這些問題未能解決，我們便無法進行任何有效的還原和解釋客觀歷史的工作，歷史勢必會變成由一系列誤會組成的糊塗賬，從而應了伏爾泰的那句名言：歷史是「我們在死人身上玩的一堆把戲。」[447]

在西方史學概論教科書中，一手史料（限於文字史料）被定義為「一種作品，其成文時間與所研究的時期或題目屬於同一時期或幾乎屬於同一時期。」[448]這種定義正確指出了一手史料與特定歷史事物或

---

447 Mark T. Gilderhus, History & Historians（吉爾德哈斯：《歷史與歷史家》），新澤西，1987年，第2頁。嚴格說來，此處的轉引也非一手史料。筆者並沒有找到伏爾泰有關論述的原作，完全不知此句話的上下文關係。

448 Norman F. Cantor & Richard I. Schneider, How to Study History（肯特與斯奇內德：《如何研學歷史》），紐約，1967年，第22頁。

人物的共時性，卻忽略了一手史料的作者和與之共時的歷史現象之間所應具有的直接參與或經驗的關係。共時史料的提供者可能在空間上完全是歷史事件的局外人，如一位埃及人若撰寫了同時代的西亞史，他得到的可能一開始就是傳聞失實的史料，然後再經過多次轉手。這樣的史料當然不能算入一手之列。

筆者以為，一手史料應指某種特定歷史現象的目擊者和當事人留下的實物、文字和口頭的陳述，類似於司法偵察中做案者在做案現場遺留的痕跡或法律訴訟中所提供的人證、物證和書證。它是已逝過去的原生態的一種體現，為歷史工作者尋找並確認歷史事實提供了原始的資料和資訊。按照這一定義，史前人類的化石及其遺下的石器、骨器、美術作品、居住遺址等實物，文明時代人類遺留下來的與一次性的客觀歷史共時同代的各種著述、法律文書、檔案文獻、公私信件、聲像作品、口述歷史等等均可視為一手史料。例如，漢謨拉比的書信、赫梯法典、梭倫、薩福、提爾泰的殘詩、色諾芬的《長征記》、凱撒的《高盧戰記》等作品均可列為一手史料。同樣按照這一定義，西元前四世紀問世的亞里斯多德的《政治學》雖然是研究同時代古希臘政治思想的一手史料，但卻不能說是研究西元前五世紀希臘政治制度史的一手史料。同樣，李維的《羅馬史》是研究西元一世紀前後羅馬史學思想的一手史料，卻不是研究共和時期平民和貴族鬥爭的一手史料。在這些問題上，《政治學》和《羅馬史》均屬於二手史料。

所謂二手史料，是指非目擊者和非當事人對某個特定的客觀歷史事物的文字或口頭的陳述。這種陳述是次生的，是在第一手史料基礎上衍生出來的某種描述、解釋和判斷，甚至想像。普魯塔克的《名人傳》、狄奧多洛斯的《歷史集成》、阿庇安的《羅馬史》等史著便屬於二手史料。希羅多德的《歷史》的大部分內容屬於二手史料，而關於希波戰爭的部分情節卻因出自目擊者或當事人的口述，則可列為一手

史料。修昔底德的《伯羅奔尼薩斯戰爭史》中的許多內容雖屬一手史料，但至少演說詞部分，如敘拉古公民大會關於如何應對雅典遠征軍的辯論詞便屬於二手史料。所以，一部以一手史料為主的書中可能包含著二手史料，一部以二手史料的書中也可能含有一手史料，要具體情況具體分析，不能以共時性作為唯一的判斷標誌。

我們知道，在史學研究中，收集史料，尤其是收集一手史料是一項十分艱難的工作。比較選題、收集、篩選、分析史料和歸納觀點這一研究工作的流程，收集史料是花費氣力最大的一道工序，一般要占工作量的六成以上。一部史作的一手史料多，表明作者功夫到家，即使沒有製作出新的體系、概括出新的觀點，這部史作也可視為一部扎實的好作品。相反，只有高談闊論而缺乏多少史料依託的著作，向來不被專業史學看重。所以我們的學術鑒定總是不厭其煩地說明某參評專案之所以優異，是由於該項目史料詳實可靠，結論建立在一手史料基礎之上。然而，一手史料並不等於歷史原貌，它雖較二手史料更接近歷史真實，或者直接反映歷史真實的某個部位，但接近不等於同一，某個部位不等於全貌。一手史料和歷史原貌完全相左的例子也不乏見。因此評判古史研究成果的標準還應包括作者是否對一手史料進行過認真的考據辨偽，這裡面才真正體現了史家在史學微觀領域的過硬功夫。

古代史家對史學研究的這道工序曾有過深刻的闡釋。修昔底德在《伯羅奔尼薩斯戰爭史》的開頭指出，史家對手頭的任何史料，即使是目擊者或當事人提供的史料也不能輕信，即便是個人親歷的事件也不能隨意徵引，均需經過一個認真地調查核實的過程。他說：「我的責任是不相信任何一個偶然的消息提供者的話，也不相信在我看來很有可能是真實的事。我列舉的事件，無論是我親自參與的還是我從其他與此有關的人那裡得到的消息，都經過了對每一細微末節精心備至

的審核。」[449]

　　修昔底德還解釋了為什麼要審核一手史料。他說這是「因為一些事件的目擊者對同一件事並沒有提供同樣的報導，而且他們的報導依他們擁護一方或另一方、或他們的記憶而有所不同。」[450]顯然，在修昔底德看來，一手史料具有主觀性和片面性，當事人和目擊者會因個人偏好、利害關係、個人立場等主客觀因素而有意無意地歪曲歷史實際。比如，關於雅典民主政治，老寡頭和希羅多德的看法就很不一樣，同是批評雅典民主制的蘇格拉底與老寡頭的又不一樣；凱撒的《內戰記》試圖把內戰的責任推到共和派身上，而西塞羅的書信卻在戰爭責任上對雙方各打五十大板。在這種情況下，各家的記載因此走樣也是題中應有之義。

　　此外，觀察位置的遠近也會造成對歷史原狀的印象發生偏差。近讀羅瑞卿之女羅點點的回憶錄《紅色家族檔案》，其中有個例子很能說明問題：毛澤東同志與林彪先聯合後鬥爭的過程已經有了權威解釋和許多與權威解釋相一致的回憶。但羅點點卻提供了新的一手史料。她說作為「最直接的受害者的女兒……我擔心在我們那麼匆忙地將歷史分出是非的時候，是不是遺漏或忘記了什麼。」[451]從她的回憶錄我們獲悉，林彪的女兒林豆豆保持著與通行說法全然不同的記憶，比如林彪事先竟然不知要打倒羅瑞卿的舉動，知道後「心裡很難過，還流了淚。很衝動地說要和主席當面談。」[452]甚至謀刺主席、發動政變以及逃亡國外的舉措也與林彪似乎完全無關，而可能是葉群和林立果的個人行為。[453]羅點點的懷疑，以及林豆豆等人的證詞（目前只能說是

---

449 〔古希臘〕修昔底德：《伯羅奔尼薩斯戰爭史》，I, 22, 2 以次。

450 〔古希臘〕修昔底德：《伯羅奔尼薩斯戰爭史》，I, 22, 3-4.

451 羅點點：《紅色家族檔案》，南海出版公司1999年版，第282頁。

452 羅點點：《紅色家族檔案》，第284頁。

453 羅點點：《紅色家族檔案》，第285-291頁。

疑證，需要證實或證偽）說明重大歷史事件的極端複雜性。同一事件的當事人和目擊者，身處高低遠近的不同位置，觀察到事實不只是山峰和山嶺的數量區別，還可能是山峰和盆地的品質差異。某些歷史事件的核心細節，更是某個或某幾個關鍵的當事人或目擊者才能看到。因此對於一手史料必需採取修昔底德的處理方法，對每一細微末節進行精心備至的審核。儘管古代史上的所有當事人和目擊者已經死無對證，但我們對現有一手史料起碼可以做到多問幾個為什麼。至於那些出自非當事人之手的一個又一個重大歷史事件的描述，不知隱沒了多少真實的歷史細節，造成了多少冤假錯案。

需要指出，對於同一歷史事件或同一人物的記憶不同並不只是由於當事人或目擊者主觀上很難超然、客觀上觀察角度和位置有所區別的緣故，而且還限於人類記憶的先天缺憾。耶魯大學教授詹森曾舉過一個很好的例子，說明人類記憶的不可靠性。一九二九年，紐約華爾街上發生一起爆炸事件，一位記者訪問了九位目擊者，其中八人對爆炸瞬間街頭的情況提供了錯誤的資訊，只有一位退役炮兵軍官的說法後來證明是正確的。這位記者事後感歎道：「我們或多或少都是無意識的撒謊者。」[454]

如果說街頭爆炸是稍縱即逝的歷史事件，多數目擊者發生錯判情有可原，那麼有充分時間觀察的歷史事件是否就能夠避免無意識的撒謊呢？答案當然是否定的。因為記憶是一種觀念形態的東西，除開前面談到的要受社會條件的制約和個人好惡的影響之外，還會隨時間推移而發生變形，像頭髮一樣生長，像冰雪一樣融化消失。頗具靈氣的羅點點有句經驗的歸納帶有一般意義：「人的記憶是最不可靠的東西

---

454 Allen Johnson, Historian and historical evidence（詹森：《歷史學家和歷史證據》），紐約，1923年，第24-25頁。

之一」，其論據是當年插隊友人的回憶竟然南轅北轍，相差千里。[455]
關於記憶的這種不可靠性（忘卻和變形）其實是每個人都能體味到
的。因此，對於大量觀念形態的一手史料也必需有一個去粗取精、去
偽存真的過濾過程。但是，我們也不能因此否定記憶具有可靠的一
面，特別是那些被記憶者看來最值得記憶的東西，是可能銘刻在腦子
裡而歷久不變的。所以我們要高度重視回憶錄或口述史學的價值，這
一點對於尚有許多當事人和目擊者健在的現當代史尤為重要。

　　總體上說，古代世界的歷史家儘管確立了求真求實的治史任務和
忠實於客觀歷史的原則，但由於沒有形成明確的一、二手史料的認識
（為史料明確分類是啟蒙時代以後到的事），他們沒能開發出嚴格的史
料考據方法。像李維、普魯塔克那樣不加批判地引用他人著作是相當
流行的做法。不過也有例外的現象，古代有些史家還是意識到了道聽
塗說的間接證據與當事人、目擊者的直接證據之間的差別，並把歷史
記載的注意力集中到當事人和目擊者的證詞之上，首創了一些雖很初
步卻十分可貴的獲取一手史料的方法。在這方面，古代史家中最出眾
的一位是波里比烏斯。他曾援引希臘哲學家赫拉克利特的話說視覺比
起聽覺來得更真實，所以眼睛比起耳朵來說是更精確的見證。[456]由於
強調眼見為實，他還提出最好的歷史家應該是那些具有軍政經驗的政
治家，也就是當事人，[457]而不是既沒當過兵也沒打過仗的書齋裡的學
者。為了獲取一手史料，得到現場的感覺，他不惜千辛萬苦，沿著漢
尼拔遠征義大利的路線查勘了一次，實際上運用了現代史學利用田野
調查和口述史學補充正史不足的方法。就歷史家求真的執著堅韌所能

455　羅點點：《紅色家族檔案》，第257頁。

456　〔古羅馬〕波里比烏斯：XII, 27, 1.

457　〔古羅馬〕波里比烏斯：II, 62, 2.

達到的高度而言，波里比烏斯在西方史學史上是很少有人可比的。[458]

《亞歷山大遠征記》的作者阿里安也認為只有當事人和目擊者提供的資訊最為可信。他在個人著作的開頭便指出：關於亞歷山大的事蹟有許多的撰述，所記內容差別很大，「我認為托勒密和阿瑞斯托布斯二人的記述較為可靠，因為阿瑞斯托布斯曾隨亞歷山大轉戰各地，托勒密則不但有同樣的歷史，而且他本人也是個國王。對他來說，撒謊比別人更不光彩。此外，他們二人撰寫亞歷山大歷史的時候，既然他已經死了，就再不可能有什麼力量強制他們說假話，而他們自己也不會因為說假話得到什麼好處。」[459]阿里安顯然在這裡使用了近代史學常用的史料內證的方法。

波里比烏斯和阿里安看重眼見為實和個人親歷的原因，是因為歷史家們有個致命的弱點，就是往往是自己所關心的某段歷史的局外人，不了解歷史的內情。[460]在古代資訊傳遞手段極其落後的條件下，局外人獲悉歷史內情的難度是極大的。歷史之父希羅多德的作品是這種局限的一個明顯例子。《歷史》中有大量關於埃及、米底、波斯、呂底亞宮廷內部的活動，也含有不同時期希臘各邦眾多人物以及其他小國君主、部落領袖們言談舉止的記述，甚至包括最高軍政會議、宮廷密謀、枕邊對話等極端隱秘情節的生動刻畫，其間穿插著大量現場錄音般的直接引語。這就不能不使人提出一個問題：希羅多德從哪裡得到了如此詳細的機密資訊？從他的書中可以看出，他不過是一位不

---

458 近現代也有史家對某一事件進行較長時間的實地調查，如研究紅軍二萬五千里長征問題的索爾茲伯里，但近現代實地調查所擁有的後勤及裝備條件要遠勝過古代。

459 〔古希臘〕阿裡安：《亞歷山大遠征記》，I, 前言。

460 像修昔底德、波里比烏斯、塔西陀等能夠在一定程度上獲悉內情的史家畢竟是少數。所以，在世界上古史中，哲學史、史學史之類的思想史擁有的一手史料最為詳實可靠，經濟史中工具的歷史也有足夠的一手史料依託。古希臘古典時代、古羅馬共和末期和帝國早期的政治史、社會史，敘述性的一手文字史料較多。

懂近東語言的外國普通旅遊者，書中的資訊提供者則被籠統地稱為「埃及人」、「呂底亞人」、「波斯人」、「科林斯人」、「雅典人」、「馬其頓人」、「西西里人」，顯然是一些地方上的小人物。所以這些密聞不過是些街談巷議的小道消息而已，是不能當真的。

但希羅多德身上有一個現代史學不大留意的優點，就是非常老實厚道，對讀者實話實說，不像現代有些學者那樣端起架子唬人。比如希羅多德就誠懇地向讀者交代過自己並不完全相信已收集到的口頭傳說，「任何人都可以相信這些埃及人的故事，如果他是輕信的人的話。至於我本人，在這部書中保持那個總的規則，就是把各國的傳統按照我聽到的樣子原封不動地記錄下來」。[461]在《歷史》的另一處他又重申了自己的這條原則：「我的職責是記錄人們講的一切，但我決無義務相信它們，這適用於整個這部書」。[462]既然這個原則適用於整個《歷史》，那它也適用於希羅多德採訪到的有關希波戰爭當事人的回憶。這種向讀者講實話的做法，是古典史學最可愛的地方之一。它避免了誤導讀者，賦予讀者以獨立思考的充分空間，很值得當代史學借鑑。當然，希羅多德所說的「原封不動」的直錄也是要打折扣的，因為他那個時代沒有答錄機，也沒有輕便的書寫工具，人們很難同步做到有言必錄。因此他的記錄多半是在他採訪結束後重新加以回憶、整理的結果。既然係事後回憶，總會有失真的地方，如對史料進行加工，用散文體的愛奧尼亞語對史料的內容加以修飾潤色，以及進行歸善歸惡之類價值評估，從而改變了歷史資訊的原生狀態。

對歷史進行改動，或者換句話說，人為地製造歷史，乃是古代史作中常見的現象，只是在不同的史作那裡程度有所不同而已。即使古代最嚴謹的史作，也存在有意編造歷史的地方。古代史家並不認為這

461　〔古希臘〕希羅多德：《歷史》，II, 123.
462　〔古希臘〕希羅多德：《歷史》，VII, 152.

樣做同捏造歷史是一回事，他們普遍像悲喜劇作家一樣，喜歡在自己的作品中大量使用生動的道白，如情景對話，在公民大會、元老院、儀典、戰場上的演說。關於這類直接引語的來源，古代最傑出、最求實的史家修昔底德曾有過坦白，這也是古典史學那可愛面的又一體現。修昔底德著作中的演講辭約占全書篇幅的四分之一，作者在前言中對此坦言：「至於不同人物發表的演說，無論是戰爭開始前發表的還是戰爭爆發後發表的，已經很難精確地回憶起實際講過什麼話了。這既是對我聽到的演說而言，也適用於我從其他人那裡聽到的各種傳言。因此，這裡所舉的演說，是我覺得某些演講者在涉及有關主題時可能表達出來的、最適合於該場合的情感，同時我盡可能保持實際上所講的話的大意」。[463]

修昔底德的交代使我們恍然大悟，原來所有古典作品中的演說，從希羅多德、修昔底德、色諾芬、柏拉圖到波里比烏斯、凱撒、撒路斯特、李維、狄奧多洛斯、普魯塔克、塔西陀、撒路斯特、阿庇安、狄奧、約瑟夫斯等史家作品中的演說，包括伯利克里在陣亡將士安葬儀式上的著名講演，都是史家個人創作出來的，因此最多只能算作二手史料，有些連二手史料也不是。比如密提林、普拉提亞、敘拉古的公民大會的辯論，修昔底德都沒有在場，而且密提林和敘拉古與雅典相隔甚遠，即使是在現代，要及時獲知那裡的情況也不是件容易的事。[464]但修昔底德卻寫出了完整的辯論場面和辯論詞，顯然這已屬於

---

463 〔古希臘〕修昔底德：《伯羅奔尼薩斯戰爭史》，I, XXII, 1-2. 西方史學中的這種誠實的作風是非常值得當代史學繼承的。

464 即使在希臘半島上，古代甲地的資訊傳遞到乙地也是很困難的。就是在阿提卡範圍內，從南端蘇尼奧到北部馬拉松，乘汽車不堵車也要兩個多小時，更不用說有大海阻隔的邦際之間了。現代大型海輪僅從雅典到昔克拉底群島就需六小時左右，乘古代小船，即使是快船也需費時更多。修昔底德在流放過程中獲悉敘拉古等邦公民大會的資訊恐怕最少也在幾十天、幾年之後了。

文學的想像和杜撰了。假若把這種做法放到現代，比如說一個歷史家根據自己的想像，編造出一篇克林頓的演講詞，並將它置於歷史著作或參考資料集中，[465]該史家一定會被史學界視為極其惡劣的造偽者。然而古代史家並沒有意識到這是在偽造歷史，而且絕大多數古代史家不像修昔底德那樣自覺，他們將演說詞的創作視為常規，根本不向讀者交代大量直接引語的來源何在，如同現代諸多傳記體或報告文學作品的做法那樣。這就使人不能不懷疑，除了演說詞和對話之外，古代史家是否能把握住他們筆下的那些沒有其親身參與的重大歷史事件的陳述？他們是否也對筆下的事件做了文學的虛構？

　　二十世紀英語世界最出色的古典學家之一芬利曾指出，古代史家不能忍受歷史空白，他們會千方百計地填補空白，甚至不惜虛構。他檢討道：「我們始終低估了古人發明故事的能力和他們相信故事的能力。」[466]他的話說的沒有錯，我們的確低估了古代史家虛構故事的能力。但芬利也忽略了現代史家所具有的同樣的發明能力。我們現在知道，無論古代史家還是已經具有嚴格史料批判考據能力的近現代西方史家，在試圖復原歷史的時候，都在有意無意地製造著歷史。譬如關於邁錫尼文明的發現者施里曼的記載就帶有明顯的「文學偏頗」（The literary bias），他「並不是因為小時候得到了一本帶有烈火中的特洛伊城插圖的書，才激起了他尋找該城的欲望。他對這個題目的興趣要到很晚才產生，其行動是深思熟慮的。他也沒有在邁錫尼的發掘現場向希臘國王十分匆忙地發出電報，稱『我已看到了阿伽門農的面

---

465 典型的例子是伯利克里在陣亡將士安葬儀式上的著名演說。該演說作為西方經典佳作之一，被廣泛地收錄在各種集子中，但沒有哪部集子注明這是修昔底德的作品或經修昔底德加工的伯利克里的演說。

466 M.I. Finley, Ancient History: Evidence and Models（芬利：《古代史：證據與各個模式》），倫敦，1985年，第9頁。

孔』。這個情節是後來發明的。」[467]有關施里曼的這一歷史真相是最近揭示出來的，而有意無意地虛構歷史情節卻絕不是施里曼傳記作者的專利，而是史學史上相當普遍的現象。有鑑於此，古代典籍中的大量內容實質上是現代意義上的歷史文學和報告文學，而非歷史記錄，其內容雖然並非都是捕風捉影，但經過非當事人或非目擊者的一傳十、十傳百，再經過史家的收集和轉手加工，有中生無，無中生有，變成了盲從、誤評、重寫和將錯就錯夾雜在一起的真假難辨的混合物。比如薩爾貢、居魯士、羅慕洛傳奇般的出身，大流士一世獲取王位的詭計，梭倫與克洛伊索斯關於何為幸福的哲學對話以及呂底亞王的戲劇性命運，馬薩達的猶太保衛者們集體自殺的壯舉……都屬於這類混合物。

　　深入了解西方史學史之後，我們發現，儘管啟蒙時代以來，西方文獻學家和少數歷史學家在古代典籍的整理、考據和辨偽上做了大量工作，並問世了眾多典籍的點校本或注釋性著作以及工具書，但他們證源工作的作用仍然是非常有限的。一方面，考據的終點仍有可能是某本未加證實的古書，比如希羅多德的記載可以追到荷馬、赫卡泰烏斯、阿利斯提俄斯等等，可是赫卡泰烏斯等人的作品已經遺失，至多只有一些隻言片語殘留於世，考據至此仍然沒有精確的結果。所以雖然古文獻學和考據學已取得了可觀的成果，我們擁有的史料仍有相當大的比例是疑證。另一方面，各國學者並不是非常認真地看待這些成果，除了一些眾所周知的偽證，各國史家在自己的歷史寫作中對古代遺留下來的資訊大多採取睜隻眼、閉隻眼的態度，因為若對每條史料都叫起真來，像司法斷案所要求的那樣，要麼一板一眼地核對每一個

---

467 Paul G. Bahn, The Cambridge Illustrated History of Archaeology（巴恩主編：《劍橋插圖考古史》），劍橋大學出版社，1996年，第ix頁。

歷史細節，非要找到確鑿的人證、物證不可；要麼在缺乏確鑿證據的情況下，採取「疑證從無」的原則，那世界古代史就沒法寫了，整個世界史恐怕也沒法寫了。比如希臘史上的邁錫尼與荷馬時代，至今我們不知道阿伽門農、阿喀琉斯、墨涅拉依……是否真有其人，甚至特洛伊戰爭的存在也仍然是一個迷。施里曼於十九世紀在小亞細亞希薩利克挖出的那座古城廢墟是否就是史詩中的特洛伊，只有天知道，因為沒有出土任何可資確證的文字材料。憑目前積累的史料數量和性質，離「終審判決」的要求還相去甚遠。多利安人入侵，荷馬時代，古風時期，以及羅馬的王政時期、共和早期也大體如此，更不用說沒有史學只有零星歷史記錄的古代近東或南亞史了。但是，我們仍然可以依據現有史料和推理編織出了完整的歷史線索，甚至繪出了某些細緻的畫面。我們可以給人以易洛魁人的母系氏族公社是全世界各民族普遍經歷的社會組織形式的解說，我們可以給人以雅典史即為希臘史的錯覺，可以讓讀者誤以為亞里斯多德筆下的雅典民主政治就是整個古典時期的民主政治，雅典的奴隸制便等於整個希臘的奴隸制，希臘羅馬的奴隸制等於整個歐洲和世界的奴隸制……於是，我們不僅在努力偵破世界上古史的一個又一個疑案，而且還在創造著世界上古史。

實際上，對於古代眾多地區和時間段的歷史，我們極端缺乏確切的細部知識，極端缺乏可靠的歷史樣本，而歷史細部的知識和可靠的樣本對於我們的歷史需求來說是絕對必需的。以古代近東和印度史為例，由於古代近東地區沒有形成史學，只有簡單的以年代記為主體的歷史記錄，古代印度則連正經的歷史記錄都沒有，所以那裡是我們的未知大於已知的典型地區，我們目前只恢復了那裡古代史的大概線索，知道一些零星事件的梗概，大量的空白環節在等待我們去填補。比如埃及喜克索斯人、西亞加喜特人的統治我們就只知道一點皮毛。對埃及各王朝、中間期之間、印度早期吠陀、晚期吠陀、列國時代的

許多細節，我們也只勾勒出了初步的輪廓。由於細部知識的匱乏，在古代近東史或印度史中，讀者只能看到一些枯燥的人名、地名、事件名以及依據考古材料做出的某些推斷和假設，極端缺乏鮮活的人物形象和生動、曲折的歷史情節，這就大大削弱了歷史的取鑒教諭作用。我們因此在世界上古史領域看到了一種耐人尋味的現象：缺乏細部知識的古代近東和印度史顯得只有骨架而缺乏血肉，而具有細部知識的古典世界，又充滿了文學的虛構。

世界上古史領域的這種史料的特殊性，將古代史研究者置於尷尬的境地：從邏輯上講，客觀真實只有一個，某一真實的歷史現象只能有一種與之相吻合的陳述。這就像某個刑事案件只能有一個原發現場，一個真實的解釋一樣。而我們的史料狀況卻可以給多種論點以不同的論據，每一種標新立異的觀點都不難找到個別的例證。於是我們看到同一課題的著述在逐年增多，但世界古代史的一些重要問題卻非但沒有得到解決，還呈分歧越來越多的趨勢。這樣一來，同觀念結合在一起的歷史真實已經不再是一個，而是多個了，每一個在最好的情況下也只反映了某個歷史事物的一兩個側面。這種解釋的多樣性和不確定性特別體現我們對古代世界的定性結論上。世界上古史中常有一些互相矛盾的龐大結論（如某種性質的社會，某種性質的經濟，某種性質的政治體制），但這些結論的史料基礎卻都是非常脆弱的。以古代西方社會經濟屬性的評判為例，十九世紀和二十世紀前半葉占優勢的是商品經濟，繁榮的工商業和市場經濟對應著蔚藍色的海洋文明和特權公民集團的民主政治。到了二十世紀後半葉，案子翻了過來，農本經濟變成了主流認識，古代西方經濟和黃土地上的經濟原來沒有什麼質的區別。筆者是後一種解釋的贊成者，在認真爬梳了一遍史料之後，發覺現有史料實際上對任何一種概括都不夠用。科學的定性分析需要充分的經濟分析，其首要條件是充分的、週期性的統計資料，如

產業配置、各產業部門的產量、產值、國民收入資料等等。可是古希臘人卻缺乏綜合、精確、連續統計的習慣，現有的數字史料不僅為數極少，且水分很大。再加上遺存下來的個別數字集中在某幾個國家和若干孤立的時間，根本無法確定這些數字是否具有普遍意義。在這種情況下，說某一性屬的判定是終極性的，絕對正確，只能說是一種不知深淺的虛妄。[468]時下占優勢的農本說只能說是相對較為合理、較符合邏輯罷了。鑒於世界上古史的史料狀況，這個領域的研究者特別需要把持一種小心謹慎、如履薄冰的態度，說話要留有餘地，不要像近代法國著名史家古朗日那樣，在做定性結論的時候把話說絕，誤以為帶有主觀成分的個人認識便等同於客觀歷史本身。[469]

七　被誤讀的希羅多德

史學研究的主要內容是對文字史料加以解讀。由於解讀物件和解讀主體本身的種種局限（語境、文本品質、研究者的學養、道德、理念等），誤讀現象是經常發生的，甚至是不可避免的。在西方史學史上，長達近兩千年之久的對希羅多德《歷史》一書的誤讀可以說是集體誤讀的典型案例，[470]為今天的史學工作者如何解讀文本、儘量減少失誤提供了具有參考價值的樣本，也對現今方興未艾的史學批評提供了值得借鑑的反面經驗。

---

468 參見拙文「是工商業文明，還是農業文明？」，載《史學論衡》第一輯，北京師範大學出版社1991年版，第288頁以次。

469 〔英〕古奇：《十九世紀的歷史學與歷史學家》，耿淡如譯，上冊，商務印書館1998年版，第363頁。

470 從修昔底德算起，到一八五二年法國學者阿貝・熱諾茲（Abbe Geinoz）發表為希羅多德辯護的論文為止，參見〔古希臘〕普魯塔克《道德集》（Moralia），羅埃伯古典叢書，第11卷，第3頁，哈佛大學出版社，1965年。

（一）

　　古代史家專注於記載和評說他們認為值得記憶的大事和人物，很少考慮史學本身的問題。雖然包括史家在內的古希臘羅馬知識分子有時喜歡品評他人著作，但多屬即興發揮，往往在幾句歸優歸劣的評價話語之後，便轉移話題，缺少深入剖析和論證。但希羅多德的作品卻在古典史學批評中是個例外。

　　多半因為《歷史》是首部完整遺存下來的早期歷史著作，輯錄了許多已經失傳的前人或同代人的作品，收集了大量同代人的口頭傳說，而內容結構又失之鬆散，許多生動的故事缺乏有機聯繫，因而與後來以修昔底德為代表的謹嚴風格存在相當大的差別，因此人們對它的關注明顯多於其他著述，且否定評判要多於肯定意見。甚至還有人撰寫了長篇書評，對《歷史》及希羅多德本人大加討伐，可謂西方史學評論中罵殺的典型，長期影響到歐洲學界對歷史之父的基本評價，這一現象本身就值得研究。

　　第一個批評希羅多德的人是較希羅多德晚後一點的史家修昔底德。他在名著《伯羅奔尼薩斯戰爭史》前言中至少有兩處不指名地談到希羅多德等散文記事家（logographers，羅埃伯古典叢書本譯作「編年史家」）的缺陷。[471]在他看來，古希臘早期的舞文弄墨者，無論是詩人還是散文記事家，都沒有把求真求實當作自己的追求。詩人為了修飾和誇大詩歌的主題，並不在乎事情本身是否真實。而散文記事家關心的則是如何取悅聽眾而非說明事實，他們筆下的故事因此根本經不起檢驗，其中大部分隨著時間推移成了不足憑信的虛構。有鑑於此，修昔底德明確表示：他的著作要與詩人和記事家們的作品劃清界限，雖然「我的敘述由於缺乏虛構很可能不會那麼引人入勝，但是

471　Thuc. I, 21,1-2; 22, 2-4.

那些希望清晰地了解業已發生的事件以及希望知道將在某一天以同樣或相似的方式再次發生類似事件的人，如果認為我的歷史是有益的話，那對我來說就足夠了。的確，它不是一部為一時的聽眾所寫的獲獎作品，而是為了垂諸久遠才編纂的。」[472]

修昔底德的批評體現了貫穿其全書的理性精神。這是史學思維已經比較成熟的史家對尚處於非常規性史學階段的前輩史家的批評，具有一定的合理性。因為以赫卡泰烏斯和希羅多德為代表的散文記事家雖然以散文記事形式和初步的史料批判方法開創了古典史學，奠定了整個西方史學最初的基礎，但他們賴以成書的多數史料從後人眼裡看卻並不可靠，主要是史家個人走南闖北、實地收集的口頭傳說。以希羅多德的《歷史》為例，前五卷基本上是街頭巷尾的傳說彙編，輔之一些實地考察材料。後四卷內容雖部分出自希波戰爭當事人或目擊者之口，具有一手史料性質，但占多數的還是經過反覆轉手的傳聞，因此在具有高度史料批判精神的修昔底德眼裡，書中的描述自然屬於虛構之列了。

修昔底德的《伯羅奔尼薩斯戰爭史》屬於同代人記同代事，用作者的話說，「他是在戰爭剛剛爆發時開始寫作的，因為他相信這場戰爭將是偉大的戰爭，比先前發生的任何一次戰爭都值得撰述。」[473]因此他的作品帶有實錄的意義，也就具有目擊者和當事人的證詞的意義。自修昔底德以後，我們看到一種有趣的現象，就是無論是希臘史家還是羅馬史家，像希羅多德那樣寫本族人和異族人古代史的並不多，古典史家的注意力多集中於現當代史，而且多是自己筆下重大事件的參與者或目擊者，如色諾芬寫《希臘史》、波里比烏斯寫《通

---

472 Thuc. I, 22, 4.

473 Thuc. I, 1, 1.

史》、凱撒寫《高盧戰記》和《內戰記》、塔西陀寫《歷史》和《編年史》等等。在傑出的史家當中，只有李維是個例外。可能修昔底德對口碑史料的批評及其作品所具有的「眼見為實」的特點對古典史家的選題產生了影響。

不過，修昔底德對散文記事家的批評僅限於就事論事，說明他個人作品與詩歌及散文記事作品的區別為止，並沒有進一步涉及散文記事家虛構故事的好壞善惡之類價值評判問題。換句話說，修昔底德至少容忍了散文記事家以取悅聽眾為目的的虛構，理由是他們的著作本來就不是為了說明事實。這種批評在筆者看來雖然也不盡準確，但比起後來的評論家卻寬容多了，應屬於擺事實、講道理的批評。

羅馬政治家和思想家西塞羅的批評就比修昔底德的嚴厲多了。在他的對話體著作《論法律》中，西塞羅和他的弟弟昆圖斯談到歷史和詩歌之間的本質區別問題，昆圖斯道：「那麼，我親愛的兄弟，依我的理解，你認為歷史和詩歌應當遵循不同的原則了？」西塞羅答曰：「沒錯兒，昆圖斯。對於歷史來說，判斷一切的標準就是真實；而詩歌則通常以給人愉悅為準則。然而，人們在歷史之父希羅多德的著作以及泰奧龐浦斯的著作中卻發現了難以數計的編造。」[474]西塞羅賦予希羅多德「歷史之父「的美名當然不符合事實，因為希羅多德以前的記事家已寫過不少冠以「歷史」之名的敘述體著作，只是未能流傳到西塞羅的時代罷了。但西塞羅正確指出了評判認識意義上的歷史的基本標準，就是求真求實的原則，這反映出他的準確概括能力，不愧為羅馬最出色的思想家之一。當他用「真實」的尺子來衡量希羅多德和西元前四世紀的著名史家特奧龐浦斯（《希臘史》和《腓力皮卡》的作者）時，結論是根本否定的。希羅多德的《歷史》充斥著「難以數

474　Cicero, De Legibus, I, 1,5.

計的編造」（innumerabiles fabulae），實際上徒具歷史之名而無歷史之實。這就言重了。

在《論神聖》一文中，西塞羅再次談到希羅多德，認為希羅多德在《歷史》卷一章五十三中所述呂底亞國王克洛伊索斯向阿波羅求要的神托是希羅多德的偽造，如同恩尼烏斯編造了一套關於皮洛士得到阿波羅神托的故事一樣。他尖銳地提問：「為什麼我要相信這個神托是給克洛伊索斯的呢？或者為什麼我該認為希羅多德就比恩尼烏斯更誠實呢？」[475]言外之意，希羅多德是一位有意製假者。

西塞羅指斥希羅多德造偽，但畢竟給了希羅多德一頂「歷史之父」的桂冠，直到今天依然被人津津樂道。而晚後的傳記家普魯塔克則一棍子將希羅多德打死，將他斥為陰損缺德的大邪大惡之人。

收入普魯塔克《道德集》中的長篇專論（《論希羅多德的險惡》）的題目本身便具有極強的攻擊性。實際上，普魯塔克所用的κακοηθεια（英文譯作 Malice）一詞在中文和英文中沒有對應詞，其所含貶義不是簡單的險惡或邪惡便可充分表達出來。該詞涵蓋一些具體惡行，如欺騙、刻薄、剽竊、肆意歪曲事實和誹謗他人等等，與美德（ευηθεια）一詞所代表的誠實、正直、寬宏大度等相對。普魯塔克是道德家，他的代表作《名人傳》的全部立意在於揚善懲惡，讓好人在歷史記憶中得到補償，讓壞人得到清算。他的《道德集》同樣服膺於道德評判的目的，《論希羅多德的險惡》一文在於說明歷史領域的惡德表現，對「歷史之父」加以全面的聲討。

普魯塔克首先表白自己是第一個將希羅多德視為騙子的人。他說：「迄今為止尚無人揭露他（希羅多德）為騙子」，其原因是人們希羅多德風格所惑，因為《歷史》一書引人入勝，加之作者表面上的誠

---

475 Cicero, De Divinatione, II, 116.

懇幽默，結果是迷人的風格掩蓋了希羅多德的邪惡本質。[476]

隨後普魯塔克列出判斷史家道德優劣的四條標準，作為對希羅多德定性的依據。頭一條是若一位史家本可用一些較溫和的詞語來敘述一些事件，而實際上卻用了最嚴厲的話語，那這個人肯定缺乏善心。第二條是若一個史家把本來不可信但卻與他敘述的問題有關的事硬塞到他的記述當中，以說明某人愚蠢，那這個史家肯定不懷好意。第三條與第二條相對，即一個史家省卻那些可信的好事，而這些事物本來又在所敘述的事情上具有適當的位置，這個史家當然用心險惡。最後一條是一個史家明知對同一事件有兩個以上的說法，卻偏愛那些不太可信的解釋，這人定然居心不良。[477]

這四條標準涉及史學認識論和方法論的問題，即史學認識當中始終包含著主觀的成分，寫什麼和怎樣寫的選擇權實際操在史家的手中，稍不注意，哪怕遣詞用句不大留意，都可能偏離客觀中立的立場，從而歪曲歷史真相，更別說心術不正、有意歪曲史實的人了。所以，普魯塔克的標準很有些可取之處。但問題是歷史家不是天使而是凡人，是凡人就要有有主觀局限，就難以不折不扣地落實這四項標準，如何避免史料取捨和價值評判的主觀性迄今仍是一個史學實踐的難題。

在普魯塔克眼裡，希羅多德是嚴重違背這四項標準的人，所以該文的絕大部分內容都意在說明這一點。但任何一個認真讀過希羅多德《歷史》的人都可以發現，普魯塔克的指責帶有明顯有意貶損、意氣行事的特點。比如他說希羅多德偽造關於伊奧的故事，並把希臘人最偉大的功業特洛亞戰爭說成是愚蠢行為，[478]這就有羅織罪名、強加於

---

476 Plu. Moralia XI, 854.

477 Plu. Molaria XI, 855.

478 Plu. Molaria XI, 856.

人的意思。在希羅多德的《歷史》中,這段記載非常簡明直白,絕無「迷人的」虛飾。作者先是客觀介紹了自己聽到的有關希波戰爭為女人伊奧而打的傳說,列舉了希臘人、波斯人或腓尼基人說法的不同版本,然後提出自己關於戰爭起因的說明,認為希波戰爭的初因在於呂底亞國王克洛伊索斯冒險主義。[479]這裡顯示的是希羅多德獨立的思考精神,根本談不上什麼偽造的問題,因為作者並不同意為女人而打的說法。

再如,普魯塔克指責希羅多德親蠻族,為埃及人、波斯人說話,把希臘七賢之一泰勒斯的祖先歸結於腓尼基人等等。[480]其實,這不僅不能證明希羅多德的惡意,反而證明普魯塔克自己的民族偏見。我們知道,希臘人產生強烈的優越感並提出蠻族低劣理論的時間是西元前四世紀後半葉,即伊索克拉特和亞里斯多德時期。到了普魯塔克生活的西元一至二世紀,希臘、羅馬人的民族優越感已經牢固確立,希羅多德在《歷史》中所表達的對蠻族人的友好之意、甚至敬意自然被普魯塔克所不容。

縱觀《論希羅多德的險惡》全文,基本是這樣一些要麼無中生有、要麼捕風捉影、要麼攻其一點不計其餘、無限上綱的東西,其偏激的程度連普魯塔克的愛戴者都感到困惑:為何在其他作品中一向溫文爾雅的普魯塔克會變得如此刻薄?以致他們認為這篇文章並非出自普魯塔克之手,而是某個彼奧提亞修辭學家的冒名頂替之作。然而古文獻學家的考據卻證明這篇文章的風格和語言毫無疑問屬於普魯塔克。[481]這就提出了一個值得研究的問題:為什麼普魯塔克對希羅多德

---

479 Her. I, 1-5.

480 Plu. Molaria XI, 857A-858A.

481 參見〔古希臘〕普魯塔克《道德集》第11卷前言,第3頁以次(Plu. Molaria XI, Loeb Classical Library)。

如此反感，甚至於可以說是仇視？

　　我們在普魯塔克的文章中可以找到答案。普魯塔克是彼奧提亞人，而希羅多德的《歷史》卻對他的祖先有十分不利的記載，這一點最令普魯塔克耿耿於懷。《論希羅多德的險惡》開篇便提到作者之所以痛斥希羅多德為「騙子」，原因是「因為他（指希羅多德——作者注）的主要犧牲品是彼奧提亞人和科林斯人。」[482]在希羅多德的筆下，以底比斯為代表的彼奧提亞人是希臘抗戰事業的背叛者，在歷次希波戰爭中都有不光彩的行為，這就將底比斯牢牢地釘在歷史的恥辱柱上。直到西元前三三五年，當亞歷山大血洗底比斯，夷平城市並將倖存者盡數賣為奴隸時，希臘人還認為這不過是底比斯在償還陳年老賬而已，是為他「一再背叛全希臘的神聖事業」而得到的報應。[483]普魯塔克那四條標準，很大程度上也是因此而發的。批判希羅多德，為自己的祖先辯護，這是普魯塔克撰寫此文的基本出發點。他作品中的缺陷已經不是誤讀的問題，而是感情用事、刻意歪曲的問題。這樣的認識缺陷在今天比較容易被識別出來，因此將不在我們的重點討論之列。值得探討的是修昔底德和西塞羅的批評：為什麼希羅多德書中的史料以傳說為主？歷史之父是否在蓄意虛構以取悅讀者？

（二）

　　科學哲學家庫恩曾在他的《科學革命的結構》一書中談到科學進步的過程時列出了前科學、常規科學、非常規科學的三段式，這裡可以借用來解釋希羅多德的《歷史》在西方史學史上的位置，說明修昔底德和西塞羅批判的片面性。在庫恩看來，前科學階段是沒有一定標

482　Plu. Molaria XI, 854.

483　Arrian, Anabasis Alexandri, I, 9.

準的理論,即無範式,只有一些準範式。經過學術團體的爭論,產生了範式,於是進入常規科學時期。

據此類推,希羅多德《歷史》體現的史學形態是一種準範式的前學科形態,即尚未形成像修昔底德等史家所具有的那種明晰的關於史學必須求真的規定、史料的限定性以及成型的體例、體裁和表述形式。由於希羅多德等人的作品缺乏一定之規,所以與後期古希臘羅馬的史作在形式和內容上存在明顯差別。這也是在希羅多德之後沒有見到希羅多德的模仿者的原因。

但以希羅多德為代表的散文記事家畢竟為希臘史學制定了一些准範式,為常規性的古典史學奠定了牢固的基礎。比如正是希羅多德確定了史學的基本任務是記載重大歷史事件、揭示重大歷史事件的因果關係。正是希羅多德為後世締造出結構雖鬆散但具有基本主題的敘述史體裁和記事本末的體例。也正是希羅多德的史學實踐為後人提供了如何有效收集與處理史料的最初範例,以及初步的史料批判精神與人本史觀,為古典史學家的著作提供了有關早期希臘史的主要史料來源。由於修昔底德和西塞羅未能把希羅多德置於一定的歷史範圍內加以考察,具體情況具體分析,而是籠統地用一把常規史學的尺子衡量前人的工作,於是他們的誤讀就是不可避免的了。

希羅多德《歷史》的史料確如修昔底德所說,主要出自口頭傳說。但修昔底德忽略了一個史實,就是希羅多德等記事家所處時代乃是希臘史學誕生的時代,人們的歷史記憶剛從腦記口傳上升到文字記載不久,社會積累的文字史料極為有限。從目前能夠獲得的資訊來看,無非是屈指可數的三部長詩、若干抒情詩、城邦名年官和體育賽會勝者的名錄、一些重大自然和社會事件(地震、日蝕之類)的編年記。巧婦難為無米之炊,有志於著史的記事家不用傳說用什麼?因此初期的記事家們不得不像蜜蜂採蜜一般到處展開調查,搜求各種民間

傳說，以便編寫各地、各民族和各邦的歷史。這是一種純粹的開創性
工作，在古代交通資訊、長途旅行的裝備、採訪和記錄工具等條件極
端落後的狀況下，像赫卡泰烏斯、希羅多德那樣在地中海周邊地區甚
至遠及美索不達米亞展開個人對個人的調查問詢，絕不是一件輕而易
舉的事，需要克服許多書齋裡的史家難以想像的困難，需要投入大量
的時間和精力、金錢和勇氣，需要高度的歷史責任感，甚至需要有一
種堅定的治史信仰。

　　這種類似現代社會學家收集資料的方法，是新生史家們賴以成書
的主要方法。正因為如此，古希臘文原生義就是通過問詢獲得的知識
和資料。換句話說，對於古希臘早期史家來說，經過問詢得來的口碑
史料就是「歷史」。[484]因此，利用大量傳說史料不僅不是他們的過
錯，而且應視為他們的重大成就和貢獻。從現代史料學的認識角度出
發，任何史料都在一定程度上含有歷史的真實資訊，就看研究者如何
分離和處理。因此傳說同樣具有歷史真實的成分，即使是荒誕不經的
傳說，也是一定時期內的人們所思所想的真實體現，是客觀存在的一
種歷史觀念。

　　譬如，《歷史》第一卷中關於雅典政治家梭倫與呂底亞國王克洛
伊索斯的會見和對話，宛如具有現場記錄或錄音的現代新聞報導，顯
然經過了傳說者的加工，帶有虛構成分。但我們不能因為是傳說就否
認梭倫同克洛伊索斯存在會面的可能性。當時呂底亞是希臘各國最強
大、最富有的鄰邦，是小亞希臘殖民城邦的宗主國，國王克洛伊索斯
又奉行禮賢下士、附庸風雅的政策，所以希臘賢人相繼到撒爾迪斯做
客，[485]梭倫這樣的名士成為克洛伊索斯的座上賓是完全有可能的。希

---

484 A Lexicon abridged from Liddell and Scott Greek-English Lexicon（《簡明希英辭
　　典》），第335頁。
485 Her. I, 39以次。

羅多德在這裡記載了一件可能的事以及與此事相關的具體情節，即使其中某些直接引語純系傳說者的「演義」或經過希羅多德本人的加工，但事件存在的可能性始終是難以否定的，希羅多德時代的人們對這一事件的詮釋，以及通過這種詮釋所表達出的西元前五世紀中葉古希臘人推崇的幸福觀也是毋庸置疑的。這些詮釋同希羅多德在《歷史》中轉達的其他更為離奇的傳說一樣，[486]均屬於那個時代人們觀念的真實記錄。

傳說的內容在這裡便可能具有兩個層面的真實：體現傳說者真實的思想和體現傳說中人事的真實。其中前一種真實是確定的，但往往被研究者所忽略。後一種真實則是有條件的，一定程度上的：可能人是真的，事是假的；或者事是真的，人是假的；或者人和事均有真有假；或者人和事都是真的或都是假的。研究者對傳說真實在這個層面的可能往往持懷疑態度，也應當持懷疑態度。

希羅多德儘管是早期史學家，卻已對傳說史料的這一特點具有清醒認識，並制定了相當客觀的處理原則。他在《歷史》中兩次指出他並不完全相信自己收集的傳說材料：「任何人都可以相信這些埃及人的故事，如果他是輕信的人的話。至於我本人，在這部書中保持那個總的原則，就是把各國的傳說按照我聽到的樣子原封不動地記錄下來。」「我的職責是記錄人們講的一切，但我絕無義務相信它們，這適用於整個這部書。」[487]希羅多德在這裡告訴讀者自己只是一個客觀的錄入人，他自己始終懷疑他錄下的人事，同時也告誡讀者不要輕信。這是極其可貴的史學批判精神，也是令人肅然起敬的客觀寫作原

---

486 如埃及法老胡夫修建金字塔竟需女兒賣淫來籌措資金，某地的鴿子會說話，某民族每年要變成一次狼等。

487 Her. II, 123; VII, 152.

則。[488]由於秉持這樣的精神和原則，他在書中的許多地方還對同一件事列舉了他聽來的兩種以上的說法，並做出個人的判斷。「我是不相信這種說法的」是他在《歷史》中使用頻率較高的一句話。這種反映早期希臘史學樸素、客觀的處理方法顯然不像普魯塔克所說的在於誤導和欺騙讀者，告訴讀者這就是什麼，從而奪走讀者的判斷權利，而是在於說明真相。在這種情況下，如果批評希羅多德筆下的傳說失實，那就是批評者的過錯了，因為他們沒有認真閱讀和思考上述說明，將傳說本身的局限當作希羅多德的有意編造。

事實上，如果沒有希羅多德的大量記錄，有關地中海周邊地區及兩河流域、伊朗高原、南亞次大陸各民族豐富多采的社會文化史、政治與政治思想史、經濟史的資訊，就不可能流傳下來。因為前希羅多德時代為數不多的歷史、地理和民俗方面的著作，早在古典時代就顯然失傳了。所以，現代人應該感謝希羅多德。如果沒有《歷史》以及《聖經》提供的線索，近東考古就不會這樣富有成果，象形文字和楔形文字的破譯就會非常困難。從這個意義上說，沒有希羅多德記載的有關拉美西斯和大流士的傳說，就沒有商坡良和羅林遜等人的破譯，因此也就沒有埃及學和亞述學。

希羅多德在《歷史》中不僅給後帶史家提供了具有真實資訊的大量傳說，而且還提供了為數眾多的一手史料。比如《歷史》後半部關於希波戰爭的描述，就出自眾多希波戰爭當事人和目擊者之口，至少是出自第三次希波戰爭的當事人或目擊者之口。

希羅多德生活的時代，正是希波戰爭結束後不久，希羅多德本人的孩童時期以及他的大半生都處於那場規模最大的第三次戰爭的漩渦

---

488 最早體現懷疑批判精神的是真正的史學之父赫卡泰烏斯，見The Oxford Classical Dictionary（《牛津古典辭書》），第490頁。

當中。他的母邦哈利卡納蘇是參戰邦，所以他實際上也是希波戰爭的
目擊者。當他撰寫《歷史》的時候，大批參戰者還健在，包括一些參
與西元前四九〇年戰爭的「老革命」。書中關於馬拉松、溫泉關、薩
拉米斯、普拉提亞、米卡列等會戰的描述，無疑係由雅典、斯巴達等
邦參戰者提供的素材，其故事情節也是得到參戰老兵認可的版本。在
《歷史》上市之後的整個古典時代，我們沒有聽到雅典人或斯巴達人
對記載失實的任何抱怨。而且迄今為止，《歷史》仍然是後代人獲悉
這場戰爭原因、經過和結局的最主要的史料來源。僅就這一點而言，
希羅多德就不應該受到虛構的譴責。

　　除此之外，《歷史》書中還有許多希羅多德個人的見聞，類似現
代的遊記。如他在埃及、西亞、希臘各地旅行期間所目睹的民俗民
情，當地人的婚喪嫁娶、宗教禮儀、節日慶典、名勝古跡等等形形色
色的文化現象，它們是《歷史》中最迷人的部分之一，具有無可替代
的史料價值。而且希羅多德還是目前所知第一個在歷史寫作中利用考
古材料和文獻檔案的人。他書中記載的石刻碑銘、神喻記錄多數屬於
一手史料，顯然係他親眼所見。比如他提到雅典人戰勝普魯塔克的同
鄉彼奧提亞人和宿敵哈爾基斯人之後，拿出兩地俘虜的部分贖金鑄造
了一輛青銅駟車。希羅多德精確指出了這輛駟車陳放的位置和上面刻
寫的詩句：「在衛城正門一進去左手的地方，上面刻著這樣的銘
文……」[489]

　　諸如此類有鼻子有眼的實地描述要虛構是很困難的，因為《歷
史》的讀者或聽眾熟識這些東西。近現代考古發現也證明希羅多德關
於雅典同哈爾基斯衝突的碑銘以及溫泉關陣亡將士紀念碑上的銘文驚
人的準確。至於西塞羅和普魯塔克很不以為然的《歷史》中的神喻記

489　Her. V, 77.

錄，大多數與戴爾斐神廟有關。相信神靈的希羅多德在眾多熟悉有關神喻的希臘人尚在世的情況下，比如關於阿波羅給雅典人如何應對薛西斯入侵的神喻，應該說是家喻戶曉的指示，若希羅多德對此編造，那他的著作是通不過雅典讀者的。我們沒有聽到希羅多德的同代人及晚後幾個世紀的希臘人，如修昔底德、色諾芬、柏拉圖、亞里斯多德、伊索克拉特、德摩斯提尼等人，對希羅多德在這方面的描述提出過什麼質疑。所以簡單地批評希羅多德虛構歷史不僅沒有考慮史學史發展的階段性，而且還有以偏概全之虞。

　　從鑑古知今的實用角度出發，古代人對希羅多德的誤讀對今天的史學批評是有一定借鑑意義的。史學批判既然是學術批評，就應該遵循學術活動的一般規則，擺事實，講道理，有話好好說，避免情緒化的刺激話語。不能像普魯塔克那樣，大筆在握，儼然像是掌握被評者生殺權利的判官或員警，要麼將被評者打下地獄，要麼將被評者捧上天堂。也不應像修昔底德和西塞羅那樣，不加具體分析，一筆抹殺被評者作品的價值，造成史學史上的冤假錯案。即使是對於那些貨真價實的學盜文賊，也應以理服人，以事實為依據，有一分問題說一分話，有九分問題不說十分話。總之，學術批評家不應充當殺手，而應成為實事求是學風的護衛者，健康文德和文風的體現者。這樣才會加強批評的力量，產生積極的效果，促進學科的發展。

中華文化思想叢書 A0100048

中西古代歷史、史學與理論比較研究　中冊

作　　者　劉家和
版權策畫　李　鋒
責任編輯　林以邠

發 行 人　陳滿銘
總 經 理　梁錦興
總 編 輯　陳滿銘
副總編輯　張晏瑞
編 輯 所　萬卷樓圖書股份有限公司
排　　版　林曉敏
印　　刷　維中科技有限公司
封面設計　菩薩蠻數位文化有限公司

出　　版　昌明文化有限公司
桃園市龜山區中原街 32 號
電話 (02)23216565
發　　行　萬卷樓圖書股份有限公司
臺北市羅斯福路二段 41 號 6 樓之 3
電話 (02)23216565
傳真 (02)23218698
電郵 SERVICE@WANJUAN.COM.TW
大陸經銷
廈門外圖臺灣書店有限公司
　　電郵 JKB188@188.COM

ISBN 978-986-496-091-0
2018 年 1 月初版
定價：新臺幣 360 元

如何購買本書：

1. 劃撥購書，請透過以下郵政劃撥帳號：
　帳號：15624015
　戶名：萬卷樓圖書股份有限公司
2. 轉帳購書，請透過以下帳戶
　合作金庫銀行 古亭分行
　戶名：萬卷樓圖書股份有限公司
　帳號：0877717092596
3. 網路購書，請透過萬卷樓網站
　網址 WWW.WANJUAN.COM.TW

大量購書，請直接聯繫我們，將有專人為您
服務。客服：(02)23216565 分機 610

如有缺頁、破損或裝訂錯誤，請寄回更換

國家圖書館出版品預行編目資料

中西古代歷史、史學與理論比較研究 / 劉家
和著. -- 初版. -- 桃園市 ： 昌明文化出版 ；臺
北市 ： 萬卷樓發行, 2018.01　冊 ；　公分. --
(中華文化思想叢書)
ISBN 978-986-496-091-0(中冊 ： 平裝). --
1.史學 2.比較研究
601　　　　　　　　　　　　　　107001266